부모상담 이론과 도형심리 분석실제

오경숙 강영식 김영숙 권자연 문미선

 21세기사

머리말

사람이 태어나는 순간 최초의 만남은 부모와의 만남이다. 맨 처음 부모와 마주하면서 자녀들은 부모의 신념과 가치, 태도와 행동을 그대로 모방하면서 성장한다. "세 살 버릇 여든 간다."는 우리의 옛 속담처럼 영유아기 부모의 역할은 백만 번 강조해도 부족하지 않다. 좋은 부모가 된다는 것은 연습을 해서 이루어지는 것은 아니다. 배워가며 훈련해가면서 완성되어 가는 것이라고 생각한다. 이에 현대 부모들의 자녀 양육태도 및 부모-자녀 간 발생하는 문제에 대한 예방 · 치료 및 정신적으로 건전한 발달을 도모하는 차원에서 부모 상담의 필요성은 절실하다. 부모 상담은 '부모로서의 자신의 태도를 점검하는 일'이며 '부모로써 나도 몰랐던 또 다른 나를 만나는 일', '부모와 자녀를 진심으로 사랑하는 일'이기도 하다. 이러한 관점에서 본 책의 페이지를 넘겨보기를 바란다.

최근 부모상담 교재로 활용할 수 있는 책들이 많이 출간되고 있으나 부모와 자녀 간 심리 상담을 배우고자 하는 일반인과 학교에서 부모 심리 상담을 배우고자 하는 대학생들이 상담을 보다 쉽게 이해하고 접근할 수 있는 교재는 드물다. 본 집필진은 심리센터나 유아교육기관 그리고 학교에서 부모상담교재로 활용할 목적 하에 학생들의 입장에서 부모 상담을 보다 쉽게 이해할 수 있고 현장에 적용할 수 있도록 노력하였다.

다양한 상담기법과 진단도구들이 있지만 객관적 검사와 투사적 검사가 가지는 특징이 다르기에 접근방식이 달라야 한다. 본 책의 저자들은 심리 상담에 관련한 대학과 대학원을 비롯하여 교육학 및 유아교육학 관련 대학원에서 학위를 취득하였고, 20년 이상의 대학 강의와 10년 이상 심리센터와 유아교육기관을 운영하면서 다양한 임상과 연구, 사례지도, 상담을 계속해오고 있다. 본 책에서 다루고 있는 진단의 내용이 투사적 검사임을 감안할 때, 심리 이론을 다잡아줄 교육학 박사와 영유아 발달과 부모 발달을 정확하게 파악하고 있는 유아교육기관 원장 및 대학교수, 다양한 임상사례 경험이 많은 심리센터의 장들로 구성하여 이들 전문가의 지식과 경험을 적극 반영하였다.

본 책은 총 12장의 이론과 1장의 실제를 다루어서 총 13장으로 구성되었다. 1장은 부모가 된다는 것을 이해하여야 한다는 것을 전제로 부모됨에 대하여 기술하였고, 2장은 부모역할과 양육태도를, 3장은 부모의 양육행동유형과 자녀 애착·정서 발달에 대해서, 4장은 부모교육 이론, 5장은 상담이론에 대해서 기술하였다. 제2부는 도형심리검사를 소개하였는데 총 7장으로 구성하였다. 6장부터는 상담에 대해서 자세하게 기술하였는데 6장 상담의 원리, 7장 상담의 진행, 8장은 SPMI 도형심리 검사의 이해, 9장은 4가지 도형 유형의 부모기질, 10장은 도형의 위치에 따른 기질적 특징 , 11장은 12가지 도형 유형의 복합기질과 성격 특성, 12장은 특이도형으로 보는 심리상태를 소개하였다. 마지막으로 제13장에서는 부모-자녀 관계 분석 사례를 유형별로 소개하였다.

부모의 기질과 성격을 이해한다면, 부모 자신에게는 자신과 자녀에 대한 이해를 바탕으로 양육태도를 다시 생각해 볼 수 있고, 영유아 발달을 위해 부모와 매일 만나는 교사입장에서는 부모의 기질과 성격에 따라 보다 더 현명한 대화법으로 의사소통할 수 있고, 이는 부모와의 원만한 관계를 유지하는데 도움이 될 것이다.

영유아의 전인발달을 위해서는 부모와 기관이 상호 교류하여 적극적인 지지를 해야만 한다. 그렇다면 본 저에서 소개하는 부모 상담의 기법이 도움이 될 것 이라고 기대 한다. 앞으로 이 책의 내용이 미력하나마 부모 상담에 관한 기초입문서로 활용되기를 기대한다.

2022년 2월
저자일동 드림

차례

부모 됨

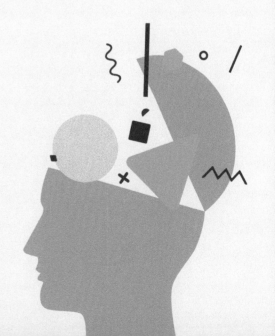

가족은 인간이 가져온 제도 가운데에서 가장 오래된 것으로, 사회의 변천에 따라 여러 가지 영향을 받으며 꾸준히 지속되어 온 기본적인 사회제도이다. 개인이 경험하는 가족은 역사와 민족, 시대적 변천에 따라 다양하며 양육과 사회화를 통하여 인격형성이 이루어지는 인간발달의 근원적 집단이다. 과거에는 결혼을 하면 자녀를 갖는 것이 정상적이고 자연스러운 과정이라고 생각하였으나 현대사회에서는 선택에 의해서 부모가 되는 문제를 결정하고 있다.

부모가 된다는 것은 자녀 출산이라는 생물학적 초점에서 심리적·경제적·사회적으로 다양한 역할을 수행해야 하는 책임감이 부여되므로 상황에 따라 부모들은 자녀 갖기를 연기하거나 무자녀를 선택하는 경우도 있다. 이렇게 부모가 될 것인지의 여부를 결정하는 데 있어서 부모가 되고자 하는 동기는 매우 중요한 요소일 뿐만 아니라 부모로서의 태도를 결정한다.

이 장에서는 부모 됨의 의미와 동기, 부모됨의 발달과정에 대해 살펴보고자 한다. 이는 현대사회에서 부모가 되고자 하는 동기는 향후 부모로서의 양육태도를 결정하는 매우 중요한 요인이 되기 때문이다. 또한 충분한 사전 준비와 계획을 통하여 좋은 부모가 될 수 있도록 안내하고자 한다.

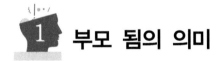

1 부모 됨의 의미

부모가 된다는 것은 단순히 자녀를 낳는다는 의미가 아니고 자녀와 함께 시간을 보내며 자녀를 올바르게 양육하여, 그들이 자신만의 인생을 올바르게 살아가고, 사회에서 필요로 하는 훌륭한 구성원이 되도록 기르는 일이다. 이에 부모가 된다는 것은 부모에게 행복과 보람을 주는 동시에 책임과 의무가 따르는 일이다.

가. 사회문화적 의미

Veevers(1973)는 부모가 된다는 것은 단순한 사회적 과정이라기보다는 부모가 되고자하는 다양한 동기에 따라 사회문화적 의미를 내포하고 있다고 보았다. 그는 부모기(parenthood)와 비부모기(non-parenthood)의 사회적 의미는 개인이 행동에 미치는 영향력을 이해하는 데 중요하다고 보고, 사회·문화 속에 존재하는 부모기와 비부모기의 특성을 유형화시켜 특정 문화 속에서 이해되고 있는 사회적 의미를 6가지 유형으로 설명하였다.

Veevers가 말하는 부모 됨의 사회적 의미를 살펴보면 다음과 같다.

1) 결혼하여 자녀를 갖는 것은 '도덕적인 의무감'을 수행하는 의미를 지닌다.

어느 사회에서나 부모기를 맞는 것은 긍정적이며 바람직한 것으로 수용되고 있으므로, 성인이 되어 결혼하고 자녀를 갖는 것은 사회적으로 승인된 도덕적인 의미를 수행하는 일이라고 여긴다.

2) 부모가 된다는 것은 사회적으로 긍정적인 일이며 '시민으로서의 책임'을 수행한다는 뜻을 의미한다.

정부나 문화는 세대가 없이 존속할 수 없기 때문에, 사회는 자손을 번식하는 부모들에게 의존한다고 할 수 있다.

3) 부모가 되는 것은'성인에게 기대되는 자연스러운 행동'이다.

이것은 결혼한 부부의 성생활에 의한 자연스러운 결과다. 즉, 자녀를 가짐으로써 사회에 가치 있는 공헌을 하는 것이므로 자녀를 양육하는 데 드는 막대한 비용 때문에 자녀를 갖지 않는다는 변명은 타당하지 않다고 지적했다.

Veevers는 훌륭한 부모가 될 수 있는 사회적 · 경제적 능력이 있으면서 자녀를 갖지 않는 사람들은 이기적이고 무책임하다고 하였다.

4) 부모의 역할에는 '성적(性的) 의미가 포함' 된다.

자신은 자녀를 낳을 수 있는 능력을 가진 성인이고, 자녀를 낳음으로써 성적 개체임을 확인할 수 있다는 것이다. 이런 이유에서 자녀가 없는 사람들은 신체적인 상태뿐만 아니라 심리적 상태까지 위축받게 된다.

5) '결혼'의 개념이다.

자녀는 결혼을 유쾌하게 하고, 부부 사이의 관계를 향상시키며, 악화되거나 정체된 부부관계를 개선시키고 이혼을 방지한다는 것이다.

6) 부모가 됨으로써' 정신위생상 정상적인 상태'를 의미한다.

부모가 됨으로써 부모 스스로도 사회적 완숙과 개인적 안정을 갖게 된다. 자녀를 갖는 것은 남성보다도 여성의 역할을 더 완전하게 해주는 의미가 있다.

Veevers는 이처럼 사회적 의미를 분류하기 위하여 도덕성, 책임감, 자연스러움, 성, 결혼, 정신위생의 여섯 가지 주제를 사용하였는데, 이는 시대와 사회문화, 개인의 보는 관점에 따라 달리 해석될 수 있다.

Veevers에 의한 부모기와 비부모기와의 관계를 이 주제에 따라 구분해 비교한 것을 보면 아래와 같다.

| 표 1-1 | 부모기와 비부모기의 사회적 의미 유형 |

영역	부모기의 사회적 의미	비부모기의 사회적 의미
도덕성	부모 됨은 도덕적 의무의 실천이다.	자녀들을 갖지 않는 것은 비도덕적이다.
책임감	아이를 갖는 것은 시민으로서의 책임감을 이행하는 것이다.	자녀가 없는 것은 무책임하다.
자연성	부모가 되는 것은 자연스러운 것이다.	사회적으로 부자연스러운 것이다.
성에 대한 인식과 신체적 성숙	부모가 된다는 것은 신체적 성숙을 의미한다.	성적 무능력을 나타내며 신체적 미성숙을 의미한다.
결 혼	결혼생활에 대한 만족과 이혼을 방지한다.	결혼에 대한 불만족과 이혼의 기회를 증가시킨다.

출처 : Veevers, J. E.(1973). The Social Meanings of Parenthood. Psychiatry, 36, 291-310.

나. 개인적 의미

부모라는 지위를 획득함과 동시에 생명 탄생의 기쁨과 성취감을 느낄 수 있다. 또한 자녀와 사랑을 주고받으며 정서적 만족감을 느끼고, 가족에 대한 결속력을 유지하고자 가계를 계승하게 된다. 이 밖에도 부모의 자아성장의 계기가 되며, 인격적으로 성숙해지는 기회가 된다.

2 부모됨의 동기

과거에는 결혼을 하면 자녀를 갖는 것이 정상적이고 자연스러운 과정이라고 보며, 자녀 갖기를 원하지 않는 것은 부자연스럽고 정도를 벗어난 것이라 생각했으나, 현대사회에서는 부모가 되는 문제를 결정하는 데 있어서 자신의 선택이 결정적인 역할을 하고 있다. 부모가 되는 것이 더 이상 필연적이기보다는 선택의 대상으로 여겨지며, 자녀를 낳을 것인지 말 것인지, 자녀를 언제부터 낳기 시작할 것인지, 그리고 몇 명을 낳을 것인지에 대해 스스로 결정한다. 따라서 부모가 된다는 것에 대한 결정은 온전히 부모 자신이 부모됨에 어떠한 동기를 가지고 있느냐에 달려 있다. 이에 부모됨의 동기를 살펴보면 다음과 같다(오영희 외, 2008).

가. Erikson의 부모됨의 동기 유형

Erikson(1963)에 의하면, 부모가 되고자 하는 것은 인간의 성숙과정의 일부로, 사람은 성인단계에 들어서면 다른 사람들을 돌보아 주고자 하는 타고난 동기를 갖게 되는데, 이는 자녀를 낳고 부모의 역할을 수행함으로써 표현된다고 하였다. 즉, 인간은 자녀를 낳아 양육하고 사회화시키고 교육시킴으로써 성인으로서의 건전한 심리발달을 이룰 수 있다는 것이다.

나. Rabin의 부모됨의 동기 유형

Rabin(1965)은 부모가 되는 동기를 다음과 같이 네 가지로 구분하여 설명한다.

1) 숙명적 동기

결혼을 하면 자녀를 두는 것이 자연스러운 일이며 그들이 존재하는 이유라고 믿기 때문에 피임을 하는 것에 대해서도 반대한다. 이들은 인간에게 주어진 운명에 순종하고 따라야 한다는 신념에 의해 부모가 되고자 한다. 또한 자녀를 가짐으로써 가계가 이어진다고 생각하며 이런 성씨 존속의 동기는 남아선호(男兒選好) 사상의 주요 원인이다.

2) 이타주의적 동기

가족을 부양하는 과업을 획득하는 데 부합되는 동기이다. 즉, 자녀를 키우는 과정을 통하여 이타심, 책임감, 민감성 등과 같은 특성을 발전시켜 나가게 된다.

3) 자기도취적 동기

부모가 된다는 것은 자신이 아기를 갖기에 적당할 만큼 성인으로 성숙했음을 구체적으로 나타내 준다고 기대한다. 또한 자신은 다른 사람과 같다는 생각을 하게 하여 한 개인의 심리적 안정의 요인이 된다. 이들은 부모가 됨으로써 자녀를 통해 정서적인 안정감을 구할 수 있으리라 기대한다.

4) 도구적 동기

자녀를 통해 자신이 이루지 못했던 꿈이 이루어지기를 바라는 욕구로 설명할 수 있다. 즉, 자녀를 통해서 자신이 이루지 못한 것을 성취함으로써 대리만족을 얻고, 유한한 삶을 무한하게 살아갈 수 있는 불멸성을 성취하는 수단이 된다. 또한 자녀가 성장함에 따라 자녀의 성취는 부모의 자존감과 힘의 근원이 된다고 느끼며, 자녀가 부부간의 결혼생활이 파경에 이르는 것을 막아준다고 생각한다.

이렇게 부모가 되는 동기는 특정한 동기만이 아니라 다양한 동기들이 복합적으로 작용하여 이루어질 수 있다. 대개의 경우 동기들이 서로 관련되어 부모가 되는데, 어떤 동기에서든 부모가 되기를 선택하게 되면 부모기(parenthood)를 거치면서 다양한 부모의 역할을 하게 된다. 부모기란 부모로서 생활하는 특정한 시기를 말하며, 반면에 부모가 되지 않았거나 부모로서의 역할을 수행 할 수 없는 경우를 비부모기(non-parenthood)라 한다. 부모가 된다는 것은 부모와 자녀의 상호작용 과정에서 상호발전을 도모하게 되는 데 그 의미가 있다.

표 1-2 | Rabin의 부모됨의 동기 유형

숙명적 동기	• 인간에게 주어진 운명에 순종하고 따라야 한다는 종교적 신념에 의해 부모가 되고자 한다. • 자녀를 통해 가계를 잇는다는 사고를 가지고 있다.
이타주의적 동기	• 부모가 되고자 하는 기본적인 욕구이다. • 자녀에 대한 관심과 애정을 표현하고자 하는 애정적 욕구에 의해 부모가 되고자 한다.
자기도취적 동기	• 자녀를 가짐으로써 성인의 대열에 속했다는 심리적 안정을 유지하고 성인으로서 성숙했음을 나타내 준다는 기대에 의해 부모가 되고자 한다.
도구적 동기	• 부모가 이루지 못한 꿈을 자녀가 대신하여 이루어 주리라고 믿거나 자신의 부모님을 기쁘게 해드리기 위해 부모가 되고자 한다. • 자녀를 통해 부부간의 불화를 방지할 수 있다고 생각한다.

다. 부모됨의 획득 동기 유형

부모됨은 자녀를 출산하고자 하는 개인의 심리적 동기에 따라 의미부여가 다르다. 일반적으로 결혼한 부부가 자녀를 갖기 원하고 부모가 되기 원하는 획득 동기에 대해서 여성가족부의 '좋은 부모 행복한 아이'에서는 사랑과 애정의 욕구, 자아확장과 자녀, 성취감, 부모됨을 통한 성장으로 구분하였다.

1) 사랑과 애정의 욕구

토마스에 의하면 인간은 안전감, 반응, 인정, 새로운 경험의 기본적 욕구를 가지고 있다고 한다. 이러한 다양한 욕구 중에서 사랑과 애정의 욕구 충족은 가장 큰 부모됨의 동기가 된다. 사랑하는 사람과 함께 살며 자녀를 낳아 부모가 되는 것은 두 사람만의 사랑 그 이상의 행복감을 느낄 수 있으며 부부, 부모-자녀 간에 서로 사랑을 주고받을 수 있는 풍부한 관계가 형성된다.

2) 자아확장과 자녀

부모가 되려고 하는 동기 중 하나는 자아확장감이다. 자아확장감은 자려를 통해 자신이 지속되는 느낌을 말한다. 단순히 부모-자녀 관계가 새로이 형성되는 것을 넘어 부모 됨을 통해 자신의 세대, 혹은 자기 자신이 연장되어 계속 존재할 수 있다는 만족감과 보상감을 얻을 수 있다. 자녀를 자기보상의 대상으로 삼고 자기를 확장하려는 것과 자신의 연장선인 자려를 기르며 행복감을 느끼고 자신의 가치관과 가족의 의미를 남길 수 있다.

3) 성취감

부모는 자려를 가짐으로써 성취감을 느낀다. 특히 아버지의 경우 이러한 성취감을 더 크게 느끼게 되는데, 자아 확장감과 함께 부부의 유전자를 물려받는 자녀를 보면서 큰 결실을 이루어 냈다는 만족감을 얻게 된다.

4) 부모됨을 통한 성장

부모가 됨으로써 부모도 성장의 기회를 가진다. 그리고 이것은 또 하나의 부모됨의 동기가 된다. 부모는 자녀를 양육하면서 부부, 부모-자녀 간 많은 상호작용을 함과 동시에 자신의 정서적·인지적·사회적 발달을 심화시키게 되고, 자녀에게 바람직한 모델이 되어야 하기 때문에 끊임없이 자신을 돌아보고 인격을 닦아나가는 기회를 가지게 된다.

3 부모됨의 발달 과정

전통적으로 부모교육이나 가족발달을 연구하는 분야에서는 부모됨이나 부모기(parenthood)가 임신을 전후해서 시작되는 것으로 보는 경향이 있다. 그러나 실질적인 부모됨이 임신에서 비롯된다 하더라도, 부모됨을 기대하고, 계획하고, 준비하는 등 포괄적인 개념의 부모됨은 임신과 자녀 출산경험보다 훨씬 이전에 부모로서의 자아상이 형성되는 시기부터 시작된다고 보아야 할 것이다(유계숙 · 정현숙, 2002). 이에 부모됨의 역할을 지혜롭게 수행하기 위해서는 인생을 계획하고 준비하는 청소년기부터 좋은 부모가 되기 위한 준비를 시작하는 것이 바람직하다. 청소년기는 예비부모로 부모됨 전반(부모됨의 의미, 부모역할의 특성 등)을 이해하면서 부모됨에 필요한 준비에는 어떤 것이 있는지를 알아야 한다.

가. 가족계획

부부가 부모됨의 준비를 하고 서로 합의하에 가족계획을 세워 실행하는 것은 올바른 부모의 역할수행을 위한 첫걸음이다. 자녀의 탄생을 계획하고 준비하면, 어머니가 가장 건강할 때 자녀를 출산하기 때문에 어머니와 자녀의 건강을 유지할 수 있고, 자녀양육과 교육을 미리 계획할 수 있다. 이러한 부모의 태도는 자녀에게 안정된 가정환경을 제공한다.

그러나 생명에 대한 책임감이 부족하거나 부모가 되기 위한 준비가 되지 않았을 때 원하지 않는 임신을 한다면, 본인뿐만 아니라 주변 사람들에게도 신체적 · 심리적 고통을 안겨준다. 그러므로 자신의 상황과 체질에 맞는 피임법을 선택하는 것이 바람직하다.

일반적인 피임법의 종류

- 월경주기조절법 : 배란 예정일 전 3일간과 후 2일간 성관계를 피하는 방법
- 먹 는 피 임 약 : 월경 첫날부터 21일간 매일 하루 한 알을 같은 시간에 복용한 후 7일을 휴약하는 방법
- 콘   돔 : 간편하고 효율적인 방법이나 피임 실패율이 15% 정도이므로 유통기한을 지키고 바른 사용법을 익혀야 함
- 자 궁 내 장 치 : 황체 호르몬을 함유한 기구를 전문가의 시술로 자궁 내에 설치하는 것으로, 피임 효과가 우수함
- 정 관   수 술 : 정자 운반을 담당하는 정관을 실로 묶거나 잘라내는 방법

나. 부모됨의 과정

자녀는 몇 명을 낳고 시기는 언제쯤으로 할 것인지, 피임과 임신·출산 계획, 출산 후 양육 등에 대해 부부가 상의하고 합의가 되었다면 부모가 되기 위한 준비과정과 더불어 자녀양육에 대한 준비에 들어간다.

여성가족부(2016)에서는 부모됨의 과정을 준비하기, 돌보아 기르기, 부모의 말 세우기, 설명하여 깨우쳐 주기, 자녀를 존중해 주기, 독립시켜 내보내기의 6단계로 나누었으며 그 내용은 다음과 같다.

1) 준비하기

좋은 부모가 된다는 것은 자녀를 사랑하는 마음 하나만으로는 충분하지 않으며, 아무런 준비 없이 자녀를 키우는 것은 마치 설계도 없이 집을 짓는 것과 다름없다. 그러므로 좋은 부모의 역할을 수행하기 위해서는 육아에 대한 지식을 습득하는 것과 더불어 신체적·심리적·정서적·경제적 성숙 및 관계의 재

정립을 통해 부모됨을 미리 준비해야 한다. 이러한 부모됨의 준비는 단기간에 이루어지는 것이 아니므로 꾸준히 계획하고 노력하는 자세가 필요하다.

(1) 신체적 준비

부모가 되기 위해서는 우선 건강해야 한다. 부모가 될 계획을 세웠다면 임신을 준비하기에 문제가 없는지 확인하기 위해 병원에 가서 건강검진을 받아야 한다. 검진 결과 건강에 이상이 있다면 건강이 회복될 때까지 부모됨의 시기를 늦추는 것이 바람직하다. 또한 부부의 양쪽 가계에서 가족의 질병이나 태아에게 영향을 끼치는 유전적인 문제가 있다면 이를 최소화시킬 수 있는 방법을 강구해야 한다.

(2) 심리 · 정서적 준비

부모가 되기 위해서는 자신의 정신적 · 심리적 상태의 문제나 성격 등을 파악하여 자녀를 출산하고 양육하는 데 문제가 되거나 장애가 되는 요인들을 개선하는 노력이 필요하다. 부모의 불안전한 정서 상태, 비정상적인 성격 또는 기질 등은 자녀에게 심리적인 손상을 주어 장애를 초래할 수도 있기 때문이다.

(3) 경제적 준비

현대사회에서 자녀를 양육하고 교육하기 위해서는 기본적으로 경제적인 뒷받침이 필요하다. 따라서 부모가 될 계획을 하고 있다면 자녀를 양육하고 생활을 할 비용을 충분히 준비할 수 있는가를 깊게 생각해 보아야 한다.

(4) 관계의 재정립

부부는 공통의 양육자가 되므로 부부관계의 변화와 부모로서 미래 역할에 대한 예상과 준비를 해야 한다. 따라서 가사 분담을 비롯한 여러 역할을 조정하는 등 부부가 효율적으로 의사소통할 수 있는가, 부부 둘만의 구조가 아닌 자녀가 있는 가족 구성원 형태에 충분히 적응할 준비가 되었는가? 등을 생각해 보아야 한다.

(5) 부모교육 참여

양육에 관련한 지식과 정보, 기술을 습득하기 위한 노력을 해야 한다.

표 1-3 부모기 시작단계에서 준비해야 할 것

신체적 준비	부모의 건강은 아기의 두뇌 발달, 건강상태, 질병에 대한 저항력 증진에 중요한 요인이 된다.
심리·정서적 준비	자신의 어린 시절 부모와의 경험을 되돌아보고 그것이 현재의 임신과 부모 이미지 형성에 어떻게 영향을 주고 있는지를 생각해 본다.
경제적 준비	자녀가 독립할 때까지 적지 않은 양육비 및 교육비가 들어가기 때문에 그 이전에 부모의 경제적 준비가 요구된다.
관계의 재정립	부부는 공동의 양육자가 되므로 부부관계의 변화와 부모로서 미래 역할에 대한 예상과 준비를 해야 한다.
부모교육 참여	부모가 되기 전 부모교육에 참여하여 양육 지식, 정보, 기술 등을 습득해야 한다.

출처: 전라남도 나주교육지원청. http://www.najued.go.kr/?c=2/33/97/105&uid=99863

2) 돌보아 기르기(만 0~2세까지, 영아기)

이 시기는 자녀가 애착을 형성하는 중요한 시기이다.

(1) 이미지를 현실과 일치시키는 작업

자녀와의 눈 맞춤은 자녀가 부모의 애정을 확인받는 일이다.

(2) 애착과 돌봄의 과정

자녀가 인생을 살아가는 데 가장 기초가 되는 것은 세상에 대해 믿을 만한 곳이라고 생각하는 근본적인 신뢰감 형성이다. 이러한 신뢰감은 부모와 자녀가 얼마만큼의 애착을 형성했는가에 따라 달라진다.

(3) 부모로서의 자아정체감 정립

하루 종일 반복되는 자녀와의 생활에 대한 갑갑함과 자신을 잃는 것에 대한 두려움을 경험할 수도 있다. 그렇기 때문에 이 시기에는 부모로서의 정체감 형성이 매우 중요시 된다.

(4) 부부 관계의 재정립

이 시기에는 아버지의 역할 확대와 부모가 개인으로서의 자기 자신과 부모로서의 자기 자신 사이에 균형을 이루는 일이 매우 중요하다.

(5) 부모의 역할

이 시기에 부모는 자녀에게 분명하게 방향을 제시하고 감독하고 통제하는 역할이 필요하다.

3) 부모의 말 세우기(만 3~7세, 유아기)

이 시기는 자녀가 호기심이 많아지고 자신의 의사표현과 신체적 움직임이 많아지는 시기이다.

(1) 자율성과 주도성 발달

자녀가 주도성을 발달시켜 나간다는 것은 세상에 잘 적응하고 상호관계를 이루며 목적을 성취하는 자신의 능력에 대해 확신을 갖게 된다는 것을 의미한다.

(2) 훈육하기

자녀로 하여금 부모가 정한 권위와 한계를 따르게 하는 것도 중요하다. 부모는 자녀가 한계를 벗어나면 어떻게 대응할 것인가를 미리 생각해 보아야 한다. 지켜야 할 한계를 정했으면 일관성 있게 그대로 지키는 것이 중요하다.

(3) 권위 세우기

어느 부분에서는 부모가 정하고 어느 부분은 자녀에게 허용해 줄 것인지를 결정하고 고수해 나가는 것이 필요하다.

(4) 부모의 역할

자녀와의 관계에서 대화를 통한 합리적 설득이 필요하다.

4) 설명하여 깨우쳐 주기(초등학생)

학동기 자녀는 친구가 중요해지고 자기 생활이 중요해지기 때문에 이 시기는 아이들이 부모와 멀어질 수 있는 단계에 있는 시기이다.

(1) 세상과 사물의 이치에 대해 설명해 주기

자녀가 접하게 되는 새로운 자극과 세계, 자신에 대한 궁금증과 관심에 대해 설명하고 이해시켜 주는 것이 중요한 양육 활동이 된다.

(2) 근면성과 자아개념 발달

부모는 자녀가 다양한 경험을 통하여 성취 경험을 가질 수 있도록 도움을 주어, 근면성이 발달하는 것을 도와야 한다. 또한 자아를 형성해 가는 자녀와 계속적으로 상호작용하며 자녀가 자신의 능력에 대해 현실적인 자신감과 긍정적인 자아개념을 갖도록 도와주는 것이 중요하다.

(3) 또래관계 발달

이 시기의 자녀는 또래를 매우 중요하게 여기며 또래에 의해 수용되는 과정을 통해서 사회성이 발달된다.

(4) 부모의 역할

자녀의 질문에 모르는 것은 함께 생각해 보며 찾아보고 답을 구하는 자세를 보여줌으로써 어떻게 배워나가는지, 왜 배우는지를 가르친다. 함께하는 부모의 모습은 자녀들이 문제 상황에 봉착했을 때 자녀 스스로 독창적인 방법으로 문제를 해결할 수 있도록 격려하며 부모의 통제를 점차 줄이는 것이다.

5) 자녀를 존중해 주기(청소년기)

이 시기는 자녀가 자신과 가정, 학교와 사회에 대해 보다 깊이 생각하며 자신의 과거를 돌아보고 미래에 대해 계획하는 시기이다.

(1) 자녀의 변화 수용하고 인정하기

이 시기의 자녀에게 성은 중요한 삶의 한 부분이 된다. 또한 부모로부터 떨어져 나가려는 시도를 하기도 한다. 부모는 자녀의 이러한 시도들에 대해서 수용을 해야 한다. 어른이 되고 싶어 하는 자녀의 욕구를 받아들일 수 있는 부모의 융통성과 지혜가 필요하다.

(2) 새로운 권위 관계의 적응

이때가 되면 어느 정도 성장한 사람으로서 존중하면서 서로 의지하는 상호 존중 단계에 접어들게 된다. 이 시기에는 자녀가 지닌 생각들을 잘 들어보고, 그 후에 부모의 생각을 전달하는 상호적인 대화가 필요하다.

6) 독립시켜 내보내기(성인기)

부모로서의 모든 경험들을 되돌아보며, 자녀와의 이별을 준비하는 과업에 임하게 되는 시기이다.

(1) 자녀를 떠나보내기

자식을 키운다는 것은 혼자 살 수 있도록 힘을 길러준 후 떠나보내는 것이다. 자녀를 떠나보낸 상황에서 어떻게 대처할 것인가에 대한 준비가 필요하다.

(2) 자녀가 떠난 상황에 대한 적응

자녀 중심의 생활에서 부부중심의 생활과 자신에 대한 관심을 다시 가져야 할 때이다. 자녀가 떠난 후 의미 있는 일이나 봉사활동을 할 때 자녀는 부모가 보다 성숙하고 안정되었다고 느끼게 된다.

(3) 새로운 가족관계 형성

부부간의 관계 이외에도 자녀의 배우자와의 새로운 관계형성(시부모 또는 장인, 장모의 역할)이 필요하다. 자녀가 결혼을 하게 되면서 어른과 어른의 만남으로 자녀를 대해야 한다.

부모 역할과 양육태도

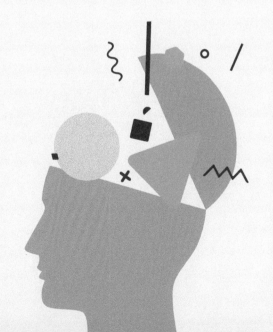

부모는 자녀를 양육하고 보호하며 자녀가 성장해 가는 과정에서 중요한 역할을 하는 사람이다. 유아기 부모는 자녀를 양육하면서 자신의 새로운 가치를 발견하며 부모역할 수행을 통해 다른 사람들과 관계를 확대해 나간다. 이 장의 목표는 부모의 역할, 즉 아버지의 역할과 어머니의 역할을 어떻게 해야 하는지, 자녀에게 왜 아버지의 역할이 중요하고 어머니의 역할이 필요한지를 이해하고 알게 함으로써 결혼 전 미리 아버지와 어머니의 역할 및 자녀의 발달단계에 따른 부모의 역할을 구체적으로 알게 하여 지혜롭고 유능한 부모가 되어 자녀를 양육하게 하는 것이다.

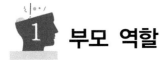

1 부모 역할

영유아기 부모의 역할에 대해 여러 학자들은 다양하게 정의하고 있다. 이숙희(2010)는 부모는 자녀를 양육하고 보호하고 교육하는 과정을 통해 자녀가 성장하는 데 자녀에게 지, 정, 의 특성에 영향을 미치는 중요한 역할을 하도록 돕는다고 하였다.

Bowen(1982)은 "자녀를 양육하는 과정에서 어머니로서 느끼는 기쁨과 자신에 대한 유능감이 부모와 자녀관계에 긍정적인 영향"을 미치는데, 유아기는 결정적 시기로서 이 시기에 달성해야 하는 발달과제를 학습하고 지각하고 추론하고 기억하며, 신체적·언어적·사회적·정서적 발달을 통해 이 시기에 학습, 지각, 추론, 기억, 언어 등의 능력이 성장해 가면서 부모에게 요구되는 역할에 대하여 다음과 같이 설명하였다(이규민 외, 2009).

첫째, 신체발달과 부모의 역할이다. 자녀는 양육자와 충분한 애착을 통하여 스킨십을 자주 하며 이 시기에 부모-자녀는 신체활동을 통한 신체적 친밀성을 가져야 한다.

둘째, 언어발달과 부모의 역할이다. 이 시기 유아들은 언어가 급격하게 발달하는 시기이다. 2세부터 하루 평균 9개의 단어를 습득하고 6세까지 대략 14,000개의 단어를 습득하며 전보식의 언어부터 의사소통이 가능한 구문 양식 언어로 발달되는 시기로 부모의 역할은 자녀의 의사소통 발달에 다양한 경험을 주는 것이다.

셋째, 인지발달과 부모의 역할이다. Piaget는 유아들은 감각운동기, 전조작기, 구체적 조작기, 형식적 조작기의 4단계를 거치면서 단계마다 질적으로 서로 다른 방식으로 사고하고 행동하게 된다고 하였다. 이때 부모는 발달단계에 따라 결정적 시기를 놓치지 않고 자신을 표현하도록 상호 작용해 주어야 한다.

넷째 사회·정서 발달과 부모의 역할이다. 유아기에 형성된 부모-자녀의 관계는 세상에 태어나 처음 갖는 인간관계이자 사회이다. 이 시기의 부모와 자녀의 관계는 자녀의 정서적 성격발달에 적절한 환경을 제공해 주어 자녀가 긍정적인 정서를 발달할 수 있도록 해주어야 한다.

다섯째, 도덕발달과 부모의 역할이다. 이 시기 자녀는 자기중심적 사고를 가지는 단계이므로 자기중심성에서 벗어나 자신의 감정 외 타인의 감정을 인식할 줄 알며 유아기에 적절한 도덕성을 발달시켜 나가도록 풍부한 자극을 받아 스스로 경험을 통해 또래들과의 생활에서 규범을 지킬 줄 아는 사람이 되도록 해주어야 한다.

그 밖에도 이 시기에 부모가 자녀에게 제공해 주어야 할 부모의 역할을 살펴보면 다음과 같다(오영희 외, 2008).

첫째, 부모는 자녀의 출생과 양육을 통해 신체적·정서적·언어적·사회적 발달에 책임을 져야 한다.

둘째, 부모는 자녀에게 개인적인 심리적·정서적 욕구를 충족하도록 적절한 사랑과 관심을 가지고 훈육하며 자녀의 발달에 긍정적 환경을 제공해 주어야 한다.

셋째, 부모는 자녀가 올바르게 성장하도록 교육자로서의 역할을 수행하여야 한다.

넷째, 부모는 자녀에게 표본이 되는 모델 제공을 통해 자녀의 태도와 습관의 형성에 모범이 되어주어야 한다.

다섯째, 부모는 자녀에게 상담자의 역할을 해주고, 때로는 다정한 친구의 역할을 해줄 수 있어야 한다.

부모역할을 부모 자신의 심리적·사회적 요구를 충족시킴과 동시에 자녀의 성장·발달을 전면적으로 육성하는 과정이며, 부모의 역할수행은 부모 자신의 욕구와 자녀에 대한 욕구가 혼재하고 있기 때문에 올바른 역할 정체감을 형성하는 것이 매우 어렵다. 따라서 부모역할을 잘 수행하기 위해서는 부모와 자녀 관계가 중요하다.

가. 아버지의 역할

1) 아버지 역할의 중요성

부모가 자녀의 다양한 욕구를 채워주는 과정에서 역할 내용과 그에 대한 역할 공유와 역할 분담이 있게 된다. 최근 부모의 역할을 보면, 과거 어머니의 양육적이고 자애로운 역할과 아버지의 권위적이고 통제적인 역할이 상황에 따라 서로 보완 또는 교환되어 점점 복합되어 가는 경향을 볼 수 있다. 기혼여성들의 취업이 점점 더 증가하고 전통적인 성 역할 개념이 점자 약화됨에 따라 자녀양육은 부모가 융통성 있게 서로의 역할을 분담·공유하면서 수행하는 것이 바람직한 역할 문화로 자리매김하게 될 것이다.

자녀양육에 있어서 부부간의 평등적 역할 분담이 강조되면서 자녀의 양육과 교육에서 아버지의 역할은 점차 증가하고 있다. 자녀 돌보기, 자녀와 놀이하기, 자녀와 운동하기, 자녀 동화책 읽어주기, 집안일과 식사 준비하기 등을 아버지와 자녀는 자연스럽게 함께 공유하면서 생활 속에서 자녀의 훈육까지도 담당하게 되었다. 이때 아버지는 경제적 능력을 가지고 물적 환경을 제공하는 역할, 사회 전통이나 가치 철학을 전달하는 역할, 자녀의 지적·사회적 능력을 개발하는 역할에 동참하여 자녀양육에 어머니와 함께한다(Lamb, 1981). 즉, 아버지의 역할은 아버지가 자녀의 양육에 신체적·정서적·물리적 상호작용을 통해 인적환경 조성자로서의 역할, 유아의 능력을 개발하는 역할, 훈육의 역할, 긍정적인 성격 형성자로서의 역할을 다하는 것이다(김지원, 2011).

이와 같은 아버지의 역할에 대한 인식이 달라지면서 미국에서는 자녀 출생 시 아버지에게 휴가를 주는 제도가 인정받고 실시되기 시작하였으며, 스웨덴에서는 아내가 출산을 하면 아버지가 유급 휴가를 받을 수 있도록 법으로 제정되어 시행되고 있다. 우리나라에서도 2008년부터 배우자의 출산휴가가 법정 의무제로 도입되었다(남녀고용평등법 시행령, 2008).

연구들에서도 살펴보면, 아버지는 자녀의 가장 가까운 친구이며, 어려울 때 의지하고 보호받을 수 있는 이상적인 존재이며, 어머니의 사랑만 받은 자녀보다 양친의 사랑을 다 받고 자란 자녀가 훨씬 더 원만한 인격을 형성한다. Freud에 의하면 초자아가 형성되는 이 시기에 유아들은 이성의 부모에 대해 느끼게 되는 오이디푸스 콤플렉스(Oedipus complex)로부터 벗어나기 위해 동성 부모를 동일시하게 되는데, 이때 아버지는 자녀의 갈등 해결에 중요한 역할을 한다고 하였다. Bandura는 관찰 학습을 유아의 성역할 발달의 결정적 과정으로 보고 아버지의 역할이 남아의 남성 역할 발달에 결정적 요인이 된다고 하였다. 따라서 아버지의 자녀양육 참여역할에서 아버지는 자녀양육에 적극적으로 참여하고자 하는 신념이나 가치관, 태도, 의도 등을 가지고 자녀와 긍정적 관계를 공유하는 것이 중요하다.

2) 아버지의 양육

아버지 양육참여는 가사책임과 자녀양육을 동등하게 수행하는 것이며(Doherty, Kouneski & Erickson, 1998; Thomson & Walk, 1989), 아버지의 양육참여는 자녀의 출생부터 기초적 발달까지 자녀의 돌봄으로 이어진다(Pleck, 1987). 자녀의 생활에서 능동적 역할 참여로 '아버지의 새로운 양육자' 개념이 출현하기 시작하면서 아버지는 자녀에게 동반자, 돌봄 제공자, 배우자, 보호자, 모델 제공자, 도덕적 지도자, 교사, 부양자 등 많은 역할을 하는 믿음지한 존재로 인식되기 시작하였다(Lamb, 2010).

연구들을 살펴보면 자녀의 발달에 영향을 미치는 아버지의 성 역할 태도는 가족과 사회 속에서 생활하면서 자연스럽게 학습해 가는 데 아주 중요한 역할을 한다. 자녀는 아버지의 역할에서 사회적 측면의 삶을 학습한다. 따라서 아버지의 양육 참여는 중요한 영향을 미치고 있으며 여러 연구에서 언급되는 아버지 양육참여 역할의 중요성을 알아보면 다음과 같다.

(1) 인격조성자로서의 역할

아버지는 놀이친구로 대·소근육 활동이나 유치원이나 어린이집 행사에 참여하여 신체적 접촉 놀이 활동으로 자녀와의 유대감을 증진시켜 나간다(최소은, 2009).

(2) 성 역할 연습

성 역할 학습은 대개 아버지의 경우는 아들에게, 어머니의 경우에는 딸에게 영향을 미친다고 여겨 왔는데, 이는 부모의 애정적인 태도를 통해 형성된다. 특히 가정 내에서 의사 결정권이 누구에게 있느냐에 따라 성 역할 학습에 영향을 주게 되므로 아버지의 역할은 자녀에게 동일시의 중요한 대상임과 동시에 아버지의 건전한 양육 행동과 태도는 자녀의 균형적인 발달을 위하여 필수적이라고 볼 수 있다(오영희 외, 2008).

(3) 사회성 발달

자녀들은 아버지가 자신을 대하는 방법에 영향을 받아 의사소통 기술을 발전시켜 나간다. 아버지와의 애착관계를 통해 사회적·정서적 안정에 많은 도움을 받게 되고 이렇게 아버지와의 접촉 관계에서 얻어진 경험은 사회성 발달에 중요하다.

(4) 인지발달

아버지는 자녀의 놀이 상대로 인지발달에 기여한다. 자녀들은 아버지와의 다양한 놀이 상황에서 칭찬과 격려, 자극을 받음으로써 창의적·확산적 사고와 함께 인지 발달이 촉진된다.

(5) 성취동기

아버지는 자녀의 성취동기에 아주 지대한 영향을 미친다. 특히 학업, 직업, 경제적 생활 등에 있어서 자녀들에게 포부를 갖게 하고 성취동기를 부여해 나가는 데 중요한 영향을 미친다고 한다.

아버지가 영유아기에 경험한 긍정적 양육방식이 자신도 모르는 사이에 정신적 모델(Mental model)이 되어 자녀 양육태도에 영향을 미치고 있다는 것을 생각해 볼 때, 아버지들의 효율적인 자녀 양육태도를 살펴볼 필요가 있다. 최근 아버지의 양육참여자가 자녀의 사회적·심리적 발달과 긍정적 성취에 영향을 미친다는 연구들(권순남, 2013; 노성향, 2014; 박은미·이석순, 2015; 조윤진·임인혜, 2016)에서는 과거에 엄격한 훈육자로서가 아니라 좋은 아버지로 인식되는 진보적 변화의 아버지의 양육 역할을 다음과 같이 언급하고 있다(조윤진,임인혜, 2016).

첫째, 인적환경 조성자로서의 역할로, 친구가 되어 자녀와 함께 놀아주는 역할

둘째, 능력 개발자의 역할로, 자녀의 능력과 잠재력 개발을 위해 정보를 제공해 주고 함께 학습을 이끌어 주는 역할

셋째, 훈육자의 역할로, 질서와 양심에 따르는 규칙적이고 예의 바른 사람이 되도록 하는 역할

넷째, 정서적 안정감을 주는 역할로, 사랑을 표현하며 긍정적 애정을 표현하는 역할

다섯째, 성격 형성의 역할로, 자녀에게 책임감을 가지고 공동체에 참여하도
　　록 하는 역할

여섯째, 건강관리자의 역할로, 건강한 식습관을 통해 건강한 자녀로 성장하
　　도록 하는 역할

일곱째, 전통사회 가치 전달자의 역할로, 올바른 가치관 함양과 인성발달에
　　도움을 주는 역할

여덟째, 가정융합 역할로, 가사 일을 분담하여 협조하며 공동체를 배우도록
　　하는 역할

아홉째, 자신을 위해 노력하는 역할로, 자녀의 성장과 발달에 함께하는 부모
　　의 역할

　　아버지 역할의 중요성에 대하여 2010년 가족 실태조사에서는 자녀 돌봄 및 가사노동 시 아버지의 참여가 증가한 것으로 나타났으며, 자녀 돌봄에 있어 대부분의 영역을 어머니가 담당하고 있었지만, 이후 2014년 10월 1일부터 '아빠의 달' 제도가 시행되어 아빠의 육아참여가 점차 늘어나고 있으며, 아버지의 역할은 사회인식의 변화에 힘입어 점차적으로 그 역할의 필요성과 기대가 갈수록 변화하고 있는 것을 볼 수 있다. 2015년 가족 실태조사(여성가족부, 2015)에 의하면 기관이용 외 시간 영유아의 주 돌봄자는 어머니가 72.7%로 가장 높게 나타났고, 친조부모(9.6%)와 외조부모(9.0%), 순으로 높게 나타났다. 맞벌이 여부를 보면, 비 맞벌이는 어머니(89.7%)가 대부분을 차지하고 있는 한편, 맞벌이는 어머니(55.1%)가 가장 높게 나타났지만, 비 맞벌이에 비해 돌봄자가 다양하게 나타나고 있었다. 특히 맞벌이의 아버지 돌봄은 4.9%로 비 맞벌이 아버지의 자녀 돌봄 0.4%에 비해 높게 나타난 것으로 보아 부모-자녀 관계에서 아버지의 역할이 중요해짐을 알 수 있다.

나. 어머니의 역할

1) 어머니의 역할의 중요성

가족구조의 변화에 따라 여성의 역할이 다양해졌다 하더라도 여성에게 있어 어머니가 된다는 것은 매우 중요한 일이다. 자녀가 이 세상에 태어나면서 가장 먼저 만나는 대상이 어머니이고 이때부터 시작하는 어머니와 자녀의 관계는 이후에 자녀가 자라서 성인이 될 때까지 형성되는 인격의 기초를 마련하기 때문이다. 영유아기 어머니의 역할은 자녀에게 의생활 및 식생활을 제공하고 자녀를 훈육하고 청결한 상태를 유지해 주며 두려움이나 위험을 보호해 주는 역할이다. 넓은 의미로서는 자녀양육에 대한 지식, 기술, 태도, 신념을 포함한 것이다(박혜림, 2014). Gilbert와 Hanson(1983)은 어머니의 양육역할을 크게 교육적인 역할, 기본적인 욕구 충족의 역할, 상호작용 역할로 구성하였다. 교육적인 어머니 역할은 자녀의 인지적·정서적·사회적·신체적으로 건강한 성장과 발달을 돕고, 사회적 가치와 규범을 익히도록 하여, 자신의 청결, 생존, 기본적 욕구 충족과 의식주 제공은 물론 사회적·정서적 욕구를 만족하도록 하는 것이다.(홍예진, 2014). 육아정책개발센터(2012)에서 제시한 어머니의 기본적 욕구 충족의 역할 또한 어머니가 자녀에게 의식주 관련 올바른 기본생활습관을 형성하도록 계절, 장소에 적절한 의복을 제공하고, 연령별로 적절한 음식과 식사 도구를 제공하며, 식생활 관련 예절을 가르치고, 안전한 주거를 제공하고, 위생 및 건강을 유지하며, 건강 관련 기본생활습관을 형성할 수 있도록 돕는 역할이다. 박혜림(2014)의 연구에서는 첫째, 남아의 경우 어머니의 역할에 따라 사회적 유능감이 높으며, 둘째, 자기 통제력과 주의 집중력 및 유능감이 좋고, 셋째, 자아개념을 인식하는 데 긍정적이고, 유치원 적응력이 뛰어나며, 넷째, 양육신념, 지식, 태도에 따라 신체적, 인지적, 정서적, 사회적으로 긍정성이 높다고 말하고 있다. 이와 같이 어머니 역할은 자녀의 신체적, 정서적, 사회적, 언어적 전반적 부분에서 중요함을 설명하고 있다.

2) 어머니의 양육

영유아에게 있어 어머니와의 관계는 태어나서 첫 번째로 인간과의 관계를 맺는 가장 중요한 사건이다. 따라서 어머니가 자녀에게 미치는 영향 또한 중요하다. 이 시기에 어머니의 양육자로서의 역할은 자녀에게 절대적으로 영향을 미치는 부분으로 영유아 시기의 어머니의 양육방식에 의해 자녀의 성격 및 사회성의 대부분이 좌우된다. 강민정(2013)은 어머니의 양육태도가 영아의 정서적 지능과 정서적 발달에 영향을 미치며, 특히 자녀의 인지적·정서적·신체적 발달과 성격 형성에 영향을 미친다고 하였다(박재학, 2016).

이와 같이 여러 연구들은 어머니의 양육태도로 인하여 나타나는 자녀의 행동을 다음과 같이 보고하고 있다.

첫째, 자율적인 양육태도를 가진 어머니에게서 자란 자녀는 또래관계에서 사교성이 좋으며 배척당하는 경우가 낮다(홍경민, 2013).

둘째, 거부적인 양육태도를 가진 어머니에게서 자란 자녀는 또래관계에 어려움을 겪고 또래 관계에 수용되는 정도가 낮은 경우로 나타난다(홍경민, 2013).

셋째, 엄격한 양육태도를 가진 어머니에게서 자란 자녀들은 공격적 행동을 보일 수 있으며 정서적 행동이 조절되지 못하는 성향을 가질 수 있다(염계은, 2008 재인용).

넷째, 독재적 양육태도를 가진 어머니에게서 자란 자녀의 경우는 사회적 기

술 발달이 저해되고 또래들과 어울리는 데 어려움을 겪으며, 우울해하
거나 움츠러들어 자신감을 상실하여 자발성이 부족하다(Baumrind,
1971).

다섯째, 수용적 양육태도를 가진 어머니에게서 자란 자녀는 미성숙하고 자신
에 대한 신뢰감이 낮으며 자기 통제력이 부족하여 사회적 책임이나
독립성이 부족하므로 비행 등의 행동을 보일 수 있다(Baumrind,
1971).

여섯째, 온정적인 양육태도를 가진 어머니에게서 자란 자녀들의 경우, 자녀
들은 활동적이고 다정하며 창의성이 높아 독립적이고 사회활동에
단호하다(Mussen, 1969).

그 밖에 다른 연구에서 Baumrind(1991)는 어머니의 양육태도를 권위적 태도,
허용적 태도, 권위주의적 통제적 태도로 분류하였고, Mussen(1979)는 양육태도
가 자녀에게 미치는 영향에 대하여 부모가 온정적이고 허용적일 때 다정하고
창의적이고 독립적이며 단호한 태도를 가지고 있으며, 온정적이고 엄격할 경우
에는 유순한 태도를 보이며 규칙을 준수하고 순종적이며 단정하다고 말하고
있다.

자녀의 양육에는 아버지의 역할보다는 어머니의 역할이 많은 비중을 차지하
고 있다고 보고하는 여러 연구들을 요약하여 설명하면 다음과 같다.

표 2-1 어머니의 양육 방식에 따른 자녀의 특성

양육 형태	어머니의 태도	아동의 특성
수용적 육아형	자애로운 태도, 인격적 양육	자신을 존중, 책임감이 높음, 사교적, 협동적, 정서적으로 안정, 명랑
익애적 육아형	지나친 사랑, 관심, 과잉보호	소극적, 신경질적, 수줍음, 불안감, 주의집중력 결여, 정서적 불안정, 지나친 의존성, 학습의욕의 부진, 사회성의 결여, 열등감, 용기 부족, 도피적 태도
허용적 육아형	무조건적 허용	책임감 없음, 권위 무시, 공격적, 적대적, 부주의, 두려움 또는 지나친 자신감
거부적 육아형	무관심 적대감, 이관성 없는 애정	안정감 부족, 자심감이 결여, 무기력, 좌절, 비사교적, 반사회적 행동, 저항적
지배적 육아형	지나친 통제, 절제, 권위적 사랑	사회생활에 잘 적응, 겸손, 조심성, 정직, 수줍음, 온순, 순종적, 열등감, 수동적
과잉 기대형	지나친 기대	죄의식, 열등감, 백일몽, 환상적, 무책임, 개성이 없음, 무취미

어머니가 주 양육자의 역할을 할 때 자녀의 성격 형성에 영향을 미치는 어머니의 육아 방식에 따른 자녀의 성격 특성을 살펴보면 다음과 같다(오영희 외, 2008).

첫째, 아내의 역할이 전통적인 가사중심의 아내 상에서 남편과 동반자로서의 아내로 변화되었다. 오늘날의 아내는 예전의 아내처럼 단순히 무조건 남편에게 복종만 하도록 기대되지 않는다. 성적인 면뿐만 아니라 그 외의 다른 면에서도 남편의 동반자로 아내의 역할은 확장되었다.

둘째, 자녀에 대한 어머니의 역할 기대가 높아졌다. 자녀의 신체 · 정서 · 사회 · 인지 · 언어발달 등 전인적 발달의 모든 측면에서 이끌어 주어야 한다.

셋째, 가정 관리자로서의 역할도 확장되어 가계를 계획하고 물품을 구입하는 데 있어서 오늘날의 어머니들은 예전에 기대되었던 것보다 더 많은 일

을 한다.

넷째, 지역사회에서의 역할도 확장되었다. 어머니들은 자녀가 다니는 학교를 방문하는 일, 친척 간의 대소사에 참여하는 일, 종교기관의 일 등 지역사회나 친척, 커뮤니케이션의 중심 역할을 하고 있다.

다섯째, 가족 부양자로서의 역할도 확장되었다. 직업을 가졌음에도 불구하고 여전히 가정주부로서 가사일과 자녀를 돌보아야 한다.

여섯째, 아내로서의 의사결정권이 확장되었다. 여성이 직업을 가지고 가정의 한 수입원이 되는 경우가 증가하자 동시에 가정 안에서의 권한도 증대되는 것으로 보인다.

그 밖의 다른 연구들에서도 어머니 양육 역할의 중요성에 대해 강민주(2010)는 '어머니의 부모역할 지능과 자녀의 공감능력 및 자기조절 능력과의 관계'에서 만 5세 연구 결과 어머니 역할과 자녀의 자기조절 능력과의 관계는 높은 상관관계가 있는 것으로 말하고 있다. 김옥희(2008)의 연구는 '어머니의 부모역할과 자녀의 감성지능과의 관계'에서 어머니의 부모 역할이 유아의 감성지능 발달과 밀접한 관계가 있으며, 어머니의 발달자극 역할은 유아의 지도력과는 정적 상관을 보이며, 어머니 역할의 공감과 격려는 자녀의 과민성과 부적 상관관계가, 유아의 유능성과 정적 상관관계를 보였다. 이미현(2008)은 '어머니의 부모역할지능, 양육태도 및 유아의 자기 통제력이 자녀의 친사회적 행동에 미치는 영향'에서 어머니의 부모역할 지능과 양육태도, 자녀의 자기통제력 모두 자녀의 친사회적 행동 발달에 유의함을 밝히고 있다.

위와 같은 어머니의 역할의 변화는 자녀 교육과 보육의 전반에 많은 영향을 끼치며, 자녀에게 모성적 애정은 정서적으로 신체적으로 매우 중요하며 절대적으로 필요한 것으로 어머니들은 자신의 역할을 잘 인식하고 효과적으로 수행해 나가도록 최선을 다하여야 한다.

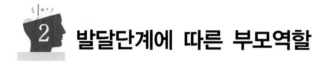

2 발달단계에 따른 부모역할

가. 태아기 부모역할

임신은 하나의 귀중한 생명체를 사랑으로 잉태하여 육체와 정신을 만들어 주는 과정이며 출산을 통해 결실을 맺게 되는 경이로운 일이다. 예비부모들은 출산과 부모기에 대한 자신의 이미지를 형성하고 수정하기 시작하며 자신의 내부뿐만 아니라 다른 중요한 사람과의 관계에서 일어나게 될 변화에 준비하고 미래에 대한 이미지를 형성함으로써 미래를 준비한다. 이 시기에 형성해 나가는 이미지의 특성을 Gallinsky(1992)는 다섯 가지로 설명하고 있다.

첫째, 이미지란 연습이다. 임신이란 하나의 시작이고 그들은 자신의 어린 시절 부모와의 경험을 되돌아보고 미래의 부모로서 자신의 경험뿐만 아니라 주변 사람들의 경험까지 분석하고 점검한다.

둘째, 이미지는 기억에 기초한다. 첫 자녀를 가진 예비부모들은 부모가 자신을 어떻게 키웠는가를 생각하며 부모로서 자신의 이미지를 형성한다.

셋째, 이미지는 환경에 의해 영향을 받는다. 임신과 관련된 환경적인 요소들은 부모의 이미지 형성에 중요한 역할을 한다.

넷째, 이미지는 문화에 의해서 영향을 받는다. 문화적인 기대는 예비부모들이 이미지를 형성하는 데 영향을 미치는 요소 중의 하나이다.

다섯째, 이미지는 부인될 수 있다. 모든 사람이 자신이 되고 싶어 하는 부모의 이미지를 완전히 형성하는 것은 아니다.

임신 기간 중에는 신경이 예민해지고 스트레스를 받기 쉽다. 태교운동 프로그램에 참여함으로써 임신부의 스트레스, 불안 및 태아애착에 심리적인 안정과 긍정적인 사고의 변화, 태아애착 형성에 효과를 볼 수 있다(남서원, 2016). 임신 기간 중에 형성된 태아와의 애착은 출산 이후 산모와 신생아 관계에서도 긍정적인 결과를 가져오며, 태아에 대한 긍정적인 애착은 부모역할에 대한 자신감, 즉 부모효능감에도 영향을 미칠 수 있다(권수현, 이수현, 2013).

임신 8개월째 들어서면 태아는 소리를 듣게 되는데, 이 시기에 엄마가 말을 걸어주면 뇌의 성장이 빨라진다(이자희, 2010), 또한 임신 중의 복식호흡은 임신부들의 심리적 긴장상태를 이완시켜 주고, 임신부의 혈액을 통해 산소를 태아에게 충분히 전해주므로 뇌세포 발달에 도움이 된다. Nordstrom 등(1998)의 연구에 의하면 임신 중에 정서적 문제가 있었던 엄마는 출산 후에 모유를 덜 먹이려 하였고, 신생아는 생후 1년 이내에 다른 자녀들보다 더욱 자주 질환이 발생하여 병원을 찾게 되는 빈도가 훨씬 높았다고 한다. 또한 기타 의학적 합병증 발병률이 정서적 문제가 없었던 경우보다 월등히 높았다고 한다. 프랑스의 Relier(1996)의 연구에 의하면 임신 중에 임신부와 태아의 친숙하고도 정겨운 교류가 태아 뇌 발달의 조화를 이룬다고 하였다.

나. 영아기 자녀의 부모역할

출생에서부터 만 2세가 될 때까지의 단계로 이 시기에 있어서 어머니는 이 세상에 대한 최초의 정보 제공자이며, 보호자인 동시에 상호작용하는 최초의 중요한 사람이기 때문에 어머니와의 관계 형성이 매우 중요하다.

영아기 4개월경에는 신체발달이 급격히 이루어지는 시기로 반사운동으로 머리와 목, 어깨, 허리, 다리의 움직임을 조절하기 시작하며 가슴을 일으킨다. 정서발달로 안정감이 발달하면서 관계 형성을 하기 위한 자신의 욕구를 표현하기 시작하고, 사회성 발달로 양육자와 친밀한 관계를 가지려고 눈을 마주치는 행동이 시작된다. 인지발달로는 감각운동기로 사물을 탐색하는 행동을 시작하고, 언어발달로는 울음으로 옹알이를 위한 쿠잉을 시작한다. 12개월 정도의 영아는 신체적으로는 근육조절능력이 발달하여 기고, 잡고, 일어서고, 걷기 시작한다. 정서적 측면에서는 행복과 불안, 공포를 표현하고 타인과 긍정적 상호작용으로 감정을 발달시킨다. 사회성 발달 측면에서는 자기중심적 사고를 가지고 애착을 형성하는 시기이다. 인지발달 측면에서는 동화와 조절이 독립적으로 일어나기 시작하며 대상영속성과 자아개념이 생기기 시작한다. 이때 언어발달 측면에서는 타인과 이야기를 하기 위한 옹알이나 단어를 함께 사용하기 시작한다. 12개월에서 24개월 사이 영아들은 신체적·정서적·사회적·인지적·언어적 발달이 빠르게 이루어진다. 신체적 측면에서는 안정감을 가지고 걷기 시작하며, 계단 오르내리기, 손가락과 손목 조절하기 등이 발달하고, 정서적으로는 긍정적·부정적 정서와 상상력이 발달하고, 자신의 정서를 표현하기 시작하면 소유욕구가 강해진다. 사회성 발달 측면에서는 자아개념이 발달하며 타인과의 관계형성이나 모방능력이 발달하기 시작한다. 인지발달에서는 감각운동기 마지막 단계로 정신적 사고를 하기 시작하고 원인과 결과를 고려하며 표상능력이 발달된다. 언어적으로는 자신의 욕구를 표현하며 타인에게 지시하는 언어를 사용하기 시작하고 두 단어 문장을 사용한다.

인간발달의 단계를 긍정적·부정적인 양극의 발달과업으로 설명하고 있는 Erikson은 이 시기를 기본적 신뢰감-불신감(basic trust vs. mistrust), 자율성-수치심(autonomy vs. shame and doubt)이라는 개념으로 설명하고 있다. 출생 초기 영아는 자신의 신체적·정서적 욕구를 충족시켜 주는 양육자에 대해 기본적 신뢰감을 형성하게 된다. 이때 자녀의 욕구에 대해 민감하고 일관성 있는 태도를 보이면 기본적 신뢰감이, 그렇지 못한 경우에는 불신감이 형성되며, 부모의 자녀수유 상황은 신뢰감 발달의 핵심이 된다. 자녀는 부모에 대한 의존에서 벗어나 자신이 독립된 개체이고 의사결정을 할 수 있음을 스스로 시험하고자 한다. 반면 자기 능력의 한계를 깨닫고 계속되어 온 의존성으로 인해 자신의 능력에 대한 의심도 생기게 된다. 따라서 이 시기에 어머니는 자녀의 욕구에 대해 민감하게 반응하고 이를 충족시켜 줌으로써 자녀는 주변의 세계나 인간관계에 대해 신뢰감을 갖게 한다. 또한 영아기는 감각운동기로 지능의 발달기이기 때문에 풍부한 감각적 경험과 다양한 감각경험을 하도록 환경을 제공해 주며 촉진해 주는 것이 중요하다. 다양한 자극으로 시각, 청각, 후각, 미각, 촉각적 자극을 제시하거나 감각의 협응 능력을 발달시키기 위해 두 가지 이상의 자극을 동시에 제공하는 것도 필요하다.

앞에서 살펴본 바와 같이 이 시기의 부모의 역할로는 양육자로서의 역할, 상호작용 대상자로서의 역할, 기본적 신뢰감 형성의 조력자로서의 역할, 자율성 발달의 조력자로서의 역할, 다양한 자극 제공자로서의 역할, 학습경험 제공자로서의 역할이 필요하다(오영희 외, 2008).

다. 유아기 자녀의 부모역할

만 3세경부터 초등학교 입학 전까지의 단계로서, 이 시기는 유아기 자녀들에게 많은 변화가 일어난다. 신체적으로 신장과 체중이 급격히 증가하고 외부세계에 대한 탐색이 시작된다. 대근육에 의한 활발한 신체운동 기능의 발달이 이루어지고, 언어능력이 급속하게 발달한다. 또 왕성한 호기심과 상상력으로 지능의 발달이 이루어진다. 이처럼 이시기는 자녀들이 점차 독립심을 형성하면서 신체적인 의사표현과 언어적인 표현을 구사하고 내적인 통제까지 가능하게 된다. 이 시기는 자율성의 발달에 기초를 두고 자발성과 도전성이 극도로 발달하는 시기로, 이러한 자발성과 도전성의 출현은 신체발달, 지능의 발달, 그리고 언어의 발달이 종합적으로 작용하여 나타나는 현상이다. 따라서 이 시기의 자녀들은 놀이 등을 통하여 주변 환경을 탐색하고 실험하고 공격하고, 극성스러울 정도로 쉬지 않고 돌아다니며 말썽도 부린다. 만 3세경 유아기 자녀들은 언어의 발달로 질문이 많아지고 자신의 생각과 주장을 자유롭게 표현하게 되며, 새로운 것에 호기심이 많아져 사물의 이름이나 새로운 낱말을 알고 싶어 하고 계속 같은 질문을 반복한다.

만 4~5세경이 되면 모든 변화가 가장 빠르게 일어나는 시기로, 신체 부위간의 비율이 성인에 가까워진다. 소근육을 사용하는 기술이 발달하여 작은 물체도 잘 다루고 가위질도 정교해지며 체계적이지 못하지만 물건을 가장 작은 것에서부터 큰 것으로 배열하거나 분류 가능하다. 일상생활에서 적은 단위의 숫자를 활용할 수 있으며 점차 논리적으로 사고하고, 기억력이 증가되어 초보적인 수준의 인과관계나 시간의 흐름, 사건의 순서를 이해할 수 있으며, 계획을 세워서 목표지향적인 활동에 적극적으로 참여한다.

유아기 자녀의 지능발달은 급속하게 이루어지기 때문에 이 시기의 놀이와 경험은 결정적으로 중요한 역할을 한다. 이와 같이 변화의 과정에 처했을 때 보다 효율적인 부모와 자녀 간의 상호작용이 요구된다. 따라서 이 시기에는 부모와의 상호작용방식과 양육 및 통제방법에 따라 유아의 발달적 과업성취 정도가 좌우된다. 걸음마기를 맞은 유아를 위한 안전한 환경 마련, 지적 능력 발달에 따른 풍부한 학습경험 제공, 자율성·주도성 발달에 따른 긍정적 자아개념 형성 및 사회성 발달 등 부모의 역할은 다양하다. 유아의 건강한 발달을 위해서 부모의 구체적인 행동보다 가정의 정서적 분위기가 더 영향을 주며, 또한 구체적인 훈육방법보다 일관성 있는 훈육을 수행해야 한다(오영희 외, 2008).

라. 아동기 자녀의 부모역할

만 6세에서 12세까지로서 이 시기 아동의 사고는 급격히 진전을 보인다. 아동은 지적조작을 할 수 있게 되어 보다 논리적으로 사고하게 되고 사람들이 서로 다른 견해를 가질 수 있음을 이해하므로 자아 중심성을 탈피하고 자신의 행동을 결정하기 시작한다. 이 단계에서 중요한 부모의 과업은 자녀에게 이 세계를 설명하는 단계이다. 이 시기의 아동은 외적인 성장과 더불어 정서를 내면화시킨다. 또한 초등학교에 입학함으로써 새로운 사회집단에 속하게 된다. 학교생활을 통한 경험과 또래집단 내에서의 상호작용은 아동의 사회적 기능 습득에 큰 영향을 미친다. 따라서 아동기의 자녀를 둔 부모는 자녀의 성장에 따라 양육방식을 변화시켜야 하며 신체적인 양육형태를 벗어나 자녀의 발달적 특성을 고려한 심리적인 양육형태가 요구된다. 또한 교우관계나 학습, 근면성과 건전한 자아개념 형성을 위해서도 부모-자녀의 상호작용이 절실하다.

이 시기에 자신의 행동평가에 가장 큰 영향을 미치는 것이 바로 자아개념이다. 아동기에는 학교에서의 성공이나 실패 경험이 자아개념 형성에 중요한 영향을 미친다. 학교에서의 성공과 긍정적 평가는 긍정적 자아상과 연결되며 학교에서의 실패는 부정적 자아개념을 형성하는 데 결정적 역할을 한다. 또한 이 시기에는 지나친 처벌을 삼가고, 학교에서의 성공을 부당하게 요구하지 않으며, 아동의 의견을 존중하며 조화로운 부부관계를 유지하여야 한다. 또래관계는 주로 놀이를 중심으로 형성되고, 학교에서 부과하는 과제나 학습을 중심으로 이루어지기도 한다.

아동기에 형성해야 할 중요한 성격 특성은 성취감과 생산성이다. Erikson은 이를 근면성이라고 불렀다. 근면성은 아동이 발달적 열등감을 극복하는 과정에서 형성된다. 자신의 유능성과 존재가치를 스스로 확인하고 실험하기 위해서 무엇인가 생산하고, 성취하고, 완수하는 작업에 몰두하는 데서 비롯된다.

또한 이 시기의 부모의 역할은, 다른 시기보다 학업성취 결과와 상관이 높은 때이므로, 지적인 발달을 고려한 지도가 필요하다. 교육보다는 폭넓은 경험과 인간을 중시하는 인간관을 심어주어야 하며 또래집단에 속하고 싶은 욕구를 인지하고, 구조화된 그룹 활동에 참여하게 함으로써, 도덕성과 사회성, 책임감 등을 발달시킬 수 있어야 한다. 이때 부모는 자녀가 원하는 활동을 하게 함으로써 경험을 통해 자신의 능력에 대한 개념을 발달시켜 자신감을 갖도록 하는 것이 중요하다. 아동기의 부모는 사회의 요구와 기대에 적응하면서 발달과업을 완수해 가는 자녀의 능력에 관심을 기울이고, 다른 어느 시기보다도 활달하고 적극적인 생활태도를 경험하도록 배려하는 부모의 노력이 요구되며, 그들 개인의 주체성과 삶의 목적을 정립할 수 있도록 도와야 한다.

마. 청소년기 자녀의 부모역할

인지구조가 질적 변화를 겪는 마지막 단계로 청소년기에는 사고에 중요한 변화가 일어난다. 이 시기에는 가설을 세우고 체계적으로 검증할 수 있게 된다. 이 시기의 청소년은 생식기능이 급격히 변화되며, 이성에 큰 관심을 갖는다. 한편 자아정체감과 역할의 갈등을 겪으며 '자아'를 찾고자 노력한다. 그 밖에도 심리적인 독립에의 요구, 부모의 지나친 권위적인 양육태도 등은 부모와 자녀 관계에 많은 갈등을 유발한다. 청소년기의 자녀를 둔 부모와 자녀 사이의 바람직한 상호작용은 자녀로 하여금 유능하고 책임 있는 존재로 성장하고, 새로운 역할에 적응할 수 있게 하지만, 부모와 자녀 간에 많은 갈등이 생기는 시기이기도 하다. 그것은 정서적으로 부모로부터 독립하면서 저항하고 싶은 보편적인 욕구와 더불어 나타나는 불가피한 현상이다. 또한 이 시기는 아동에서 성인으로 이행되어가는 과도기이기 때문에 여러 가지 적응상의 문제를 경험한다. 따라서 이 시기의 자녀를 둔 부모의 역할은 자녀가 적응상의 문제를 원만히 해결하도록 도와주는 것이다. 청소년기 자녀의 원만한 적응을 도와주기 위해 우선 부모들은 청소년기 자녀의 발달적 특징을 이해하고, 일단 그들의 행동을 수용하는 기본 입장을 취하는 것이 중요하다. Erikson에 의하면 청년기의 최대 발달 과업은 자아정체감을 형성하는 것이라고 하였다. 부모들의 눈에는 자녀의 행동이 못마땅하고 어설프지만, 부모로서의 권위와 의연함을 유지하면서 청소년기 자녀를 한 인격체로 대접할 수 있는 기본 태도가 필요하다는 것이다. 이 단계에 직면한 부모들은 자녀가 과업을 성취해 나가도록 부모의 확고한 태도와 신념으로 자녀의 성장과 발달에 도움을 주어야 한다.

청소년기 자녀의 부모는 새로운 의미에서 부모의 권위를 가지고, 자녀와 부모 사이에 대화가 통하는 건전한 친구관계가 되도록 노력해야 하며, 자녀의 성에 대한 관심과 태도를 건전하게 발산하도록 도와 자녀와 정서적 유대감을 가지고 자녀의 정체감을 형성해 나가도록 도와야 한다.

발달 단계별 부모의 역할을 요약하여 설명하면 다음과 같다.

표 2-2 발달 단계별 부모의 역할

발달단계	부모의 역할
태아기	이미지 형성자로서의 역할, 태중 교육자로서의 역할
영아기	양육자로서의 역할, 보호자로서의 역할, 상호작용 대상자로서의 역할, 기본 신뢰감 형성의 조력자로서의 역할, 자율성 발달의 조력자로서의 역할, 다양한 자극 제공자로서의 역할
유아기	학습경험 제공자로서의 역할, 주도성 발달의 조력자로서의 역할, 사회성 발달의 조력자로서의 역할, 격려자로서의 역할, 훈육자로서의 역할
아동기	학습 제공자로서의 역할, 긍정적 자아개념 형성 조력자로서의 역할, 근면성 발달 조력자로서의 역할, 도덕성 발달 조력자로서의 역할, 지지자로서의 역할
청소년기	자아정체감 형성 조력자로서의 역할, 상담자로서의 역할, 권위자로서의 역할, 성교육자로서의 역할

3 부모의 양육태도 유형

자녀들은 가족과 직·간접적으로 상호작용하는 이웃을 통해 영향을 받고, 이웃, 또래 집단, 더 나아가 학교나 더 큰 사회에 의해 영향을 받는다. 그러나 자녀가 어릴수록 부모의 양육방식에 따른 상호작용에 영향을 많이 받는다. 자녀들은 독특한 특성을 보유하고 있으며, 능동적인 존재이므로 무능하다는 성인들의 판단은 자녀들에게 이롭지 않다.

부모의 양육태도는 부모가 자녀를 양육함에 있어서 일반적 또는 보편적으로 나타내는 태도이다. 이러한 부모의 자녀에 대한 양육태도는 부모-자녀 관계의 질을 결정해 주고 자녀의 지적·정서적·사회적 측면의 발달에 지대한 영향을 미친다. 따라서 자녀의 발달에 영향을 미치고 있는 부모의 양육태도 유형 중 Symonds의 양육태도 모형, Schaefer의 양육태도 모형, Baumrind의 양육태도 모형에 대하여 알아보고자 한다.

1) Symonds의 양육태도 모형

Symonds(1949)는 부모의 양육태도를 이론적으로 체계화한 학자이다. 부모와 자녀 관계를 연구하고 이론화한 것은 1910년대 Freud가 정신 분석학을 발전시키면서부터였는데, Freud 이후에 부모-자녀 관계를 체계화한 사람이 Symonds이다.

그는 부모의 양육태도가 수용-거부(Acceptance-Rejection), 지배-복종(Dominance-Submission)으로 분류될 수 있다고 제시했다.

수용-거부적 양육태도는 부모가 자녀의 행동이나 요구를 비판 없이 수용하는지, 거부하는지를 나타내고, 이를 다시 수용은 간섭과 불안으로, 거부는 적극적 거부와 소극적 거부로 분류하였다. 지배-복종 차원은 부모가 자녀를 자신의 생각과 의지대로 지배하는지, 자녀의 뜻에 따라 부모가 복종하는지를 나타내는 것으로, 지배는 엄격과 기대로, 복종은 익애와 맹종으로 다시 나타내었다. 이때 적대적, 거부적, 권위적, 통제적 양육태도를 지닌 부모의 환경에서 성장한 자녀들은 사회적 적응과 대인관계에 문제가 있을 수 있으며 새로운 자극에 대해 불안을 가지게 되어 심리적 부담의 증가로 창의성 발달 장애를 나타낸다고 하였다(Symonds, 1949). 따라서 부모는 어느 쪽에도 치우치지 말고 균형 있는 양육태도를 가지고 긍정적 상호적 양육을 하여야 한다. Symonds의 부모 양육태도의 유형은 많은 공헌을 했으나, 정신분석학을 토대로 한 임상사례에만 많이 의존하여 일반적인 규준을 적용하여 설명하지 못하였고, 부모의 양육태도가 부정적으로만 설명되었다는 평가를 받고 있다(양송숙, 2014).

그림 2-1 Symonds(1949)의 부모 양육태도 모형

2) Schaefer의 양육태도 모형

Schaefer(1959)는 부모의 양육태도를 30년간 장기적으로 기록하여 Symonds와는 다른 가설적 원형모형을 제시하였다. 그의 모형은 자녀의 양육에 관련된 각

종 변수들 간 상관관계를 검토하고, 그 변수들 중에서 서로 밀접하게 관련되는 요인과 서로 대립되는 요인들을 고려하여 각 변수의 위치를 원형상으로 나타내었다.

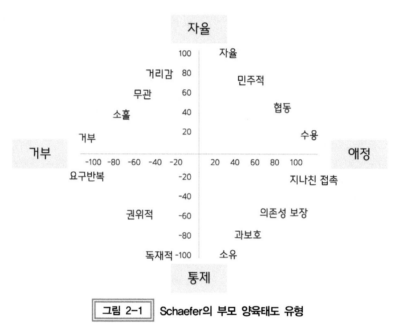

그림 2-1 Schaefer의 부모 양육태도 유형

출처 : Schaefer(1959).

(1) 애정적-자율적 유형

자녀에게 애정적-자율적인 태도를 보이는 유형이다. 이런 태도를 갖는 부모는 자녀의 의사를 존중함으로써 독단적인 의사결정을 피한다. 또한 자녀에게 허용적이고 관용적이지만 통제나 복종을 피하고, 부정적인 감정도 자유롭게 표현하게 함으로써 자녀의 정서적인 안정을 돕는다.

이 유형의 양육태도로 성장한 자녀는 능력적이고 독립적이며 외향적일 뿐만 아니라 사회적응능력이 높다고 보고되고 있다. 이러한 양육태도의 부모에게서 자란 자녀는 사교적이고, 창의적이며, 자신을 물론이고 타인에게도 적대감이 없다. 그러나 가정 밖에서 잘 적응하는 것과는 달리 가정에서는 때로 부모에게 순종하지 않거나 공격성과 고집 등을 보이기도 한다.

(2) 거부-자율적 유형

거부적-자율적 태도는 자녀를 수용하지도 못하고 허용하지 못하면서 자녀가 마음대로 행동하도록 하는 형태이다. 이러한 양육태도를 지닌 부모는 자녀에 대해 거리감과 무관심, 태만함과 냉담한 태도를 보인다. 그러므로 자녀는 불안정한 정서와 위축된 행동을 보이고 부정적인 주의획득 기제를 자주 사용하게 된다.

(3) 애정적-통제적 유형

부모가 애정을 주면서도 자녀의 행동에 대해서 많은 제약을 하는 유형이다. 이 유형의 부모는 자녀의 의존성을 조장하고 과보호하는 태도를 보이는 경향이 있다. 또한 자녀를 소유물로 생각하여 자녀가 독립적인 행동을 할 때 좌절감을 느끼고 새로운 탐색을 제한함으로써 새로운 반응과 습득의 기회를 축소시킨다.

따라서 이러한 유형의 부모에게서 성장한 자녀는 애정적-자율적인 형태의 부모 밑에서 성장한 자녀보다 더 의존적이고 사교성, 창의성 등이 낮은 편이다. 뿐만 아니라 상상적 적대 감정이나 잠재적인 적대감정을 갖게 된다. 애정적-통제적 유형의 부모는 통제의 방법으로 심리적 통제방법이나 언어적 통제 외에도 다양한 방법의 통제기법을 활용하지만, 체벌은 되도록 금기시하는 특성을 지니고 있다.

(4) 거부-통제적 유형

거부적-통제적 유형은 자녀교육에 있어서 사랑으로 용납, 허용하지도 않을 뿐 아니라 체벌을 포함한 심리적 통제와 언어적 통제를 사용하는 특징을 보인다. 이러한 양육태도 유형을 보이는 부모는 권위적, 적대적, 요구 반복적, 거부적인 태도를 보인다. 특히 정서적으로 미성숙하고 불안정하여 일관성 없는 태도로 훈육하며, 절대적인 기준에 따라 자녀의 행동과 태도를 평가하고 복종을 요구하며 체벌을 하기도 한다. 이러한 유형의 부모에게서 성장한 자녀는 분노와 함께 내면적으로 많은 갈등과 고통을 지니게 되어 사회에 잘 적응하지 못하게 된다. 특히 정신질환을 보이는 자녀들의 부모에게서 이 유형이 많이 나타난다. 또한 경우에 따라서는 이런 유형의 부모에게서 성장한 자녀는 자학적, 퇴행적이 될 가능성이 아주 높다.

3) Baumrind의 양육태도 모형

Baumrind(1971)는 부모의 통제 형태에 따라 부모의 양육 유형을 분류하였다.

첫째, 권위주의적(authoritarian)인 부모는 자녀에게 무조건 복종하도록 요구하며, 요구는 많이 하면서도 자녀에 대한 반응은 거의 하지 않는 독재적인 부모를 말한다. 그들의 자녀는 사회성과 인지적 발달이 뒤떨어지고, 특히 남아의 발달에 부정적인 영향을 미친다. 또한 자녀들은 낮은 자아존중감을 가지게 되고, 행동에 있어서 두려워하고 불안해하는 성향이 있어 또래관계에서 주도적 역할을 하지 못한다. 권위주의적 부모들의 특징을 보면 절대적 기준을 정해놓고 그에 따라 자녀의 행동과 태도를 통제하고 평가하려 한다. 전통이나 일, 질서 유지와 복종에 중요한 가치를 두며, 자녀가 무조건 복종하기를 원하고 부모가 정한 규칙이나 규율에 대한 설명은 거의 하지 않으며 그것을 지킬 것을 강요한다. 자녀가 부모에 대해 말대꾸하거나 자기 의견을 표현하는 것을 허용하지 않는다.

둘째, 권위적(authoritative)인 부모는 자녀에 대한 요구와 반응성이 모두 높은 경향으로 권위와 애정으로 자녀를 대하며, 합리적인 방법으로 한계와 규칙을 설정하는 민주적인 부모를 말한다. 따라서 권위적인 부모의 자녀는 책임감이 강하고 유능하며 독립적이고 자아존중감이 높은 것으로 보고 있다. 권위적인 부모들의 특징으로는 분명한 기준을 세워놓고 자녀에게 성숙한 행동을 기대한다. 이는 규칙을 강조하고 필요할 때는 벌을 주기도 하지만 자녀가 독립성을 갖도록 격려하고 자녀의 개성을 존중한다. 자녀의 견해를 잘 들어주고 부모 자신의 견해를 표현하며 서로 대화를 주고받기 때문에 개방적인 의사소통이 이루어진다.

셋째, 허용적(permissive) 부모는 자녀를 하나의 인격체로 대해야 한다고 믿으며, 자녀의 자율성을 전적으로 존중한다. 지켜야 할 규칙에 대해 설명하나 규칙을 준수하도록 자녀에게 요구하지는 않는 유형이다. 허용적 부모의 자녀는 충동을 통제하지 못하거나 책임감과 독립심이 결여되는 경향이 있다. 허용적 부모들의 특징은 자녀가 스스로 행동을 통제하고 스스로 결정하게끔 허용한다. 자녀의 식사시간, TV 시청시간, 잠자는 시간 등에 대해 정해진 규칙이 없다. 좋은 태도를 보이거나 해야할 일을 하는 것과 같은 성숙한 행동을 거의 요구하지 않는다. 가능한 한 통제나 제한을 피하고 거의 벌을 주지 않는 편으로 충동적이거나 공격적 행동조차도 관대하게 받아들인다. 허용적인 부모의 자녀들은 때로는 충동적이고 공격적인 모습을 보이며, 자기 의존도가 낮고 성취지향도도 낮은 편이다. 부모에게 반항적이고 감정의 기복이 심하게 나타난다.

우리나라에서도 부모의 양육태도 유형을 여러 연구자들이 분류하였는데, 이원영(1983)은 어머니의 양육태도를 애정적-적대적, 거부적-수용적, 외향적-내향적, 의존적 조장-독립적 조장, 통제적-자율적, 긍정적-부정적, 의존성-독립성의 7개 요인으로 분류하였다.

정원식(1989)은 양육태도의 유형을 수용-거부, 자율-통제, 보호-방임, 성취-안일, 개방-폐쇄로 밝히고 있으며, 천희영(1992)은 양육태도의 차원을 크게 긍정적인 차원과 부정적인 차원으로 나누며 대표적인 차원으로 애정성 차원과 통제성 차원으로 나누었다.

이처럼 부모의 양육태도에 대해 학자들마다 용어의 차이가 있고 대부분이 2차원의 양극적인 태도를 취하고 있다. 그러나 대부분의 연구동향을 보면 자녀를 긍정적으로 이해하고 사랑하며 자율적으로 문제를 해결하도록 유도하는 태도를 가진 부모의 자녀는 활동적이고 진취적인 모습을 볼 수 있다. 그리고 엄격한 제한과 명령, 지시, 무관심한 거부적 태도를 가진 부모의 자녀는 반항심, 불복종, 투쟁심, 열등성이 많은 것으로 나타났다(김수정, 곽금주, 2013; 류현강, 2015; 용명선, 이연승, 2011). 따라서 자녀의 발달에 있어서 부모의 양육태도는 매우 중요한 영향을 미친다는 것을 알 수 있다.

4 부모의 양육태도에 영향을 미치는 요인

부모의 양육태도는 가정의 사회경제적 지위, 부모와 자녀의 성, 부모의 결혼 만족도, 부모의 인성 및 연령, 자녀 수, 지역 차 등에 따라서 달라진다는 연구들이 많이 보고되고 있다. 이러한 요인들을 살펴보면 다음과 같다.

가. 가정의 사회경제적 지위

가정의 사회경제적 지위가 부모의 양육태도와 관계가 있다는 Brody(1968)의 연구 결과에 의하면 중류계층 부모는 감정적으로 따뜻한 양육방법을 강조했으며, 상벌보다는 자녀 스스로의 노력에 의해 만족을 얻는 자율성을 강조하였다. 반면 하류계층의 부모는 상벌을 강조하고 있다는 연구 결과를 보고한다.

Schaefer와 Baley(1960)는 중류층 부모들이 자녀의 요구와 충동에 더 관대한 반면 하류층 부모들은 자녀에게 더 제한적이고 덜 애정적이라고 보고하고 있다. 즉, 가정의 사회경제적 지위가 낮을수록 부모는 자녀에게 강제적인 제한과 제한적인 규칙 등을 많이 사용한다는 것이다.

Walters와 Stinnett(1971)은 하류 계층의 부모들은 자녀에게 신체적인 체벌을 더 많이 사용한다고 하였고, 이원영(1983)은 자녀에 대한 어머니의 거부적인 태도는 아버지 직업의 사회경제적 지위가 낮을수록 높게 나타난다고 하였다.

이러한 가정의 사회경제적 지위를 구성하는 요인 가운데 어머니의 교육수준이 자녀의 양육 행동과 밀접한 관련이 있음을 제시하고 있다. Schaefer와 Baley(1960)는 어머니의 교육 정도가 높을수록 자녀에게 자율성을 더 많이 주고 자녀와 동등한 관계를 유지하고 있으며 어머니의 교육 정도가 낮을수록 자녀에게 보다 통제적이고 체벌을 가하는 편이라고 보고하고 있다. 우리나라 연구의 경우도 어머니의 교육수준이 높을수록 애정·수용적인 양육태도를 보인다고 하였다. 즉, 어머니의 교육 정도가 높을수록 독립성·외향적·긍정적인 태도를 보였으며, 교육수준이 높은 어머니는 교육수준이 낮은 어머니보다 자녀에게 거부·통제·의존성의 조장 정도가 덜한 편이라고 하면서 자녀에게도 자율성을 부여하는 경향이 더 많다고 보고한다(이원영, 1983). 또한 아버지의 학력이 영향을 미치기도 한다는 연구 결과에 의하면 학력이 높은 아버지가 자녀에게 좋은 양육태도를 보이며, 아버지의 학력에 따라 자율적인 태도에 차이가 있었는데 학력이 높을수록 자녀에게 자율성을 부여하는 경향을 볼 수 있다(강란혜, 1990; 김명수, 1985).

나. 부모와 자녀의성

부모의 양육태도는 부모의 성별과 자녀의 성별에 따라서도 차이가 있는 것으로 밝혀지고 있다. Droppleman과 Schaefer(1963)는 남아와 여아가 부모에 의해 다르게 양육되고 있으며, 이것이 자녀의 성격발달에 영향을 준다고 하였다. Baumrind(1971)는 3, 4세 자녀의 부모에 대한 연구에서 아버지는 딸보다 아들에게 거의 2배 이상 많은 보상을 하는 반면, 어머니는 자녀의 성에 의해 영향을 받지 않으며, 아버지는 의존성과 공격성에 대해 여아에게 허용적인 반면, 어머니는 남아에게 허용적인 경향이 나타났다고 하였다.

이현순(1983)은 초등학교 6학년 아동의 부모를 대상으로 한 연구에서 어머니는 아들에게 더 엄한 체벌과 엄격한 태도를 나타내는 반면, 아버지는 딸에게 더 엄격한 태도를 나타냈다고 보고하였다. 3~5세 유아의 어머니는 아들에게 더 어린 연령에서부터 독립심을 허용하는 경향이 있다고 보고했다.

다. 부모의 결혼만족도

Symonds(1949)는 부부 사이가 원만하지 못한 부부는 자녀를 거부적, 과보호적으로 대하게 되며, 또한 자녀에게 보상적 익애와 과대한 기대를 하게 되므로 바람직한 양육태도를 기대할 수 없다고 하였으며, Hurlock(1981)은 부모로서의 역할을 좋아하고 결혼생활이 행복하며 잘 적응되어 있는 부모들은 그들의 자녀에 대한 태도가 애정적이라고 제시했다.

양문현(1984)의 연구에서도 결혼만족도가 높은 어머니는 애정적 · 수용적이었으며 결혼만족도가 낮은 어머니는 적대적 · 거부적인 양육태도를 보였다. 이러한 결과는 문인숙(1985)의 연구와도 일치하는데, 어머니가 결혼생활의 전 영역에 만족할수록 양육태도는 더 애정적이고 수용적인 경향을 나타냈다.

라. 그 밖에 영향을 미치는 요인

앞서 언급한 요인 이외에도 부모의 양육태도에 영향을 미치는 요인으로는 부모의 인성 및 연령, 자녀 수, 지역 차 등이 있으며, 이에 대해 살펴보면 다음과 같다.

우선 부모의 인성과 양육태도에 관한 연구로서 한종혜(1980)는 아버지의 인성 특성 중 충동성이 높을수록 권위통제적인 양육태도를 보이고, 활동성 · 객관성 · 사려성 · 사회성이 높을수록 애정적이고, 수용적인 양육태도를 보인다고 하였다. 또한 어머니의 인성 특성 중 활동성 · 지배성 · 충동성이 낮을수록 민주적이고 자율적인 양육태도를 보였다. 이은수(1985)는 어머니의 인성 특성 중 객관성 · 사려성 · 사회성이 높을수록 어머니의 양육태도는 애정적 · 외향적 · 긍정적이고, 안정성이 낮을수록 양육태도가 외향적이며, 사회성이 낮을수록 의존적 태도를 취한다고 하였다.

부모의 연령과 양육태도와의 관련성을 살펴본 연구에서 Arlene 등(1982)은 어머니의 연령이 적절할 때 어머니는 부모역할에 더 큰 만족감을 느끼고, 그 역할 수행에 더 많은 시간을 보내며 자녀의 요구에 적절하게 반응하는 경향이 있으나, 어머니의 연령이 너무 어리거나(10대), 너무 많은 경우(30대 후반)에는 부모의 역할을 적절히 수행하지 못한다고 하였다. 이원영(1983)은 어머니의 연령이 증가할수록 자녀에게 독립심을 길러주려고 하지 않고 의존성을 조장하는 경향이 있다고 보고하였다.

Sarafino와 Armstrong(1980)은 자녀수가 많을수록 부모와 자녀가 개별적으로 상호작용을 할 기회가 줄어들므로 자녀의 지적 수준은 낮게 나타나는 경향이 있다고 하였다. 한종혜(1980)는 자녀수가 많을수록 부모의 양육태도는 애정적이고 수용적이라고 했으나, 이은수(1985)는 자녀수가 적을수록 어머니의 양육태도는 더 애정적이라고 하였다.

양육태도와 지역 차에 관한 연구로 김재은(1974)은 도시 가정의 양육방법은 합리적이고 비판적인 데 비해, 지방 가정은 전제적인 경향이 있다고 하였다. 마송희(1979)는 도시와 농촌의 초등학교 6학년 아동의 인식을 비교했는데, 도시 아동이 농촌 아동보다 더 부모 지향적이며 그들의 부모가 좀 더 애정적이고 자율성을 주며 신체적인 훈육을 적게 사용한다고 지각했다고 보고하였으나, 지역에 따라 부모의 양육태도는 유의한 차이가 없다고 하였다. 이처럼 부모의 양육태도에 영향을 미치는 요인들 또한 다양하다.

최근에는 결혼도 국제화되면서 자녀의 만족에 영향을 미치는 부모의 역할로 바뀌어 가고 있다. 부모의 양육에서 비롯되는 부모역할 만족도는 부부가 서로 상호 간의 만족감과 행복감, 유능감을 통해 자녀를 양육하는 과정에서 느끼는 기쁨과 행복으로, 부모의 자녀 양육 만족도를 살펴보면 다음과 같다.

첫째, 부모의 역할을 제대로 수행하기 위해서 자녀의 양육행동과 자녀발달에
　　　만족감을 느낄 때 부모역할 만족감을 느낀다.

둘째, 일상적인 긴장과 갈등을 줄이고 부모-자녀의 가족체계가 긍정적일 때
　　　부모역할 만족감을 느낀다.

셋째, 부모-자녀 관계가 유대감을 가지고 긍정적 상호작용이 이루어질 때 부
　　　모역할 만족감을 느낀다.

넷째, 부부가 정서적으로 자녀와의 애착관계가 이루어질 때 부모역할 만족감
　　　을 느낀다.

다섯째, 어머니의 연령이 높을수록, 즉 성숙한 부모일수록 자녀에 대한 만족
　　　　감을 느낀다.

　　이와 같이 부모역할 만족도는 부모가 자녀를 양육하면서 발생되는 부모-자녀
관계가 긍정적이며 자녀와의 상호작용에 대한 만족도가 높을 때 부모의 만족
도 또한 높아지는 것을 알 수 있다(양정우, 2018).

부모의 양육행동 유형과
자녀애착·정서발달

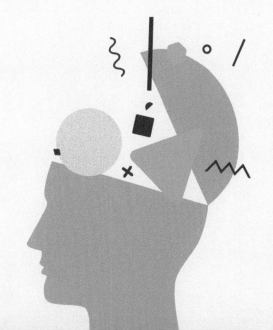

건강한 영유아로 자라기 위해서는 부모의 민주적 양육행동과 더불어 영아기 부터 부모와의 안정된 애착이 형성되어야 한다. 안정된 애착이 형성된 영유아는 정서적으로 건강한 영유아로 성장할 수 있다. 이에 본 장에서는 건강한 영유아로의 성장을 위해서 부모의 민주적 양육행동, 영아기 애착발달, 정서발달, 그리고 건강한 부모-자녀관계 형성에 대해 살펴보고자 한다.

1 부모의 양육행동

양육행동은 양육자가 유아에 대해서 취하는 일반적인 태도와 행동으로 훈육, 생활 훈련 및 전반적인 유아의 행위에 대한 태도이다(양은호, 2012). 어머니의 거부적이고 적대적인 양육행동은 유아의 자기조절에 부정적으로 작용할 가능성이 있다(이영미, 2009). 또한 부모의 자녀양육 환경은 유아인 자녀로 하여금 다양한 상황과 맥락에서 자신이 어떠한 행동을 하는 것이 적절한 지 내적으로 학습하도록 하여 특정 영역의 지능을 계발, 향상시켜 나가도록 하는 하나의 기저이기도하다(하순련, 서현아, 2013). 이와 같은 내용은 어머니의 양육행동을 포함하는 어머니의 전반적인 양육환경이 유아의 발달과 깊은 관련성이 있음을 시사한다.

특히 부모의 민주적 양육행동은 자녀에게 높은 애정을 가지며, 자녀에게 허용적 태도를 가지는 부모로 자녀의 자율성을 인정하며 이에 따라 자녀가 스스로 결정하고, 선택 할 수 있도록 돕는 유형이다. 이 유형의 부모는 자녀와의 소통을 굉장히 중요시 여겨 가정의 의사결정 과정에 있어 자녀의 의견을 수용하고 이를 반영하기를 주저하지 않는다. 때문에 이러한 양육태도를 가진 부모 아래서 자란 자녀들은 높은 인내심과 자기조절 능력을 보이며 학업성취, 사회적, 도덕적 발달 영역 등에서 우수한 면모를 보이는 것이 특징이다.

민주적 양육태도를 대표하는 키워드는 애정과 수용, 정보제공, 합리적 통제이다. 부모양육태도를 8가지로 분류해 볼 때 애정과 수용, 정보제공, 합리적 통제는 지지표현, 합리적 설명, 성취압력, 간섭, 처벌을 얼마나 적정하게 유지하고 있느냐, 그리고 이를 일관성 있게 태도를 유지하냐에 따라 이루어 질 것이다.

지지표현이라 함은 자녀에게 주는 긍정적인 피드백으로 보통 칭찬이라고 볼수 있다. 칭찬은 고래도 춤추게 한다는 말이 있듯이 지지표현은 자녀들에게는 많이 해주는 것이 좋다. 다만 무조건 적으로 칭찬을 하라는 것이 아니고 적정한 행동 즉, 예를 들어 평소에 아이가 블록을 잘 쌓을 수 있는 아이라면 평소대로 블록을 쌓았을 때 칭찬하는 것이 아닌 블록을 다른 모형이나 또는 가지고 놀았던 블록을 정리하도록 유도하여 이를 실행 하였을 때 칭찬하는 것이 좋다.

합리적 설명은 자녀에게 언어적인 표현으로 자녀의 행동이나 현상에 대해 이해할 수 있도록 설명해 주는 것으로 되도록 많은 언어적인 설명을 해주는 것을 권하지만 자녀가 잘못된 행동을 했을 때에 지시하는 설명은 3번 이상 반복하지 말 것을 권한다. 예를 들어 '친구들이 다칠 수 있으니까 장난감을 제자리에 가져다 놓자'라고 지시를 하였고 자녀가 이를 따르지 않는 상황이라면 이때에 설명은 반복하지 않고 함께 장난감을 가져다 놓는 행동을 하거나 아니면 자녀에게 훈육을 하는 것을 권한다.

성취압력은 자녀에게 스스로 행동해 볼 것을 권하는 태도로 자녀의 자존감 및 성취감 그리고 전반적인 발달과 가장 큰 관련이 있는 것으로 대부분 자녀가 할 수 있는 행동은 스스로 할 수 있게 유도하고, 더 상위의 행동을 할 수 있도록 기회를 주는 것을 의미한다. 예를 들어 자녀가 컵 사용을 막 시작하였다면 이젠 컵에 물을 따르는 시도를 권유하는 것으로 자녀 스스로 할 수 있도록 기다려 주고 기회를 주는 것을 의미한다.

간섭은 자녀의 행동을 관찰하고 이에 따라 피드백을 주는 사항으로 적정한 간섭에 이은 훈육 및 행동교정은 올바르지만 간섭이 지나칠 경우 자녀가 위축될 수 있음을 기억해야 하며 너무 적을 경우 버릇없는 아이나 떼 부리는 아이가 될 수 있음에 가장 적정선을 유지해야 한다. 예를 들어 자녀가 친구들과 노는 상황이라면 부모는 자녀가 규칙을 지키는지 장난감을 잘 가지고 노는지를 살펴야 한다. 다만 자녀가 혼자하기 어려워한다거나 친구들과 트러블이 생길 때에는 자녀 스스로 어떻게 행동하는지를 살핀 후, 적정한 대처를 하지 못할 경우 개입하는 것을 권유한다(양미정, 2020 헬로 스마일 심리칼럼에서 인출). 이상과 같이 부모의 양육행동은 영유아들의 건강한 발달에 상당한 영향력을 행사한다.

2 자녀의 애착 발달

가. 애착의 개념 및 중요성

부모와 자녀는 많이 닮은 존재이다. 하지만 너무 가깝기에 오히려 서로 부담과 상처를 줄 수 있다. 부모와 자식이 맺는 정서적 유대를 심리학자들은 '애착(attachment)'이라고 부른다.

'애착'이란 용어를 처음으로 사용한 보울비(Bowlby, 1958)는 애착이란 가장 가까운 사람과 연결되게 하는 강렬하고도 지속적인 정서적 결속이라고 정의하였다. 즉, 양육자나 특별한 사회적 대상과 형성하는 친밀한 정서적 관계를 말한다. 생애 초기 부모와의 애착관계는 이후 자녀가 맺는 인간관계의 질을 예측하며 자녀의 성장발달에도 중요한 영향을 미친다. 애착은 안정애착과 불안정애착으로 나뉜다. 에인스워스(Ainsworth, 1963)는 낯선 상황 실험(낯선 상황 실험: 엄마와 유아가 낯선 방에 함께 있다가 엄마가 유아를 방에 남겨두고 잠시 나갔다 돌아왔을 때 보이는 유아의 반응으로 애착 유형을 구분한 실험)을 통해 애착 유형을 구분하였다.

그림 3-1 에인스워스의 애착유형

표 3-1	발달 단계별 부모의 역할

애착 유형	낯선 상황 실험에서 영아 반응	이후 정서 상태
안정 애착	− 분리되었을 때, 분리불안이 나타나 불안해 함 − 점차 조금씩 진정을 해 나가며 놀잇감에 관심을 보임 − 재회하였을 때, 양육자에게 매달려 위로받고자 하며, 위로받은 후 놀잇감 탐색을 함.	− 정서적 − 안정감 − 진취적 − 독립적
불안정 애착 (회피형)	− 분리되었을 때, 크게 불안해하지 않는다. − 재회하였을 때, 양육자에게 대체로 무관심을 표현한다.	− 무관심 − 감정이입 − 능력저하

불안정
애착
(저항형)
	− 분리되었을 때, 극도로 불안해하며, 오랫동안 불안감을 느껴 진
	  정이 잘 안 된다.
	− 재회하였을 때, 양육자에게 매달려 감정적으로 계속 불안한 상
	  태를 표현하며 진정이 잘 안 된다.
		− 불안상태
		− 집착
		− 감정과잉

안정적으로 애착을 형성한 영유아는 아동들은 문제해결능력이 높고 열정적이고 자아 회복력이 높으며, 학령 전기에 순종적이고 협동적이며 또래와의 상호작용능력이 우수하다(이수하, 2005). 반면에 영유아기에 경험하는 불안정한 애착 또는 애착 결여는 영유아의 정서발달에 심각한 손상을 초래하고 대인관계에도 심각한 부정적 영향을 주고 여러 정신질환의 원인이 되기도 한다(허나원, 2001). 안정적 애착을 형성한 아동기 자녀들은 이후 좋은 대인관계를 맺는 것으로 나타났다. 친구들 사이에서 인기가 많고 리더십과 타인에 대한 배려가 있으며 학습 측면에서도 긍정적인 성취도를 보이는 것으로 나타났다.

이런 애착은 친구와 연인 관계에서도 유사한 형태로 나타난다. 부모와 안정된 애착 관계를 형성한 사람은 성인이 된 뒤에도 상대방을 믿고 자신의 욕구와 행동을 편안하게 드러내며 친밀한 관계를 형성한다. 또 열정적 사랑의 감정을 느끼고, 우호적이며 헌신적이고 신뢰감 있는 사랑 경험을 많이 한다. 반면 부모와 불안정 애착 관계인 사람은 타인에게 부정적 반응을 받을 것으로 예상해 만족스러운 관계를 형성하지 못한다. 이성과 관계에서도 친밀해지길 두려워하며 질투가 많아 비교적 사랑을 경험하지 못할 가능성이 있다(Hazan & Shaver, 1987). 다시 말해, 어린 시절 형성된 부모와 애착 관계가 삶 전반의 인간관계를 결정짓는 중요한 발판이 된다는 것이다.

표 3-2 네 가지 애착 유형

자신에 대한 기대 타인에대한 기대	긍 정	부 정
긍 정	안정형 (안정애착) 친밀감, 자율, 편안함	집착형 (불안정 애착) 관계에 몰두
부 정	회피 · 거부형 (불안정애착) 친밀감 거부, 독립	회피 · 공포형 (불안정 애착) 친밀두려움, 사회 회피

출처: Bartholomew와 Horowitz, 1991

부모와 애착 관계는 결국 '나'와 '타인'에게 기대하는 방식이 된다. 〈표 3-2〉에서 볼 수 있듯 애착 관계는 나와 타인에게 갖는 긍정적 · 부정적 기대에 따라 네 가지로 나뉘어 인간관계를 맺는 큰 틀로 작용한다. ① 안정형은 자기긍정-타인긍정형으로, '나는 가치 있고 사랑 받을 만하다' '세상 사람들은 믿을 만하고 의지할 수 있다'고 생각한다. ② 집착형은 자기부정-타인긍정형으로, '나는 누군가와 친밀한 관계를 맺어야 안심이 된다' '나는 타인과 친해지길 원하지만, 타인은 나와 가까워지길 꺼린다'고 생각한다. ③ 회피 · 거부형은 자기긍정-타인부정형으로 '나는 가까운 정서적 관계를 맺지 않고 지내는 것이 편하다'와 같은 생각으로, 친밀한 관계를 회피함으로써 자기를 보호하고 독립심을 유지하려 한다. ④ 회피 · 공포형은 자기부정-타인부정형으로 '남들과 가까워지면 내가 상처를 받을까봐 걱정 된다'처럼 타인과 친밀한 관계를 회피함으로써 타인에 의해 본인이 거절되는 것을 방어하려 한다. ③ 회피 · 거부형과 ④ 회피 · 공포형에서 전자는 자기에 대해 높은 가치감을 지니지만, 후자는 본인에 대한 무가치감을 갖고 있다는 점에서 차이가 있다.

애착은 자녀의 기질도 어느 정도 영향을 미치지만 부모의 양육태도와 큰 관련이 있다. 안정애착아의 부모는 자녀에게 민감하고 일관적이며 긍정적인 양육을 한다. 어렸을 때 안정 애착을 형성한 자녀들이 이후 대인관계가 좋은 이유는 이들이 자라는 가족 내의 양육 환경(부모의 양육태도, 가족관계 등)이 긍정적이기 때문이다. 이는 역으로 말하면 불안정 애착을 형성했다 할지라도 부모의 양육태도를 민감하고 일관성 있게 변화시키면 자녀의 애착에도 긍정적으로 작용하리라는 것을 의미한다. 그리고 무엇보다 부모의 양육태도 및 양육관은 부부가 서로 일치되는 것이 중요하므로 부부가 함께 자녀양육에 대해 이야기하고 노력해 나가는 것이 필요하다.

낯가림? 분리불안?

영아가 양육자와 안정 애착을 형성했다는 증거로 나타나는 현상으로 어느 정도 낯가림과 분리불안은 걱정할 필요가 없다. 주된 양육자와 안정 애착을 형성했다는 증거이기 때문이다. 하지만 그 정도와 반응은 잘 살펴보아야 할 필요가 있다.

나. 애착발달

영아의 양육자에 대한 애착은 일련의 단계를 거쳐 발달한다. Bowlby의 애착 이론을 경험적 연구를 통하여 확인하고 확장한 에인스워스(Ainsworth, 1963)는 영아의 미소나 매달림, 울음 혹은 부름과 같은 애착행동을 기초로 네 개의 애착 발달 단계를 구분하였다. 제 1단계는 출생부터 생후 2, 3개월까지, 제 2 단계는 생후 2, 3개월부터 생후 6, 7개월까지, 제 3단계는 생후 6, 7개월부터 3, 4세까지 그리고 제 4 단계는 3, 4세 이후로 구분된다.

1) 출생~3개월, 전 애착단계

출생 직후의 영아는 아무것도 혼자 할 수 있는 것이 없다. 그렇기 때문에 울음이나 미소로 신호를 보낸다. 이 과정에서 부모는 자녀의 욕구에 민감하게 반응하게 되는데 자녀가 울면 배가 고픈지 기저귀가 젖었는지 등을 살피고 안아주는 등 필요한 부분을 채워주는 행동이 그것이다. 생후 2개월 정도가 지나고 나면 아기는 특정한 사람을 인식하기 시작하여 낯선 사람보다 부모를 더 선호하고 더 쉽게 반응하게 된다. 울음, 발성, 미소, 응시 혹은 시각적 추적으로 양육자와 접촉을 시도하고 양육자를 그들 곁에 머무르게 하려고 노력한다. 양육자가 부모이든 아니든 자신의 요구를 채워주는 사람이라면 자신의 곁에 머물게 하기 위해 울기, 빨기, 젖 찾기, 미소 짓기, 잡기 등의 반응을 한다. 지각능력이 없기 때문에 아직 한 사람의 양육자에 대해 일관적인 선호를 보이지 않는 시기이다.

2) 생후 3개월 ~ 8개월, 애착형성 단계

생후 3개월에서 8개월까지는 애착 형성 단계이다. 일차적 양육자와 한 두 사람의 성인을 구별할 수 있지만 친숙한 몇몇의 어른에게만 애착 행동이 제한된다. 즉, 영아의 신호와 지향반응은 몇 사람의 친숙한 성인에게 한정되며 친숙한 사람이 나타나면 좋아하고 그 사람이 떠나면 싫어하는 표정을 짓는다(낯선 사람은 단순히 응시한다). 아직까지 양육자에 대한 분명한 애착을 나타내지는 않는다. 생후 6개월이 지나면 기어 다니는 것이 가능하므로 부모를 그저 기다리기보다는 부모에게 능동적으로 접근할 수 있게 된다. 자녀는 이때부터 부모를 안전기지 삼아 주변을 탐색하고 낯선 사람에 대해 낯을 가리거나 부모와 떨어질 때 분리불안을 경험하게 된다. 부모와의 상호작용을 통해 안정감을 느끼고 부모에게 적극적인 신호를 보낸다. 신뢰감이 형성되어 부모와 격리되어도 반항하거나 거부하지 않는다.

3) 생후 6개월 ~ 18개월, 분명한 애착형성 단계

생후 6~ 18개월까지는 분명한 애착의 단계이다. 기어 다닐 수 있는 시기로 영아의 애착 행동이 특정양육자를 향해 적극적으로 접근하면서 집중된다. 영아와 주 양육자의 애착이 형성되었다고 볼 수 있는 시기로 양육자에게 최초의 분명한 애착을 형성한다. 낯가림이 나타나며 주 양육자가 눈에서 보이지 않으면 찾으며 분리불안의 모습을 보이기도 한다.

4) 생후 18개월 ~ 3세 말, 상호관계의 형성 단계

다양한 주변 사람에게로 애착이 확장되는 시기이다. 만 2세 말 즈음이면 자녀는 자기중심성이 줄어들고 인지능력이 발달돼 이미 애착을 형성한 사람의 행동을 예측할 수 있게 된다. 즉, 주 양육자가 언제 다시 돌아올 지 예측할 수 있으므로 분리불안이 감소하고 양육자와 행동을 협상하거나 자신의 행동을 수정하게 된다. 따라서 이시기에는 분리와 결합이 원활한지를 살펴보는 것이 필요하다. 양육자와 분리되는 과정에서 불안하고 두려워하는 정서를 보이는 것은 자연스럽지만, 너무 지나치거나 장기간 이어진다면 애착적인 부분을 점검해야 한다. 예를 들어 어린이집을 처음 가는 상황에서 분리되는 과정이 일주일 정도 어려움이 있고 이후 자연스럽게 분리된다면 비교적 안정적 애착이라 할 수 있다. 이 시기에는 다양한 주변 사람에게로 애착이 확장된다. 형제, 할머니, 할아버지, 정규적인 양육자등에게 애착이 확장 된다고 볼 수 있다. 또한 매달리기, 따라다니기 등과 같은 신체적 애착을 표현하는 시기이다. 애착대상을 인지적으로 표상하고 애착대상을 안전기지로 삼아 주변 환경을 탐색하고 활동 반경을 넓혀 나간다.

다. 애착발달에 영향을 미치는 요인

강문희(2007)가 현대사회와 아동에서 제시한 애착발달에 영향을 미치는 요인은 양육행동, 아동의 기질, 부모의 특성으로 나눌 수 있다고 하였다. 강문희가 제시한 내용과 다른 연구자들이 제시한 애착발달에 영향을 미치는 요인을 살펴보면 다음과 같다.

1) 양육행동

에인스워스는 애착발달에서 가장 중요한 요인은 생후 첫 1년간 영아가 부모와 함께하는 상호작용의 질이라고 보고한다. 특히 영아의 신호에 대한 어머니의 반응성과 민감성은 자녀에게 세상에 대한 신뢰감을 갖게 해주기 때문에 애착 발달에 중요한 의미를 지닌다. 즉, 애착 관계의 안정성을 결정하는 중요 요인으로 애착대상의 반응성과 민감성은 매우 중요한 요소이다. 자녀가 보내는 신호를 빨리 알아 민감하게 반응할 때 안정적인 애착관계를 형성하는 것으로 나타났다. 반대로 불안정애착유형 영아의 어머니는 화를 잘 내고 자녀와 신체접촉을 회피하며 자신의 감정표현에 어려움이 있는 것으로 나타났다.

불안정애착유형 중에서도 저항애착 영아의 어머니는 자녀의 신호에 대하여 무관심하거나 비 일관적인 반응을 나타내며 부적절한 반응이 높다. 회피 애착 영아의 어머니는 간섭이 많거나 과잉 자극적이어서, 어머니의 반응성의 형태에 따라 영아의 애착유형이 다르게 나타난다. 이외에도 학대, 방임, 빈곤 등 고위험의 여건에서는 저 위험 환경에 비해 보호자에 대한 애착이 제대로 형성되지 않고 또 안정성도 떨어진다고 알려져 있다(한국보육진흥원, 2013).

2) 아동의 기질

아동의 기질 역시 애착관계 유형을 결정하는 중요한 요인으로 보고 있다. 일반적으로 유아의 기질의 하위 요인 중 생리적 규칙성이 높고, 적응성이 높고, 아버지에 대한 애착이 안정적이고 어머니에 대한 애착이 안정적일수록 유아의 전체적인 사회적 유능감이 높은 것으로 나타났다(문수경, 이무영, 박상희, 2007). 또한 어머니가 민감할수록, 영아 기질이 순할수록 안정애착을 형성하는 것으로 나타났다(구미향, 이양희, 2000). 그러나 까다로운 기질의 영아를 부모가 부정적 태도로 접하지 않고 적극성이라고 긍정적으로 볼 때 부모자녀관계는 달라질 수 있다. 반면에 순한 기질의 영아를 소극적이고 나약하다고 보는 부모와 자녀관계는 부정적일 수 있다. 즉 어떤 영아라도 부모가 영아의 기질에 적합한 양육을 하면 자녀가 안정된 애착을 형성할 수 있다.

3) 부모의 특성

최근에는 부모의 성격 특성과 결혼생활과도 애착유형이 관련 있다고 보고하고 있다(우수정, 2010). 어머니의 연령이 어리거나 사회경제적 지위가 낮은 경우, 직장이나 경제적 사건에서 오는 스트레스가 많은 경우 불안정한 애착유형이 많은 것으로 나타났다. 또한 어머니들이 우울증에 걸릴 경우 흔히 가정불화, 과도한 스트레스 그리고 낮은 사회적 지원 등 다른 위험인자들까지 공존하기 때문에 아이에게도 상당한 위험 요인으로 작용하고, 감정적인 포용능력이 낮아 아이들은 부모에게 다가가기 어렵고 자신의 요구를 제대로 들어주지 않는 것으로 인지하게 된다. 부모의 이러한 태도로 인해 아이들은 슬픔, 성급함, 절망감과 혼란스러움을 겪게 된다(한국보육진흥원, 2013).

3 영유아의 정서발달

인간은 출생과 동시에 다른 사람과 상호작용하면서 살아가는 사회적인 존재이다. 원만하고 만족스러운 대인관계는 심리적인 안정과 행복의 중요한 요건이 되지만 불만족스럽고 조화롭지 못한 관계는 성장과 발달을 저해하고 불안과 고통을 경험하게 한다. 자녀의 연령별 정서발달은 다음과 같은 내용으로 나타난다.

1) 출생~6개월

많은 학자들이 갓 태어난 아이의 정서가 기쁨도 슬픔도 아닌, '흥분'이라는 한 가지 상태라고 말한다. 물론 아이는 태어난 순간부터 울기도 하고 웃기도 한다. 그러나 엄마, 아빠를 황홀하게 만드는 배냇 웃음은 일종의 반사적 반응이다. 울음 역시 감정의 표현이라기보다 고통이나 불편함을 나타내고 도움이 필요하다는 뜻이다. 생후 2개월경이 되면 아이에게도 쾌(유쾌한 자극에 대해 관심을 보이는 상태), 불쾌(불쾌한 자극을 피하려는 상태) 두 가지 감정이 생긴다. 그리고 쾌감은 미소나 웃음으로, 불쾌감은 우는 것으로 표현한다.

2) 6~12개월

6개월이 지나면서 자녀는 엄마와 자신이 분리돼 있다는 걸 인식하고 엄마와 떨어질 때 명확하게 분노를 표현한다. 사물과 사물의 '관계'라는 것을 인식하는 새로운 능력이 생겼고, 불쾌정서가 슬픔, 분노, 놀람, 혐오, 두려움으로 세분화됐기 때문이다. 특히 자신의 행동이 좌절되는 상황에서 분노 표현이 더욱 명확해진다. 8~10개월 이후가 되면 아이가 스스로 정서를 표현하며 동시에 타인의 정서도 이해하게 된다. 행복해서 미소 짓는 얼굴과 불편해서 찡그린 얼굴을 구별하며, 다른 사람의 정서를 이해하고 영향을 받는다. 예를 들어 '내가 웃으면 엄마가 웃어준다'는 것을 말하고, 엄마를 바라보며 관찰한다.

3) 만 1~2세

엄마의 표정이나 행동 등 정서적 신호에 대한 반응성이 급격히 증가하는 시기다. 정서적 신호를 이해하는 능력은 환경을 이해하게 하고 새로운 상황에 대처하는 방법을 알게 해준다. 즉, 엄마가 경계하는 상황에서는 아기도 탐색 활동을 하지 않고 엄마와 친하게 이야기하는 사람에게는 아기도 경계를 풀게 된다. 감정 표현도 확실해져서 기쁠 때는 온몸으로 표현하고, 뜻대로 되지 않을 때는 화를 내거나 울음을 터트린다. 18개월쯤부터 질투 정서가 발달하게 되고, 22개월 정도 되면 행복, 분노, 공포, 혐오, 슬픔, 기쁨 등 사람에게 공통으로 나타나는 기본 정서가 골고루 발달한다.

4) 만 2세

이 시기의 자녀는 자신과 사회적 관계에 대해 어렴풋이 이해하게 되고, 엄마가 울거나 아파하면 눈물을 닦아주는 등 감정이입이 가능해진다. 부끄러움, 죄책감, 자부심, 부러움 등의 정서를 느끼기 시작한다. 자신이 주도권을 갖고 스스로 하려는 욕구가 강해지며, 스스로 해낸 뒤 자부심을 느끼고 실패했을 때는 수치심을 느낀다. 다른 사람의 정서적인 반응이 자신과는 다를 수 있음도 이해하지만, 문제 상황이 벌어졌을 때는 자기중심적으로 생각하는 경향이 있다. 의사소통과 인지능력이 발달하여 부모가 돌아올 것을 인지하고 분리반항과 같은 부정적 행위가 줄어든다. 자기중심적 행위도 줄어들고 조망능력과 예측능력도 발달한다. 부모가 독립된 존재라는 것을 알게 되면서 부모가 자신의 목표대로 행동하도록 부모에게 영향을 주거나, 스스로 부모의 기대에 맞추기 위한 노력을 하게 된다.

4) 만 3~4세

3~4세가 되면 자녀는 새로운 정서 발달 과정을 겪는다. 혼자 할 수 있는 것이 많아지면서 부모들의 기대감도 높아지고, 또래 친구와 어울려 지내며 다른 사람의 평가와 비교를 접할 기회가 많아지기 때문이다. 자신의 행동이 긍정적으로 평가 받았을 때나 어려운 과정을 성공했을 때 분명한 자부심을 보인다. 반면에 자신의 주도성이나 자율성이 억제됐을 때 분노를 나타낸다. 또한 표상, 상징에 대한 이해가 발달하면서 급속한 언어 발달이 이뤄져 자신의 정서 경험을 언어로 표현하게 된다. 이렇게 됨으로써 자기와 다른 사람의 정서에 대한 이해 능력이 더욱 발달 하게 된다. 만 3세가 되면 공포심이 커져 동물을 무서워하거나, 병원에 대한 공포심이 심해지기도 한다.

4) 만 5세

만 5세쯤에는 도덕성이나 자아개념 발달로 자랑스러움, 부러움, 당황함, 수치심, 죄의식 등의 이차 정서가 더욱 강화되고, 성인에게 보이는 거의 모든 정서가 나타난다. 점차 더 복잡한 정서를 이해하게 되고, 같은 정서적 사건도 사람이나 상황에 따라 다르다는 것을 이해하기 시작한다. 특히 이 시기가 되면 정서 조절 능력이 생겨, 부모나 또래 등의 표정이나 행동을 참고하면서 다른 사람과의 관계에서 바람직하지 않은 정서는 자신의 감정과는 다르게 감추기도 한다. 분노를 신체 대신 언어로 표현하는 걸 배워 다른 사람을 위협하거나 놀리고 욕하는 도구적 공격성을 나타내기도 한다.

5) 학령초기

자기인식과 사회적 민감성이 발달함으로써 아동들의 정서적 능력도 발달한다. 아동기에는 긍지와 죄책감과 같은 자의식적 정서가 개인적 책임감에 의해 통제된다. 성인의 존재와 무관하게 새로운 성취가 긍지를 불러일으키고 위반이 죄책감을 불러일으킨다. 아동기에 접어들게 되면 대부분의 정서 표현이 가능하게 된다. 유아기에 비해서 아동기에는 정서가 더 안정되며 기초적인 인격이 형성된다. 정서적인 혼란이나 흥분은 비교적 적으며. 스스로 통제와 분화가 가능해진다. 특히 사회적 행동과 관련이 깊은 정서로 공포가 많아진다. 공포는 일상생활에서 자신의 안정을 위협한다고 생각하는 대상으로부터 자신의 안전성을 지키려고 할 때 일어난다. 이미 유아기 때부터 무서워했던 사물, 상황, 동물이나 사람은 덜 무서워하게 되고 오히려 상상에 의한 가상적이고 비현실적이며 초자연적인 것에 대한 공포가 많아진다. 유령이나 귀신이 나오는 드라마를 보거나 죽음에 관한 상상을 하여 공포를 느끼는 경우가 많다.

표 3-3	연령별 정서발달	
연령	정서 발달	사회성 발달
0-6개월	• 3개월경 소래 내어 웃기 시작한다. • 4~5개월 사이에 영아는 주 양육자와 밀접한 심리적 유대감을 형성하게 된다. • 5개월경 감정이 세분화되기 시작한다.	• 1개월경 엄마의 얼굴을 빤히 쳐다보고 엄마의 말에 반응한다. • 4개월경 거울에 비친 자기 모습과 다른 사람의 모습을 구별하며, 실물과 인형에게 각각 다르게 반응한다. • 5개월경 영아는 자기에게 낯선 사람과 친숙한 사람을 분명히 구분하게 된다.
1세 후반	• 분노, 부끄러움. 공포까지도 완성되지만 아직은 그 표현 방법이 세분화되지 못하며 대개 화를 내거나 짜증을 부리거나 우는 것으로 표현하는 경우가 많다. • 1~2세 사이에 떼쓰기가 나타난다.	• 대개 혼자 놀이를 한다. • 자기중심적이고 자신의 견해로 세상을 본다. • 영아는 스스로를 독립된 개체로 인식하며, 자아 개념이 생기기 시작한다.

만 2세	• 감정을 강하게 표현한다. • 세말쯤이 되면 기쁨, 애정, 웃음, 공포, 분노, 질투, 울음 등 성인에게서 볼 수 있는 거의 모든 정서로 자신의 감정을 표현한다. • 도움이 필요성을 깨닫지만 보다 독립적이 되어 간다.	• 탈 중심적이 되어 자기 통제 능력이 향상된다. 고집이 약화되고 충동이 감소된다. • 도덕적 행동에 대한 초보적인 개념이 형성되는 시기로 양심이 발달한다. • 내 것과 너의 것이 차이를 인지한다.
만 3세	• 긴장이 증가되어 눈을 깜박거리고, 손톱을 물어뜯거나 코를 후비거나, 성기를 만지작거리기도 한다. • 엄지손가락을 빨기도 하며 안면 근육이 떨리는 현상이 나타나기도 한다. • 시각적인 것에 공포를 나타내어 개, 고양이 같은 것에 겁을 낸다.	• 상대방으로부터 호감 있는 반응과 주의 집중을 얻고자 노력한다. • 가지고 놀았던 장난감을 정돈하며 사람을 기억한다. • 친구를 적극적으로 구하기 시작하나 놀이의 내용을 자기 뜻대로 하려고 하여 싸움이 많다.
만 4세	• 활력적이고 열심히 배우고자 한다. • 호기심이 많고 새로운 시도에 쉽게 흥미를 느낀다. • 블록 쌓기, 모으기 등 무언가를 만들어 내고자 하고 보다 더 생산적인 상황에 몰입한다.	• 가정, 또래, 사회 속에서 사회적 제도를 배운다. • 성역할을 배우고 문화적인 관습을 익히게 된다. • 양심이 발달하여 나쁜 것을 피하고 좋다고 여겨지는 것에 접근하려 한다.
만 5세	• 성인의 인정을 받으려는 욕구와 감정표현의 자신감이 증가한다. • 자신의 성취에 대해 자부심을 가진다. • 의도적으로 자신의 감정표현을 감추거나 피하기도 하며 타인의 감정을 이해한다.	• 친구관계가 원만해지고 좋아하는 사람이 설정된다. • 다른 유아와 상호작용하는 기술이 발달한다. • 경쟁에서 지기 싫어한다. • 사회적 기술과 규칙을 배운다. • 규칙이나 규범은 지켜야 한다고 생각한다.
학령 전기	• 부모나 선생님의 기대를 충족시키지 못할 때 뒤따르는 질책, 처벌, 성적하락이나 미숙한 운동능력으로 인한 친구들의 놀림 등에 대한 불안감이 많다. • 애정을 쏟는 대상이 가족에게서 또래의 친구들로 변해감에 따라 애정의 표시로 친구가 원하는 일들을 해주려고 하고 같이 있고 싶어 한다. • 괴물, 유형, 죽음 등과 같이 상상적, 가상적, 비현실적, 초자연적인 것에 대한 공포가 많아진다.	• 〈성역할에 대한 인식〉 성의 항상성 이해: 약 6~7세경에 이르면 개인의 성은 상황의 변화나 개인적 소망에도 불구하고 변화되지 않는 다는 것을 인식한다. • 남녀 생식기 차이의 이해: 8~9세 정도면 가능하다. • 성역할의 동일시: 5~6세경에는 자신이 어머니 또는 아버지와 유사하다고 느끼고 부모와 같은 사람이 되려고 노력한다.

4 건강한 부모-자녀관계 형성

한국보육진흥원(2013)에서는 건강한 자녀로 키우기의 5단계를 아래와 같이 제시하였다.

(1) 자녀의 욕구와 표현에 민감하게 반응한다.

민감성은 생후 1년 동안 영아가 형성하는 애착의 질적 특성을 결정하는 중요한 요인이다. 민감한 양육을 경험한 자녀들이 '안정된' 애착을 갖는 반면, 민감성이 부족한 어머니의 자녀들은 '불안정' 애착으로 나타낸다. 민감성이 높은 행동이란, 양육자가 자신의 욕구가 아닌 자녀의 신호에 맞추고, 자녀의 조망에서 적절히 신호를 해석하고, 자녀의 신호에 적절히 반응하며, 자녀가 좌절을 견뎌낼 수 있는 시간 내에 신속하게 반응하는 행동을 의미한다.

(2) 자녀와 잘 놀아준다.

아이와 무조건 놀아주면 되는 것이 아니라, 아이와 제대로 '잘' 놀아주는 것이 아이의 발달을 촉진시키는 필수 조건이다. 자녀와 제대로 '잘' 놀아준다는 것은, 자녀의 심리적 욕구와 신체적 수준에 맞게 최적의 각성 수준을 유지시키면서 놀이를 이끌어 주는 것이다. 놀이는 즐거운 것이어야 하는데, 어떤 부모들은 놀이를 통해 의도적으로 학습을 유도하는 경우가 흔히 있다. 그런 경우 놀이의 즐거움은 사라지거나 반감되어 이미 놀이가 아닌 학습이 되어버린다. 부모가 정말 즐겁게 자녀와 적절하게 놀이를 한다면, 그 안에서 자연스럽게 언어, 인지, 정서, 사회성이 발달하게 된다.

(3) 애정을 듬뿍 담아 아이를 많이 안아준다.

음식을 통해 충분한 영양분이 제공되더라도, 양육자의 사랑이 담긴 접촉(쓰다듬고, 어루만져주는 등)이 없다면, 영유아는 정서적 결핍으로 건강하게 살아갈 수가 없게 된다. 부모와의 접촉에 관한 많은 연구결과들은 접촉이 스트레스 감소, 불안 감소, 면역력 강화, 주의력 증진 등에 효과적임을 보고해왔다. 안아주고, 부드럽게 쓰다듬어 주고, 만져주는 등의 부모가 제공하는 접촉은 자녀들에게는 생존에 필수적인 정신적 영양분임을 잊지 말아야한다.

(4) 부모가 갖는 스트레스는 아이발달에도 부정적 영향을 친다.

양육자의 스트레스는 양육자 자신에게 해가 되는 것은 물론이고, 아이의 발달에도 해가 된다. 부모가 경험하는 양육스트레스의 정도는 양육에 대한 부모의 관심을 약화시켜 역기능적인 양육행동을 초래한다고 보고되었다. 스트레스를 받는 어머니들은 자녀에 대해 덜 긍정적인 느낌을 가지며 자녀의 요구에 덜 반응하고 덜 민감한 것으로 나타났으며, 어머니의 스트레스 자극이 많은 경우 심각한 우울증상으로 자녀의 문제 행동에 부정적 영향을 미치게 된다. 이와 같이 양육자의 스트레스는 양육자 자신 뿐 아니라 자녀에게 큰 영향을 줌으로써 자녀의 발달에 위험요인으로 작용할 수 있다. 따라서 부모는 양육자로서 자신의 스트레스를 잘 지각하고, 이에 대해 효과적으로 대처하거나 관리할 수 있도록 노력하여야 한다.

(5) 부모는 아이의 생명줄과 같은 안전기지다.

에인스워스는 양육자의 역할을 '안전기지(Secure Base)'에 비유하였다. 전쟁터에 나간 군인들에게 베이스캠프는 그들에게 무기, 음식, 의약품 등을 제공하고 군인들의 안전을 지켜주고 지원해주는 생명줄과 같은 역할을 한다. 세상에 태어나 세상을 탐색해 가는 자녀들에게 세상은 전쟁터와 같은 곳일 수 있다. 낯설고 위험이 도사리고 있는 전쟁터와 같은 세상에서 자녀를 지켜주고, 지원해주는 든든한 지원자는 바로 부모이다. 아이가 세상을 탐색하고, 세상 밖으로 점점 더 나아가 독립할 수 있게 되기까지 부모는 아이에게 늘 든든한 '안전기지'로서 존재해야 한다. 안정애착의 영유아들에게는 부모가 안정감을 주는 '안전기지'로 존재하지만, 불안정애착의 영유들에게는 부모가 언제 사라질지 모르는 위태로운 기지 혹은 안전을 제공하지 못하는 위험한 기지로 생각할 수 있다.

부모교육 이론

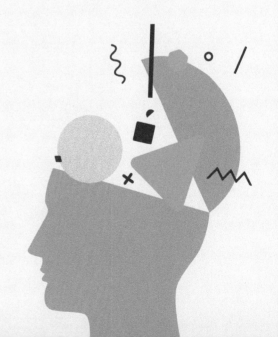

이 장에서는 1960년대 이후 부모-자녀 관계를 위한 부모교육 이론인 민주적 양육이론을 주장한 Dreikurs의 민주적 부모교육 이론, 인본주의 심리학을 부모교육에 적용시킨 Ginott의 인본주의 이론, 효율적인 의사소통에 대해 강조한 Gordon의 부모효율성 이론, 인간관계의 상호교환 원리에 관심을 둔 Eric Berne의 교류분석 이론을 소개하여 예비부모와 유아교사로서의 기본적인 부모교육에 대한 이론을 학습하도록 한다.

1 인본주의 부모교육 이론

Gordon은 부모와 자녀 간의 체벌, 비난, 명령 등의 부모훈육은 효과가 없으며, 온정적인 부모-자녀 관계의 유지를 강조하였다. 그리고 첫째, 자녀의 행동은 수용의 영역과 비수용의 영역으로 구분되며, 둘째, 부모는 자녀의 행동에 따른 부모의 태도와 행동은 그때 상황, 부모의 기분, 자녀의 출생순위에 따라 달라질 수 있기 때문에 일관성을 유지해야 한다고 말하고 있다. 이때 부모는 자녀에게 솔직해야 하고, 문제를 소유한 사람이 자녀인지 부모인지를 파악하는 것이 해결의 지름길이며, 부모문제 중에는 자녀를 괴롭히는 문제로, 자녀의 행동이 부모에게 문제가 되지 않는 경우와 부모를 괴롭히는 문제로 부모가 문제를 소유한 경우, 자녀가 자신의 욕구를 만족시키고 충족하는 데 있어서 부모와 자녀에게 전혀 문제가 되지 않는 경우를 들어 설명하고 있다.

1) 부모효율성 훈련의 원리

부모와 자녀의 관계는 한쪽에서 부모가 자녀에게 일방적인 것으로만 해석하는 것이 아니라 서로가 상호작용의 결과로 이루어지는 것으로 부모-자녀 관계를 효과적으로 연결해 주는 것은 대화임을 강조했다. Gordon의 부모교육의 원리에서는 부모와 자녀는 서로 긍정적인 부모와 자녀관계를 위해 수용성 수준 파악하기, 문제소유자 가리기, 적극적 경청하기(active listening), 나-전달법(i-message), 무승부법(no-lose method) 등을 사용할 것을 제안하고 있다.

(1) 수용성 수준 파악하기

수용성 수준을 파악하기 위해서 자녀의 행동을 이해하고 자녀와 부모의 수용성 수준이 어느 정도인지를 파악해야 하지만, 일관성 있는 행동을 하기 어려운 입장으로 자녀의 같은 행동에 수용할 수 있는 부모, 수용하지 못해 일관성 없이 행동을 하는 부모들로 구분하고 있다. 문제의 소유자가 누구이냐는 문제해결에 아주 중요하다.

표 4-1 **자녀의 수용성 수준 알아보기**

수용 가능 행동	자녀의 전체행동	수용 가능 행동
수용 불가능 행동	↑ ↓	수용 불가능 행동

(2) 문제의 소유자 파악하기

첫째, 부모가 문제의 소유자가 되는 경우로 부모의 권리나 행동을 방해하고 침해하는 자녀의 행동으로 부모는 좌절이나 갈등을 한다(집안 곳곳에 어지럽히는 자녀, 손님이 오면 칭얼대는 자녀).

둘째, 자녀 자신이 문제의 소유자가 되는 경우 자녀 자신의 문제로 자녀가화를 내는 경우 스스로 좌절을 느끼며 불행하다로 생각한다(숙제를 못해 선생님께 꾸지람을 들은 경우. 친구에게 따돌림을 당한 경우).

셋째, 문제의 소유자가 부모도 자녀도 아닌 경우 자신의 욕구에 만족하고 부모도 자녀행동 때문에 권리침해나 행동에 방해를 받지 않아 모두 문제가 없다.

표 4-2 문제의 소유자 알아보기

수용 가능 행동	↓ ↑	자녀를 괴롭히는 문제들	자녀가 문제를 소유함
		부모-자녀 관계에 문제 없음	
수용 불가능 행동	↓ ↑	부모를 괴롭히는 문제들	부모가 문제를 소유함

자녀가 문제를 소유하고 있을 때 자녀를 돕기 위해서 부모는 자녀의 말에 첫째, 조용히 들어주기(passive listening or silence), 둘째, 인식반응 보이기(acknowledgement responses), 셋째, 계속 말하게끔 격려해 주기(door openersor invitations), 넷째, 적극적으로 들어주기(active listening)로 자녀와 대화를 하도록 한다.

2) 부모-자녀 의사소통

(1) 적극적 경청

1단계 : 자녀가 말, 태도, 신체적 표현을 통해 문제를 가지고 있다는 단서를 전달한다.

2단계 : 부모는 관찰할 수 있는 단서로 암호를 해독하고 자녀가 어떤 문제로 어려움을 겪는지 추측해서 느낌이나 생각을 자녀에게 말해준다.

3단계 : 자녀는 부모의 피드백(feedback)을 통하여 자신의 감정을 확인하고,

그 감정을 거부하거나 보다 분명한 신호를 다시 보내야 하고, 부모는 자신의 감정을 잠깐 중단하고, 자녀의 수준으로 내려가 말하려는 의도에 집중해야 한다.

(2) 나-전달법(I-Message)

'나-전달법'은 부모에게 문제가 있을 경우 자녀에게'네가 잘못했다'라는 표현보다는 내가 어떤 생각이나 느낌을 가지고 있음을 상대에게 전달하는 의사소통 방식이다. 부모의 마음을 자녀에게 말하므로 부모-자녀 관계를 효율적인 관계로 유지하는 것이다. 이때'나-전달법'은 조용하고 단호한 목소리로 표현한다. '나-전달법'대화는 첫째, 수용할 수 없는 행동에 대한 비판이나 비난 없는 서술(문제를 유발하는 자녀의 행동은 무엇인가), 둘째, 그 행동이 나에게 미치는 구체적인 영향(그 행동은 당신에게 어떤 영향을 끼치고 있는가), 셋째, 상대방의 행동이나 구체적인 영향에 대한 나의 감정이나 느낌(당신은 그 결과에 대해 어떤 느낌을 가지고 있는가)을 확인하며 구체적인 예를 들어보면 다음과 같다.

표 4-2	나 전달법의 예

상황) 아들이 연락 없이 늦은 시간에 귀가를 했다.

1단계 : 부모에게 방해가 되는 행동을 이야기한다(비난은 삼간다).
　　　　"네가 10시가 넘어도 전화 한 통 없이 돌아오지 않으니까."
2단계 : 자녀 행동의 결과로 일어난 부모님의 느낌만을 말한다.
　　　　"네게 무슨 일이 일어났을까 봐 걱정이 된다."
3단계 : 구체적인 영향을 이야기한다.
　　　　"혹시 사고라도 당했을까 봐서."
　　　　"네가 10시가 넘어도 전화 한 통 없이 돌아오지 않으니까 걱정이 되
더라."　　　　　　　　　　　　　　　　　　(행동) (감정)
　　　　"왜냐하면 네가 무슨 사고라도 당했을까 봐서."
　　　　　　　　　　　　　　　　(구체적인 영향)

출처 : 오영희 외(2008).

'나-전달법'의 장점은 다음과 같다.

부모가 자녀의 행동에 대해서 느낌을 말하므로 자녀를 비난하지 않는다.
부모가 위협적 말을 하지 않아서 자녀는 부모의 이야기를 훨씬 더 잘 경청하
게 된다. 자녀의 행동으로 발생한 결과로 부모가 느끼게 된 감정에 대하여 자녀
가 분명히 알게 해줄 수 있다(오영희 외, 2008).

2 민주적 부모교육 이론

인간은 이 세상에 태어나는 순간 부모와 최초로 상호작용을 하고 부모로부터 사랑과 권위를 경험하고 행동을 모방하며, 그들의 가치관을 내면화하기 때문에 부모의 양육태도에 따라 그들의 인성이 결정된다. 이처럼 부모의 역할은 매우 중요하지만 대부분의 부모들은 체계적인 교육을 받지 못한 채 부모가 되고 있다. 따라서 인간다운 삶을 영위하고 가치문화 전달자로서의 부모역할을 충실하게 이행하기 위해서는 부모교육이 절실히 필요하다.

1) 민주적 부모교육의 원리

1960년대 이후 부모-자녀 관계를 위한 부모교육 이론인 민주적 양육이론을 주장한 Dreikurs의 민주적 부모교육이론은 애들러(Alfred Adler)의 개인심리학 이론을 부모교육에 적용하여 체계화시킨 부모교육으로, 부모-자녀 관계의 평등성을 주장하고 민주적 자녀양육 원리를 강조하였다. 부모와 자녀는 동등한 관계로 바람직한 상호관계를 가지고 부모-자녀 관계에서 잘못된 생활은 민주적으로 바로 잡아주어야 한다는 입장이다. 기본적인 가정은 부모의 가치관, 태도, 신념은 부모-자녀 관계를 통해 자녀에게 영향을 주고 자녀의 잘못된 행동을 수정해 주기 위한 전략으로"관심 끌기", "힘 행사하기", "보복하기", "부적절 성"등의 내용이 있으며, 자녀에게"문제행동접근", "논리적 귀결","인식반응 및 가족회의", "갈등 피하기", "바람직한 언어 사용하기"를 통한 학습을 훈련하여 부모와 자녀의 관계를 증진시키는 프로그램이다(유안진·김연진, 2006).

2) 자녀의 잘못 형성된 행동에 대한 부모의 전략적 해결

① 자녀는 가족, 지역에 소속되고 싶어 한다.

② 자신에게 주의나 보살핌을 통해 타인을 바쁘게 만들고 싶어 한다.

③ 다른 사람을 이기고 싶어 하고 타인에게 반항하고 싶어 한다.

④ 자신을 괴롭히고 있다고 생각하는 사람들에게는 보복을 하려고 한다.

⑤ 때로는 보호받고 싶어 하며 움츠러들어 다른 사람들의 기대에 따르지 않
　　으며 무기력해진다.

⑥ 자녀들의 모든 행동에는 이유가 있음을 알아야 하며 행동 이면에는 행동
　　목표를 잘못 선정하여 문제행동을 일으키게 될 자녀들의 사회적 행동을
　　잘 관찰할 필요가 있다.

⑦ 자녀들의 행동에는 목표를 설정해야 하고 잘못된 행동에는 문제를 해결해
　　야 하며 일반적 규칙을 세워야 한다.

민주적 부모교육 이론에서 사용하는 통제법으로는 아래와 같이 인식반응보
이기(recognition reflex), 자연적 귀결(natural consequence), 논리적 귀결(logical
consequence)로 이루어지며 그 밖의 가족회의, 갈등 피하기, 바람직한 언어 사
용하기가 있다(오영희 외, 2008).

논리적 귀결(logical consequence)

자녀의 목표와 행동 이해하고 존중 격려하기/ 부모의 일관성 태도로 엄격하고 단호하기
완벽보다 책임 있는 부모 되기/ 행위자와 행위 자체를 분리하여 판단해 주기
자율적 · 독립적 성향을 길러주기/ 자녀에 대한 동정심을 하지 않기
부모의 모범적 행동을 보여주기/ 누구의 문제인지를 인식해 주기
자녀와 투쟁을 벌이지 말기/ 자녀와 책임감을 공유하기

인식반응보이기 (recognition reflex)	자신이 잘못 선택한 목표에 대하여 스스로 깨닫기 (예, 미소짓기, 눈 깜박이기)
자연적 귀결 (natural consequences)	원인에 의해 자연스러운 결과 발생으로 행동이 수정됨 (예, 뜨거운 다리미에 데인 경우)
논리적 귀결 (logical consequences)	자녀에 의해 발생된 결과라기보다 부모와의 약속에 의해 발생된 결과 (예, 아침에 약속한 시간에 일어나지 못하면 자녀는 아침밥을 먹지 못함)
가족회의	가족 구성원들이 문제에 집요하게 꾸준히 노력할 때, 자녀가 어린 경우라도 반응이 가능하면 참석시켜 결정하고 결과를 인정하기
갈등 피하기	문제해결을 위한 효율적인 방법으로, 갈등이 생기면 반항 또는 과격한 행동을 하는 자녀를 충분한 시간을 가지고 관찰하며 갈등 피하기
바람직한 언어 사용하기	자녀에게 용기와 자신감을 주는 언어 사용하기 (예, 너는 할 수 있어, 다시 해볼까?)

그림 4-1　민주적 부모교육에서 자녀를 위한 훈련절차

3 상호교류분석 이론

Eric Berne의 교류분석(TA : Transactional Analysis) 이론은 인간관계 교류를 분석하는 것으로 인간관계가 존재하는 모든 방면에 적용할 수 있는 이론이며 인간행동에 관한 하나의 이론적 체계이다. 또한 교류분석은 아동발달이론(theory of child development)을 제공하였고, 우리들의 현재 생활양식이 어린 시절 어떻게 파생되었는지를 자세히 설명해 주고 있다.

1) Eric Berne의 부모교육 원리

인간을 자율적인 존재로 인식하고, 인간은 환경과 상호작용을 통하여 자신의 과거경험으로 형성된 가치 및 신념들을 변화시켜 새로운 행동양식을 선택할 수 있는 존재로 본다. 유아기 때 형성된 모든 것들은 그후 변화시키려 해도 변화되기가 어렵다는 생각이 압도적이었지만 교류분석은 이런 생각들을 부정하고 인간의 의식적 변화와 행동수정을 할 수 있다고 보는 사고방식이다. 교류분석은 자기이해, 타인이해, 자기와 타인의 관계이해를 포함한 조직과 사회의 이해라는 세 가지 인간관계의 이해를 깊이 해석하고, 사고혁신, 감정혁신, 행동혁신이라는 삼위일체의 인간행동 변화를 도모하고 있다.

인간은 다른 사람과의 교류를 통해 자신과 외부세계에 대한 보편적인 관점인 생활 자세를 지니게 되는데 생활 자세는 사람마다 공통적인 것이 아닐 수도 있으나 개인은 네 가지 생활자세 중 어느 하나를 취하게 되는데 그림으로 나타내면 다음과 같다.

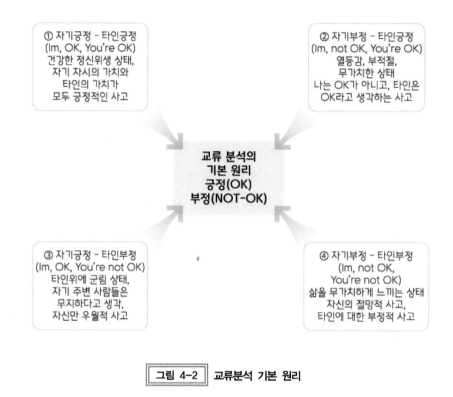

①자기긍정 – 타인긍정
(Im, OK, You're OK)
건강한 정신위생 상태,
자기 자신의 가치와
타인의 가치가
모두 긍정적인 사고

②자기부정 – 타인긍정
(Im, not OK, You're OK)
열등감, 부적절,
무가치한 상태
나는 OK가 아니고, 타인은
OK라고 생각하는 사고

교류 분석의
기본 원리
긍정(OK)
부정(NOT-OK)

③자기긍정 – 타인부정
(Im, OK, You're not OK)
타인위에 군림 상태,
자기 주변 사람들은
무지하다고 생각,
자신만 우월적 사고

④자기부정 – 타인부정
(Im, not OK,
You're not OK)
삶을 무가치하게 느끼는 상태
자신의 절망적 사고,
타인에 대한 부정적 사고

그림 4-2 ∥ 교류분석 기본 원리

2) 인간의 자아구조

인간의 성격은 성장과 함께 형성된 개인의 행동양식으로서 타인이 어떤 사람인지를 확인할 수 있는 근거가 되는 개인의 인성구조를 가지고 있다. 개인의 인성구조는 아동자아, 성인자아, 부모자아의 상태로 구분되는데 자아 상태는 일관된 유형의 감정과 경험으로 직접적으로 관련되는 일관된 행동이라 정의할 수 있고, 특히 과거의 경험이 스스로 기록한 자료에 따라 출력되는 사람, 시간, 결정, 감정 등이 포함된 것이라고 할 수 있다. 비록 자아를 직접 관찰하는 것은 불가능하나 행동을 관찰하여 세 가지 가운데 어느 자아가 그 순간 작용하고 있는지를 알 수 있다.

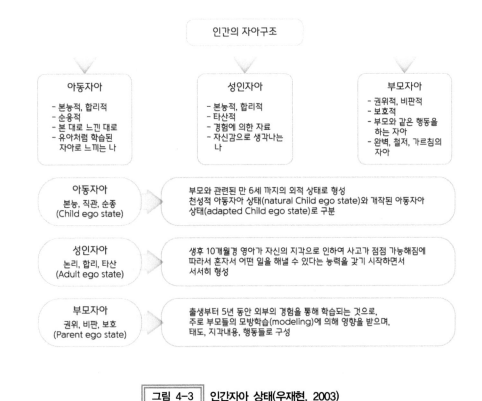

그림 4-3 **인간자아 상태(우재현, 2003)**

3) 교류분석 유형

교류(대화)분석은 개인의 성장과 개인의 변화를 위한 심리치료 기법으로서 아동발달 이론을 제공하고 있으며, 우리가 어린 시절의 전략을 어떻게 계속해서 재현할 수 있는지, 이해하는 데 도움을 준다. 교류(대화)분석은 한 사람이 다른 사람의 존재를 의식할 때, 언어적 혹은 신체적으로 교류가 발생하는 인간의 의사소통 혹은 두 사람 사이의 자아상태가 자극과 반응으로 연결되어 있는 것이다. 다음은 세 가지 교류의 범주에 대하여 알아보기로 한다.

상담 이론

　상담의 영역에는 다양한 방법과 이론이 정립되어 왔고 계속 개발되고 있다. 그러나 절대적 가치를 지닌 이론과 방법은 없으나 심리 상담에 주로 쓰이는 상담이론은 인간중심요법, 형태요법, 행동요법, 현실요법, 가족치료법, 집단지도법 등이다. Belkin이 지적한 바와 같이 상담이론은 정보의 관찰을 조직화하고, 행동패턴을 설명해주며, 여러 가지 예측을 할 수 있게 한다. 또한 상담의 방향과 목적을 설정해 주며, 상담과정 동안 이론은 여러 가지 양상으로 변화할 수 있는 것이다. 최근에는 한 가지 이론적 접근방법보다는 여러 가지 이론을 적용 분석한 종합 분석적 접근방법을 사용하고 있다. 본 장에서는 도형심리 검사의 바탕이론인 정신분석학적 접근과 분석심리학, 기질분석학, 도형심리학 이론을 근거로 설명하고자 한다.

1 정신분석학적 접근

지그문트 프로이트(Sigmund Freud, 1856-1939)

- 오스트리아의 정신과 의사, 정신분석학 창시자
- 무의식과 억압의 방어기제에 대한 이론, 정신분석학적 임상치료 방식 창안
- 성욕중심설, 자유연상, '꿈의 해석' 발표
- 인간의 동기에 근거한 성격이론과 체계를 발달

지그문트 프로이트
(출처) 위키백과

가. 인간관

1) 관점-결정론적이며 환원적

- 프로이트는 인간을 비합리적이고 결정론적인 존재로 보았다. 또한 인간은 무의식적 동기들, 생리적 본능적 욕구에 의해 동기화 한다고 주장하였다.
- 인간을 환원주의적 입장에서 의식과 무의식, 전의식 그리고 성격적으로 원초아, 자아, 초자아로 분류하였다.

나. 자각수준

프로이트는 자각의 수준을 각각 의식, 전의식, 무의식의 3가지로 구분하였으며, 이것을 빙산에 비유하여 물 위에 떠 있는 작은 부분이 의식이라면, 물속의 훨씬 더 큰 부분을 무의식으로 보았다. 이에 대한 설명은 다음과 같다.

1) 무의식(Unconscious)

- 무의식은 프로이트가 가장 중요하게 생각한 자각의 수준으로 정신분석의 초점이 된다.
- 본능에 의해 지배되어 우리 행동의 방향을 결정하는 이유로, 인간은 무의식의 지배를 받는다고 설명한다.

2) 전의식(Preconscious)

- 의식과 무의식의 중간에 있는 정신을 말한다. 즉, '이성과 분별'을 뜻한다.
- 무의식의 일부지만 저장되어 있는 기억, 지각, 생각이 의식으로 변화 될

수 있는 의식의 아래 부분이다.

3) 의식(Conscious)

- 개인이 현재 자각하고 있는 생각을 포함한다.
- 의식의 내용은 새로운 생각이 정신에 들어오고, 오래된 생각은 정신에서
  물러나면서 계속 변화한다.

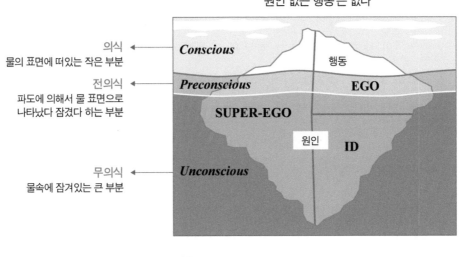

그림 5-1 | 프로이트의 자각 및 성격구조

다. 성격구조 이론

프로이트는 성격이 세 가지 구성요소인 원초아(Id), 자아(Ego), 초자아
(Superego)에 의해 작동한다고 보았다.

1) 원초아(id)

- 심리적 에너지의 원천이자 본능이 자리 잡고 있는 곳으로 생물적이고 본능적인 욕구를 충족시키려 작용하는 요소이다.
- 성격의 다른 두 부분이 자아, 초자아에게 쾌락을 위한 압력을 가한다.
- 현실에 의한 도덕성 개념 없이 쾌락만을 추구한다.

2) 자아(ego)

- 인간 성격의 심리적 구성요소 이다.
- 원초아와 초자아 사이에서 갈등을 조절하는 기능을 한다.
- 따라서 현실과 환경을 고려하는 '현실의 원칙'을 따라 기능하고, 현실을 이해하고 판단하며 미래에 대한 계획을 세우고 논리적인 사고를 한다.

3) 초자아(superego)

- 쾌락보다는 완전함과 도덕적인 것을 추구하며, 현실보다는 이상적인 것을 추구한다.
- 원초아의 충동을 억제하고 도덕적이고 규범적인 기준에 맞추어 완전하게 살도록 유도한다.('도덕의 원칙')

따라서 프로이트의 정신분석이론에 의하면 각 개인은 성격구조의 세 가지 요소 중 개인이 가진 에너지에 대해 어느 요소가 통제력을 더 많이 가지고 있는가에 따라 인간의 행동특성이 결정된다.

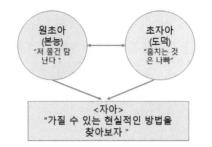

원초아, 자아, 초자아 이 모두가 전체적으로 기능하며, 이 세가지 구성요소 중 어떤 것이 통제력을 더 많이 가지느냐에 따라 인간행동의 특성이 결정된다.

라. 성격의 발달

프로이트는 성격이 심리성적 발달단계에 따라 형성된다고 보았다. 심리성적 단계의 주요 특징은 정신 에너지인 리비도가 신체의 어느 단계에 집중되느냐에 따라 다섯 단계로 구분하였다.

리비도(생의 본능): 생물학적, 물리적, 화학적 힘이 아니라 정신적 힘으로 성적 본능의 에너지를 의미하는데 출생 시부터 나타나고 사람의 성격과 행동을 결정한다.

1) 구강기(생후1년)

• 구강기는 출생에서 1세까지로 영아는 입을 통해 쾌락을 얻는다.

• 리비도가 구강에 집중되어 입을 통해 애착, 신뢰, 안정이 생기는 시기로 빨기, 먹기, 깨무는 행위를 통해서 긴장감을 해소한다.

• 지나친 만족의 경우 성인이 되어 지나친 낙관론자, 의존적 성격을 갖는 경향이 있다.

• 구강전기의 고착경험은 성인이 되어 음식에 대한 지나친 집착, 과도한 흡

연이나 음주, 인정받고 싶어 한다.

- 구강후기의 고착경험은 성인이 되어 타인에 대한 비난이나 분노를 나타내며, 논쟁적이고 비꼬길 잘한다.

2) 항문기(1~3세)

- 대소변을 가리는 훈련이 시작되는 1~3세까지로 리비도가 항문에 집중된다.
- 주로 대변을 보유하거나 배설하는 데서 쾌감을 느낀다.
- 부모가 거칠게 혹은 억압적으로 훈련하여 고착된 항문기의 강박적 성격은 고집이 세고, 인색하며, 복종적이고 시간을 엄수하며, 지나치게 청결한 특징을 가진다.
- 반대로 지나치게 관대하여 고착된 항문기 폭발적 성격은 잔인하고 파괴적이며, 난폭하고 적개심이 강한 특징을 갖는다.

3) 남근기(3-6세)

- 심리성적 발달단계에서 가장 중요한 단계이다.
- 리비도가 성기에 집중된 시기로, 아동은 자신의 성기를 만지고 자극하는 데서 쾌감을 느낀다.
- 남자 아이가 반대의 성(性)인 어머니에 대한 무의식적 욕망에서 비롯된 갈등을 오이디푸스 콤플렉스(oedipus complex)라고 한다.
- 어머니는 남자 아이의 사랑의 대상이 되고 아버지를 경쟁자로 느끼는 심리적 갈등을 가진다.
- 남자 아이는 아버지에 대해 적대감을 느끼며, 아버지로부터 자신의 성기가 잘릴지도 모른다는 거세불안(castration anxiety)을 갖기도 한다.

- 남자 아이는 자신을 아버지와 동일시(identification) 함으로써 오이디푸스 콤플렉스를 극복한다. 더불어 초자아도 함께 형성한다.
- 여자 아이가 성기기에 겪는 갈등은 엘렉트라 콤플렉스(electra complex)라고 하였으며, 남근 선망(penis envy)을 갖는다고 보았다.
- 어머니와 여자아이는 동일시하여 엘렉트라 콤플렉스를 해결하고 초자아를 형성한다.
- 남근기에 고착된 남자는 경솔하고 과장이 심하며, 여아는 경박하다.

4) 잠복기(6세~12)

- 잠복기는 6~12세까지로 리비도의 신체적 부위는 특별히 한정된 데가 없고 성적인 에너지가 잠재된 시기다.
- 이 시기에는 지적인 활동, 운동, 친구와의 우정 등에 에너지를 집중시키며 잠복기에 고착되면 성인이 되어서도 이성에 대한 정상적인 친밀감을 갖지 않고 동성 간의 우정에 집착할 수 있다.

5) 생식기(사춘기 시기)

- 신체의 급격한 변화와 리비도가 성기에 집중되며, 이성을 향한 성욕 충족을 추구한다.
- 이시기는 진정한 사랑의 대상을 찾아 만족을 얻고자 하고 부모에 대한 관심이 사라진다.
- 성격발달 단계 중에서 가장 긴 단계이다.
- 이시기에 성격발달을 위해서는 근면을 배워야 하고 즉각적인 만족을 지연시켜야 하며, 책임감이 있어야 한다.

〈표 5-1〉은 전성기의 고착, 승화, 반동형성을 정리한 것이다.

표 5-1	전성기의 고착, 승화, 반동형성		
단계	고착	승화	반동형성
구강기	흡연, 과식, 입맞춤, 음주, 껌 씹기, 손가락 빨기	지식추구, 유머 음식전문가	금주운동가 우유를 싫어함
항문기	배변에 대한 관심, 외설적 농담, 불결함/강박적, 의존적 성격, 결벽증	그림, 조각에 대한 관심, 통계에 대한 관심	화를 잘 냄 뭔지 두려워 함
남근기	바람기, 정력의 표현, 자위에 크게 의존	시에 대한 관심, 성공을 위한 노력, 창조적, 예술적	청교도적 태도 과도한 정숙함

마. 불안과 방어기제

불안은 세 가지 자아 간의 끊임없는 충동으로 야기된다. 인간은 기본적으로 불안을 원치 않으며, 불안으로부터 자신을 보호하기 위하여 다양한 방어 기제를 사용한다. 방어기제는 고통에서 우리를 보호하는 유용한 목적에 기여 하지만 무분별하고 충동적으로 사용하게 되면 병리적이 된다. 방어기제가 작동되는 두 가지 공통의 특징은 첫째, 현실의 부적응 혹은 왜곡, 둘째는 무의식적 작동이다.

방어기제의 종류는 다음과 같다.

(1) 억압(Repression): 가장 중요한 방어기제로 불안을 일으키게 하는 기억, 감정, 충동 등이 의식으로 떠오르지 못하게 의식세계에서 무의식세계로 밀어내는 것을 말한다.
예시: 교통사고를 당해 크게 다친 사람이 그 사고를 기억하지 않으려고 하는 것

(2) 부정(Denial): 현실에서 일어난 위협적이거나 외상적인 사건들을 받아들이지 않고 거절하는 것을 말한다.

예시: 사랑하는 사람의 장례식에서 돌아와 그가 죽었다는 사실을 인정하지 않으려 함

(3) 전치(치환: Displacement): 어떤 대상이나 사물에 향했던 감정을 다른 대상이나 사물에 향하게 하는 것을 말한다.

예시: 어머니에게 얻어맞은 아이가 강아지를 발로 차는 행동을 함, 동대문에서 뺨맞고 남대문에서 화풀이

(4) 퇴행(Regression): 위협적인 현실을 직면하면 덜 불안하고 책임감이 적었던 이전의 발달 단계로 되돌아가서 안정을 찾으려 하는 것을 말한다.

예시: 동생이 생겼을 때 형이 동생처럼 행동하는 것
(동생이 생기자 갑자기 바지에 오줌을 싸는 행동 등)

(5) 투사(Projection): 자신이 가진 좋지 않은 행동과 생각을 마치 다른 사람의 것인 양 생각하고 남을 탓하는 것을 말한다(남 탓, 환경 탓, 피해망상, 관계망상, 도끼병).

예시: 시험 성적이 나쁜 학생이 자기 공부를 충분히 하지도 않고 시험 문제 출제방식이 잘못 되었다고 탓을 함

(6) 반동형성(Reaction formation): 바람직하지 못하다고 생각되는 충동을 억누르고 그 반대되는 행동을 과잉 표출하는 것을 말한다.

예시: ① 자기가 싫어하는 사람에게 오히려 친절하게 대함, '미운아이 떡 하나 더 준다.'
② 십대 미혼모가 아이에 대한 적개심을 지나친 애정과 과보호로 표현을 함 (이

럴 경우는 불안을 피하고자 하는 목적이 있기 때문에 행동이 자연스럽지 못
하고 상당히 융통성이 없어 보이는 특성이 있다)

(7) 합리화(Rationalization): 정당치 못한 자기 행동을 그럴듯한 이유를 붙여
정당화하여 불안을 제거 하려는 것(즉 합당하고
도덕윤리에 어긋나지 않는 이유를 대는 것)을
말한다.
  예시: ① 부모가 아이를 때리면서 사랑하기 때문에 때린다고 함
  ② 합리화의 대표적 기제로는 신포도(sour grapes)를 들 수 있음
  (이솝 이야기 중 포도덩굴이 높아 포도를 못 따먹게 된 여우의 변명에서 온
  것으로 자기의 약점을 감추려는 무의식중의 변명)

(8) 승화(Sublimation): 용납되지 않는 충동을 적절히 억압할 수 없을 때 사
회적으로 용납되는 다른 형태로(바람직한 결과) 전
환하여 표출하는 경우를 말한다.
  예시: 성적 충동을 느끼는 청소년이 다양한 스포츠나 음악 활동에 심취하여 해소시킴

(9) 고착(Fixation): 정상적인 사람들은 일생을 통해 진보적인 발달을 하면서
한 단계에서 다른 단계로 이동한다. 그러나 때때로 이러
한 발달이 정지되어 다음 단계로 옮겨가지 못하고 일정
한 단계에서 머물러 있게 되는 것을 말한다.
  예시: 학교에 입학해 처음 등교할 때 대부분의 어린이는 약간의 걱정을 함

(10) 보상(Compensation): 심리적으로 어떤 약점이나 제한점이 있는 사람이
이를 보상받기 위하여 다른 어떤 것에 몰두하는

경우(어떤 분야에서 탁월하게 능력을 발휘하여 인정을 받음으로 해서 다른 분야의 실패나 약점을 보충하여 자존심을 고양시키는 기제)를 말한다.

예시: 신체적 열등감을 느끼는 몸이 약한 사람이 최우수 학생이 되기 위해 학업에 정진함(간접보상)

2 분석심리학(Analytical psychology)

융(Carl Gustav Jung, 1875~1961)

- 스위스 정신 의학자, 분석심리학의 개척자
- 프로이트와 함께 정신분석학 연구에 몰두
- 프로이트의 성욕중심설에 대한 비판 후 독자적으로 연구하여 집단무의식의 개념과 분석심리학의 이론을 구성(무의식의 심리학 발간)
- 프로이트(S. Freud)로부터 무의식의 중요성에 대해 영향을 받고, 무의식의 개념을 확장해 이론구축
- 인간의 내면의 무의식 층이 있다고 생각하고 개인의 개성화 과정을 통해 더 완전한 인격체가 될 수 있다고 주장하였음
- 동료들과 집필한 마지막 저서 '인간과 그의 상징(Man and His Symbols)'를 통해 문화, 영혼성, 원형들 간의 교차에 대해 설명함

Carl Gustav Jung
출처: 위키백과

분석 심리학은 정신의 두 가지 측면인 의식과 무의식간의 관계를 확립하고 이해하는데 초점이 맞춰져 있다. 또한 인간 정신의 소인인 원형이 유전된다는 것과 원형들로 구성된 집단무의식의 개념을 바탕으로 하였다.

가. 인간관

어떤 다른 이론가보다도 무의식을 강조하였으며, 인간의 성격이 어떤 아동기의 경험과 원형에 의해 부분적으로 결정될 수는 있지만, 인간은 중년기의 경험 및 미래에 대한 희망과 기대에 의해서 보다 많은 영향을 받는다고 보았다. 인간 성격의 목적은 개성화(individuation) 혹은 자기실현(realization of the self)에 있다고 보았다. 융은 개성화의 과정을 독특한 개인, 단 하나의 동일체적 존재가 되어가는 것으로 정의하였다.

나. 정신의 구조

융은 전체적 성격을 정신으로 보았다. 인간은 전체적 성격을 갖고 태어났으며 일생을 통해 이러한 타고난 전체성을 분화하고 통합해 간다고 보았다. 전체적 성격인 정신을 크게 의식(conscious)과 무의식(unconscious)로 구분하였다. 더 나아가 무의식을 개인 무의식과 집단 무의식으로 세분화한 후 집단무의식을 중심으로 분석심리학을 확립하였다(노안영, 강영신, 2003).

1) 자아(ego)와 의식(conscious)

자아(ego)는 의식적인 마음이며, 언제 어느 때나 우리가 알 수 있는 지각, 기억, 사고 및 감정으로 되어있다. 감각이나 관념, 기억이 자아에 의해 의식 속으로 인지되고 받아들여지지 않는다면 보이지도 들리지도 사고되지도 않을 것이다. 따라서 자아는 의식에 이르는 문지기로서 의식을 지배하고 있다고 할 수 있다.

의식은 개인이 유일하게 직접적으로 알 수 있는 부분이다. 우리 의식의 상당 부분은 태도에 의해서 결정된다. 태도는 의식의 주인인 자아가 갖는 에너지 방향, 즉, 자아가 외부 대상에 지향하는 방향이 수동적인가 능동적인가에 따라 내향성 태도와 외향성 태도로 성격 태도가 결정된다.

의식의 기능은 주관적 세계와 외부 세계를 지각하고 이해하는 서로 다른 방식을 의미한다. 융이 제안한 정신적 기능의 구성요소는 사고, 감정, 감각, 직관이다. 이러한 구성 요소는 그가 제안한 정신의 반대의 원리에 따라 합리적 차원

(사고-감정), 비합리적 차원(감각-직관)으로 구분된다.

융은 심리적 태도와 기능을 조합하여 8가지 심리적 유형인 외향적 사고형, 외향적 감정형, 외향적 감각형, 외향적 직관형, 내향적 사고형, 내향적 감정형, 내향적 감각형, 내향적 직관형이 결정된다고 보았다.

(1) 태도: 외향성과 내향성

- 외향성: 외부세계에 관심을 지니는 객관적 태도
- 내향성: 내면세계에 관심을 두는 주관적 태도

전적으로 둘 중 하나인 경우는 없으며, 정도의 차이가 있고, 상황에 따라 다를 수 있다.

(2) 기능: 사고, 감정, 감각, 직관

- 사고와 감정: 이성에 의한 판단 행위가 개입돼 '합리적' 기능
  - 사고: 사물을 이해하고자 하는 지적 기능. 여러 관념을 연결해 문제 해결
  - 감정: 평가의 기능. 관념에 대한 긍정적/부정적 감정에 따라 그것을 받아들일지 거부할지 결정

- 감각과 직관: 이성과 판단을 필요로 하지 않아 '비합리적' 기능
  - 감각: 감각기관 자극에 의해 생기는 의식적 경험
  - 직관: 감각처럼 직접적으로 느낄 수 있으나 근원 과정을 설명할 수 없는 경험

→ 2가지 태도(외향성, 내향성) 및 4가지 기능(사고, 감정, 감각, 직관)을 통해 8가지 성격 유형이 도출되었고, 현재 MBTI 성격유형 검사의 이론적 기반

이 되었다.

① **외향적 사고형**: 외부세계를 지적으로 파악하고 이해하는 활동에 흥미
(과학자의 특성)

② **내향적 사고형**: 내면세계 사색 및 분석에 관심(심리학자 성향)

③ **외향적 감정형**: 사회적 관습과 타인 평가 중시, 사회적 활동과 정서 표현
에 적극적(주인공적 성향)

④ **내향적 감정형**: 감정을 잘 드러내지 않으며 조용하고 냉담한 듯 보이나
공감 능력 깊음

⑤ **외향적 감각형**: 외부세계에 관한 사실을 빠르게 파악, 현실주의적이고 실
제적인 편(행정가, 사업가 특성)

⑥ **내향적 감각형**: 세상과 접촉하며 체험하는 내면적 감각을 섬세하게 지각
하고 기술하는 능력(문인, 예술가 성향)

⑦ **외향적 직관형**: 외부세계에서 새로운 가능성을 발견하고 실현하기 위해
적극적으로 활동(기업인, 정치인, 신문기자 속성)

⑧ **내향적 직관형**: 구체적 현실보다 정신세계에서 새로운 가능성을 탐지하는
능력이 높음(종교인, 예언가, 시인의 속성)

표 5-2 칼 융(Carl Jung)의 심리 유형

구분		기능유형			
		합리적 기능(판단-J)		비합리적 기능(인식-P)	
		사고(T)	감정(F)	감각(S)	직관(N)
태도	외향(E)	외향적 사고유형	외향적 감정유형	외향적 감각유형	외향적 직관유형
	내향(I)	내향적 사고유형	내향적 감정유형	내향적 감각유형	내향적 직관유형

2) 무의식

(1) 개인 무의식(Personalities unconscious)

개인 무의식은 본질적으로 의식 속에 더 이상 남아있지는 않지만 쉽게 의식부로 떠오를 수 있는 자료의 창고 혹은 저장소이다. 흔히 개인무의식을 우리의 감정, 사고 및 기억들을 모두 담고 있는 서류철에 비유한다. 즉, 별 노력 없이 특정의 기억을 뽑아내어 잠시 검토한 후 제자리에 가져다 놓고 다음 생각이 날 때까지 잊어버리는 것이다.

개인무의식은 살아가면서 축적되는데 자아에 의해 인정받지 못한 경험, 사고, 감정, 지각. 중요하지 않거나 심리적 갈등, 정서적 불쾌감 등 억압된 것일 수 있다. 이러한 개인 무의식은 성격의 착한 면과 악한 면을 모두 가지고 있는 음영(shadow)이 존재한다.

(2) 집단 무의식(Collective unconscious)

집단 무의식은 분석 심리학의 중심 개념으로, 인간의 무의식의 심층에 존재하는 개인의 경험을 넘은 선천적 구조영역이다. 집단무의식은 모든 종족에서 출현하여 인류가 보편적으로 소유하여 온 것으로 인간을 특징짓는 정신의 특성이다. 이런 것은 대개 전혀 개인적인 것이 아니기에 집단적인 심상(心象)이라고 표현한다

다. 원형

1) 원형의 개념

원형은 집단 무의식에 포함된 보편적 경험의 이미지로 콤플렉스의 핵심이자 재료이다. 즉, 집단적 무의식의 구성요소로 사람들에게 같은 방식으로 생각하고 행동하게 하는 정신적 요인으로 본다. 원형 개념에서 중요한 것은 그것이 하나의 틀이지 그 내용까지 갖추어져 있는 것이 아니라는 것이다. 다시 말해서 집단적 무의식에 전해지는 것은 행동의 틀뿐이지 세세한 내용은 시대와 사람에 따라 다르게 나타난 것이다. 원형에는 영웅, 부모, 죽음, 탄생과 부활, 일관성, 아이들, 신, 악마 등을 포함한다. 잘 알려진 대표적인 원형으로 페르소나, 아니마와 아니무스, 그림자, 무의식의 모든 부분으로 구성된 자기(self) 등이 있다(김성민, 2001; 노안영, 강영신, 2003).

2) 원형의 5가지 유형

(1) 페르소나

페르소나는 연극배우가 쓰고 어떤 역할을 나타내는 가면으로, 개인이 사회적 요구들에 대한 반응으로서 자신을 방어하기 위한 가면이자 공적 얼굴이다. 사회관계에서 역할을 수행하는 방식으로 예의범절, 사회적 역할이나 집단의 행동 규범과 관련이 있으며 외부세계와의 접촉을 해주는 외적 인격을 말한다. 여러 가지 직책, 역할에 따라 각각의 페르소나가 있으며 사회생활을 하려면 어느 정도 페르소나를 따라야 한다. 페르소나는 진정한 자아이기보다 자기에게 주어진 환경에 적응하면서 얻어진 자아의 또 다른 측면이다.

페르소나는 타인과 건전한 관계를 맺을 수 있도록 해주고 페르소나의 기능이 원활할 때 우리 정신건강도 유지될 수 있다. 그러나 겉으로 표현된 페르소나와 내면의 자기가 너무 불일치하면 표리부동한 이중적인 성격으로 사회적 적응에 곤란을 겪게 되고 진짜 내 삶과 멀어지게 된다.

(2) 아니마와 아니무스

페르소나가 자아와 외부세계의 접촉을 중재해주는 요소라면 자아와 내면세계의 접촉을 중재해주는 것은 아니마와 아니무스이다. 남성의 내부에 있는 여성성을 아니마, 여성 내부에 있는 남성성을 아니무스라고 한다. 이 요소는 자주 투사되는데 사람들이 누구에게 첫눈에 반했다는 것은 자신의 아니마 혹은 아니무스가 투사되었기 때문이다.

아니마는 남성 마음속에 있는 여성의 심리경향이 인격화 된 것으로 기분과 관련이 있다. 이 기분은 막연한 느낌, 예견적 육감, 비합리적인 것에 대한 감수성, 자연에 대한 감정 등으로 다양하게 나타난다. 어머니에게서 받은 영향으로 형성되는 경우가 많다.

아니무스는 여성의 무의식이 인격화 된 남성상으로 행위, 신앙, 열망의 요소로 나타난다. 아버지 이미지로부터 영향을 받으면서 형성이 되는 경우가 많다. 긍정적으로는 진취적 정신, 진실, 용기, 객관성, 주도성과 같은 남성적 기질을 여성에게 부여하고 자기실현을 할 수 있도록 이끌어준다.

아니마/아니무스에 사로잡혀 있으면 인격이 변화하여 심리학적으로 반대 성의 특징으로 여겨지는 특징들이 두드러지게 나타나고 이렇게 되면 자신의 개성을 잃게 된다.

(3) 그림자

그림자는 나의 어두운 면을 말하는 것으로, 사람들이 감추고 싶어 하는 유쾌하지 않은 모든 자질들, 사람의 어두운 면 등의 총체적인 모습들이 들어있다.

또한 그림자는 사회에서 부정되거나 부도덕하고 악하다고 생각되는 것과 관계가 있다. 그래서 사람들은 나도 모르게 그림자를 다른 사람에게 투사하게 되고 투사된 이미지나 상황으로 인해 불쾌하고 비난 받을 만한 생각이나 감정을 갖게 되어 우리 삶에서 여러 문제를 갖게 된다.

그림자를 없애는 것은 불가능하다. 그렇기 때문에 그림자를 없애기보다 그림자와 관계를 맺고 지내야 한다. 즉, 그림자와 대면하여 개인의 생활 속에서 그림자의 투사들을 만들어 낼 것처럼 보이는 '이미지'나 '상황들'에 대한 인식을 발전시켜야 한다.

(4) 자기와 개성화

자기는 무의식의 내용들을 의식에 통합시키고 정신의 전체적인 통합을 이루게 하는 초월적인 정신요소이다. 즉 우리 정신의 중심이고 정신을 통합시키는 내적 지도 요인(inner guiding factor)이다.

자기는 끊임없이 실현되려고 한다. 따라서 융은 인간정신의 궁극적인 목표는 사람들이 자기를 실현하는 것이라고 주장하였다. 즉 페르소나의 동일시에서 벗어나 우리 정신에 있는 그림자를 통합하여, 아니마/아니무스에 있는 부정적인 요소들을 분화시켜 태어나는 순간부터 우리에게 주어져있는 고유한 개성을 발견하고, 그것을 그대로 드러내는 것이 궁극적인 목표라고 하였고 이것을 개성화 과정이라고 했다.

융에 의하면 모든 사람은 태어나면서부터 고유한 그 사람으로 태어난다. 그러나 세상을 살면서 어려운 삶의 환경 때문에 거칠어지고, 집단의식에 감염되어 다른 사람들이 추구하는 것을 나에게도 필요한 것으로 착각하면서 똑같은 것을 추구하고자 한다. 그러다 보니 서로 싸우거나, 나의 연약한 자아 모습을 지키려고 다른 이들과 싸우느라 처음의 모습은 없어지고 만다. 그래서 우리는 "예전엔 내가 이러지 않았는데…"라고 말하면서 나의 진정한 모습을 찾아서 헤

매개 된다고 보았다.

라. 성격 발달

1) 아동기

근본적으로 본능 에너지에 의해 움직이는 시기이다. 이 시기에는 초기 자아가 형성되고, 자신을 1인칭으로 말하기 시작한다. 학령기에는 부모 세계, 즉 심리적 자궁에서 빠져나오는 시기를 말한다. 이에 부모는 그 에너지 방향을 잡아주는 역할을 하게 된다.

2) 청년기

정신적 탄생기이다. 이 시기에는 사회의 적응 방식을 습득하거나 아동기 환상에 머물며 어려움에 부딪힐 수 있다. 청년기 문제의 공통적 특성은 아이 원형, 즉 어른이 되기보다 아이로 머물러 있기를 원하는 경향에 기인한다. 또한 성적 욕구에 의한 심리적 혼란과 연관되어 있기도 한다.

3) 중년기

35~40대 후반 시기이다. 이 시기에는 외부세계 적응에 사용했던 에너지가 내향적이고 정신적인 관심으로 변화하거나 확대된다. 외부 활동보다 내면적 사색과 명상을 통해 자기를 실현하는 일에 관심이 많다.

4) 노년기

삶을 반성하고 지혜를 키우는 시기이다. 이 시기에는 자신의 삶의 경험을 이해하고 이를 통해 삶의 의미를 이끌어낸다.

마. 콤플렉스(complex)

1) 콤플렉스 개념

콤플렉스는 현실 행동이나 지각에 영향을 미치는 무의식의 감정적 관념, 개인의 정서, 기억, 지각, 욕구의 핵심 패턴이라고 할 수 있다. 보통 콤플렉스를 열등감과 동일시하는데 융에 의하면 콤플렉스는 열등감처럼 우리 무의식을 구성하고 때때로 우리를 난처하게 할 수 있는 정신요소이지 열등감은 아니라고 했다.

2) 콤플렉스 특징

콤플렉스의 가장 큰 특징을 살펴보면 다음과 같다.

첫째, 어떤 정신적인 내용이 하나의 핵(核)을 형성하고
둘째, 핵에 정서적인 요소가 있으며
셋째, 핵은 핵과 비슷한 특성을 지닌 정신 내용들을 흡수하며
넷째, 자율성을 띄고 있다.
콤플렉스는 무의식에서 같은 내용으로 하나의 핵을 형성하고 그 핵을 중심으로 여러 가지 정신 작용이 이뤄진다는 것이다. 따라서 콤플렉스가 없으면 인간의 정신활동도 불가능하다.

3) 콤플렉스 형성요인

첫째, 어떤 경험, 특히 충격적인 경험을 한 후 그 다음에 그것이 무의식에 하나의 핵을 형성하고 그 핵을 중심으로 해서 다른 요소들이 결합될 때 생긴다. 예를 들어 어린 시절 어머니가 돌아가신 사람에게는 그 사건이 커다란 충격이며 그에게는 어머니란 내용을 중심으로 해서 콤플렉스가 형성이 되고 그것이 그 다음의 삶에 영향을 미치게 된다.

둘째, 타고나는 요소이다. 즉 선천적인 정신적 경향이 무의식에 핵을 만들어 그것이 발달해 콤플렉스가 된다는 것이다. 어떤 사람은 태어나면서 매우 종교적이거나, 예술적인 경우가 있는데 이런 요소들은 그의 정신에서 응집력을 지닌 핵을 형성하고 여러 가지 작용을 한다.

3 기질분석학

- **히포크라테스**
  - 인류 최초의 성격이론이자 성격 분류체계인 4체질론(4체액설)을 창시하였다.
  - 이후 갈렌(Cladius Galen, 130–200 A.D)은 4체액설을 4대 기질 이론으로 수정 발전시켰다.

- **임마누엘 칸트**
  - 4기질론을 재해석하고, 인간에게는 2가지 이상의 복합기질은 존재하지 않는다고 하였다.

- **루르 루돌프 슈타이너**
  - 교육분야에 인간의 기질적 특성을 활용할 수 있도록 구체화 시켰다(발도르프 교육).

- **팀 라헤이**
  - 인간의 기질은 4가지 기본 기질로 분류할 수 있고, 이들 4가지 기본 기질의 조합인 12가지로 유형화 하였다.

그림출처: 위키백과

히포크라테스
Hippocrates,
BC 460–377

임마누엘칸트
Immanuel Kant,
1724–1804

루르 루돌프 슈타이너
Rudolf Joseph
Lorenz Steiner, 1861
– 1925

팀라헤이
Tim LaHaye,
1926–2016

가. 기질론의 역사

기질론은 최초로 서양 의학의 아버지로 불리는 히포크라테스에서 출발한다. 그는 같은 약을 처방했을 때 사람에 따라 반응(약효)이 다르게 나타나는 것을 보고 우주를 구성하는 4가지 원소(물, 불, 공기, 흙)의 기운이 사람의 몸에서는 점액, 우울, 담즙, 다혈의 4체액이 되어 우리의 몸을 이루게 된다고 생각했다.

자연이라는 대우주와 인간이라는 소우주 사이에 우주의 4개 기본 특질(따뜻함, 차가움, 축축함, 건조함)이 인간의 몸 안에서 4개의 체액(혈액, 점액, 황담, 흑담)에 작용한다는 생각을 기초로 하는 히포크라테스의 의술이 16세기까지 서양의학의 흐름을 주도하다가 르네상스 이후 레오나르도 다빈치 등에 의해 세균, 항생제, 수술 등 기계론적 의학으로 발전하게 된다.

이후 갈레누스(Claudios Galenos) 갈렌은 히포크라테스의 4체액설을 4대 기질이론으로 수정 발전시켰다. 갈렌은 개인의 성격특징을 다혈질, 담즙질, 점액질, 우울질로 새롭게 분류하고 그 체계에 따라 사람들의 일상행동을 관찰하고 그 특징을 구체적으로 기술함으로써 오늘날의 '유형'이란 개념을 최초로 정립하였다.

독일의 철학자인 임마누엘 칸트(Immanuel Kant, 1724~1804)는 자신의 저서에서 낙천적인 다혈질과 우수적인 우울질의 사람은 감정기질이며, 성급한 담즙질과 냉철한 점액질은 활동기질로 구분하였다. 또한 인간이 2가지의 기질적 특성을 드러내는 경우에, 하나는 자신의 본래 기질적 특성이며, 다른 하나는 일시적인 기분을 드러내는 것이기 때문에 인간에게는 2가지 이상의 복합 기질은 존재하지 않는다고 하였다(이남원, 2014).

체질론은 의학에서 심리학(융의 4대 심리적 기질론 등)으로 분야가 좁아졌으며, 1920년 루돌프 슈타이너가 발도르프 학교를 세우면서 의학과 교육 분야에서 인간이 갖고 있는 기질적 특성을 교육현장에서 활용하기 위해 구체화하게 되었다. 자연과 인간이 다르지 않다는 점에서 대자연을 이루는 4가지 근본 원소와 인간이 갖고 있는 기질은 불가분이라고 생각했다.

라헤이(Lahaye, 2004)는 기질은 모든 인간이 태어날 때 선천적으로 부여받은 특성이며, 성격은 자신이 처한 환경에서 어떻게 행동해야 한다는 정해진 규칙에 따라 외적으로 표현되는 모습이라고 하였다. 따라서 성격은 변화할 수 있지만, 기질은 바꾸지 못하는 개인의 특성으로 정의하였다. 라헤이의 구분에 의하면 인간의 기질은 담즙질, 다혈질, 점액질, 우울질의 4가지 기본 기질로 분류할 수 있고, 이들 4가지 기본 기질의 조합인 12가지의 복합 기질이 한 개인에게 부여되어 있다고 한다(홍종락, 2011 역).

나. 기질의 발견

대부분의 사람들은 일반적으로 다양한 기질의 성향이 혼합되어 있다. 즉, 인간은 누구나 이 4가지의 기질을 겸하여 가지고 있고 대부분 우세한 두 가지의 기질을 지니게 된다. 또한 발달 단계에 따라 우세하게 나타나는 기질이 있기 때문에 서서히 바뀌기도 한다. 이 4가지가 동등하게 분산되어 있는 인간도 생각해 볼 수 있으나 대체로 우세한(특징적인) 기질이 있기 마련이다.

또한, 4가지 기질은 사춘기 이전과 이후를 기점으로 하여 각각 다른 기질로 변하게 되는데, 예를 들어 사춘기 이전에는 우울질적인 기질적 특징을 갖고 있던 사람이 담즙질로 변하고, 담즙질은 다혈질로, 다혈질은 점액질로, 점액질은 우울질로 변한다.

다. 기질 분류

기질이란 우리 부모로부터 받은 특성들의 복합체이다. 각 기질은 삶을 통해 그의 성질을 구성하는 장점과 약점이 있다. 자신의 기본 기질을 분석하면 어떤 직업이 가장 자신에게 적합한지, 그리고 가능성과 창조성을 방해하는 것을 방지하기 위해 개선시켜야만 할 약점이 무엇인지를 잘 알게 된다. 기질론의 핵심은 히포크라테스 이후 4가지 범위로 나뉘어졌다.

| 표 5-3 | 라헤이(Lahaye)와 여러 학자들의 이론에 의한 기질의 분류와 특징 |

유형	기질특성	주요내용
다혈질	활발한 기질	사교적, 감동하기 쉬움, 따뜻하고 친절함, 수다스러움, 열성적, 자비로움, 미숙함, 감정적, 침착하지 못함, 비생산적, 이기주의적, 과장됨, 감수성 예민, 기분에 따른 결정, 명랑하고 활기차, 자유분방 허심탄회, 융통성, 작심삼일
담즙질	활동적인 기질	강한 의지, 자존심이 강함, 공상적, 실용적, 생산적, 단호함, 지도자, 냉정함, 비정함, 자부심이 강함, 성급함, 오만함, 용서없음, 빈정거림, 화를 잘 냄, 잔인함, 독립적, 질보다 양, 빠른 결단력, 정서적인면 부족
점액질	느린 기질	침착함, 태평, 신뢰할 수 있음, 객관적, 사교적, 유능함, 조직적, 실용적, 익살스러움, 움직이지 않음, 미루는 버릇, 이기적임, 날카로움, 자기보호, 우유부단, 소심, 걱정이 많음, 온화, 차분함, 우아한 성품, 한결같음, 수동적, 우유부단
우울질	어두운 기질	천부적인 재능, 분석적, 심미적, 자기희생적, 근면함, 자기 훈련, 까다로움, 자기중심적, 괴롭히는 경향, 복수심에 불탐, 과민함, 공론적, 무뚝뚝함, 비판적, 부정적, 질서와 정리정돈, 분석적, 신중한 결정, 사전 준비와 계획, 규칙과 규정 준수, 완벽주의, 인내와 끈기

또한 라헤이(Lahaye)는 인간은 누구나 한 가지 기질만으로 형성된다고 보기보다는 여러 가지 기질이 복합적으로 나타날 수 있으며 여러 가지가 혼재되어 있는 비율에 따라 어느 정도 다른 유형의 성격으로 분류될 수 있다고 보았다.

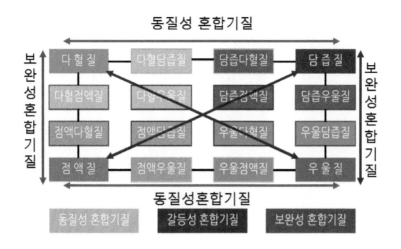

그림 5-2 | 12가지 기질 조합

출처: 홍종락 역(2011). 성령과 기질(Tim LaHaye, 1971), p.58

라. 각 기질의 행동과 특징

1) 다혈질

우유부단하고 사회적 성공에 대한 욕구가 강하며, 표현력이 강하다. 인생을 가볍게 생각하고, 감정변화가 많고, 낙천적이고 개방적인 태도를 지닌다. 유머 감각이 좋으며, 자유로운 성격이 많다. 단점으로는 변덕이 심하거나 약속을 잘 잊고, 성격이 불안정한 측면이 있다. 또한 침착하지 못하고, 싫증을 잘 내어 일의 끝맺음을 잘하지 못한다. 대체로 건강한 아동들에게서 이런 다혈질 특성을 찾을 수 있고, 이들은 대체로 키가 크고 날씬한 몸매를 지녔다.

2) 담즙질

모험을 좋아하고, 기분이 강하고 뜨겁고, 격하기 쉽다. 확고한 목표와 의지적으로 활동하며, 빠른 결단력과 확신이 강하다. 따라서 화를 잘 내고 성격이 급하고 낙천적이며, 사고와 개념화를 잘하고 자아가 강하다. 단점으로는 타인에 대한 상냥함과 인정이 결여되어 있다. 지구력과 인내력이 가지고 있지만 자신만의 정의감을 남에게 강요하며 횡포해지기도 한다. 대체로 청소년들에게서 이런 담즙질 특성을 찾을 수 있고, 이들은 대체로 땅딸막한 체격과, 넓고 떡 벌어진, 어깨, 그리고 머리가 목으로 들어가는 짧은 목을 가진 유형이 많다.

3) 점액질

내적 조화와 안정감이 강하고, 조용하고 인내심이 강하며, 수동적이고 다소 게으른 인상을 준다. 이들은 화가 나는 상황에서도 화를 내지 않고 침착하게 받아들인다. 단점으로는 남에게 우호적이나 특별히 친절하게 돌보아주는 것은 아니며, 동작이 느리고 우둔한 사람이 되기 쉬운 면이 있다. 또한 자신과 관련이 없는 사람의 희노애락에는 전혀 관심이 없다. 대체로 노인들에게서 이런 점액질 특성을 찾을 수 있고, 이들은 대체로 통통하며 앞으로 구부러지고, 어깨가 튀어나온 유형이 많다.

4) 우울질

감상적이고 자기중심적인 성향이 많고, 작은 일에도 마음을 쓰고 완벽주의에 치우치기 쉬워 사소한 일로 시간을 허비하는 일도 많다. 지나치게 생각이 많아 주변 사람들을 힘들게 하기도 한다. 대체로 성인들에게서 이런 우울질 특성을 찾을 수 있고, 이들은 몸이 말랐으며, 걸음걸이가 일정하고 허리가 꼿꼿한 것이 특징이다.

표 5-4 히포크라테스와 여러 학자들의 이론에 의한 기질의 특징과 강화방법

유형	기질특성	강화방법
다혈질	• 감정이 풍부하고, 순간 느낌을 따라 행동한다. • 사람들과 어울림을 좋아하고 이야기하는 것을 좋아한다. • 무대체질이며, 타인의 주의를 끌기 좋아하며 인기를 끈다. • 호기심과 아이디어가 많아 창조적이며, 일을 재미있게 한다. • 순진하고 단순하며, 스킨쉽을 좋아한다. • 친구를 쉽게 사귀고 동기부여를 잘한다.	• 칭찬을 자주해주면 더 잘한다. • 일을 할 수 있는 또는 적응할 수 있는 환경을 만들어 주어야 한다. • 호기심과 창조적 아이디어에 대해 관심을 가져주어야 한다. • 때때로 약속과 할 일에 대해 상기시켜주어야 한다.
담즙질	• 타고난 리더로, 독립적, 역동적, 활동적이다. • 감정에 치우치지 않으며 의지가 강하고 단호하다. • 목표 중심적, 승부에 집착하며 일 중심적이다. • 자기주관이 뚜렷하고 솔직하다. • 거칠고 화를 잘 내며 지배적이다. • 장애물은 넘기 위해 존재하는 것이라고 생각한다.	• 리더십을 존중해주어야 한다. • 다른 사람에 대한 배려와 대화의 중요성을 인식시켜 주어야 한다. • 책임을 분담하게 해주어야 한다. • 휴식을 가르치고 여가활동을 격려해주어야 한다.
점액질	• 평온하고 태평하며 평화를 추구한다. • 기억력이 좋아 타인의 이름이나 전화번호를 잘 외우며 대인관계가 좋다. • 조용한 성품이지만 재치가 있다. • 겁이 많고 이기적이며 고집스럽다. • 매사에 우유부단하고 미루기를 잘하며 게으름을 피우거나 관망하는 편이다. • 의욕이 결여되어 있다.	• 적당한 책임을 부과하면 능률적이다. • 적당한 선에서 결정을 하도록 독려한다. • 방관자가 아닌 참여자가 되도록 격려해주어야 한다. • 새로운 것을 시도하도록 동기를 부여해주어야 한다.
우울질	• 완벽을 추구하며 이상주의적 사고를 가졌다. • 특히 예술, 학문 분야 등에 재능이 많고 천재성이 있다 • 자기중심적이고 신경이 예민하며 까다롭다. • 내성적이고 감수성이 예민하다. • 분석적이고 비판적이며 비관적이다.	• 자존감을 살려주고 칭찬해주며 진지하게 대해주어야 한다. • 홀로 있을 시간과 공간을 허락해 주면 좋다. • 비판을 지혜롭게 수용해주어야 한다.

마. 다혈질의 여러 유형

1) 다혈담즙질

기질의 여러 유형중 가장 강한 외형적인 사람으로 다혈과 담즙은 둘 다 외향적 성향을 지닌다. 다혈질의 카리스마적인 기질은 사람들과 잘 사귀고, 열정적인 면을 가지며, 판매원과 잘 어울리는 기질이다. 그러나 담즙적 측면은 다혈적인 것보다 더 조직적이고 창조적인 사람이 될 수 있는 특성을 제공한다. 다만 말이 많아 자신의 약점 노출이 쉽고, 독단적 성향이다. 어느 정도의 자신을 드러냄이 사랑스럽지만 지나치면 위험하고 불안정한 사람으로 느껴질 수 있고, 주변의 미움을 받게 된다.

2) 다혈우울질

다혈우울질은 감정의 변화가 심한편이며, 진심으로 타인의 슬픔을 함께 하고 강연, 연극, 음악, 미술 등 어떤 분야에서도 두각을 나타낸다. 약점은 사고력인데, 다혈질과 우울질은 둘 다 몽상가이고 우울질은 부정적 사고를 하는 경향이 높다. 또한 이 유형은 자기도취에 빠지기 쉽고, 두려움이 많고, 화를 잘 내는 경향이 있다.

3) 우울다혈질

보통 천부적인 재능을 가진 사람이다. 이 유형은 훌륭한 학자의 기질을 지니고 있다.

4) 다혈점액질

　사람들이 가장 쉽게 좋아할 수 있는 유형이다. 지나친 다혈질적 성향은 상냥하고 태평한 성향의 점액질에 의해 보완될 수 있다. 근심 걱정 없는 마음과 유머를 가진 사람들로, 다른 사람들을 즐겁게 만든다. 다혈질적 사람들보다는 덜 외향적이고 환경이나 상황의 지배를 받는다. 가정적이며 사람을 사랑하는 마음이 크기에 고의적으로 누군가에게 상처를 입히려 하지 않는다. 가장 큰 약점은 동기와 훈련의 부족이며, 일하기보다 사교적이고 삶을 안일하게 여기는 경향이 있다. 반면 어떤 일에도 당황하지 않으며, 모든 것에서 좋은 면을 찾고자 한다.

5) 점액다혈질

　명랑하고, 협조적이고, 사려 깊고, 사교적이며, 외교적이고, 신뢰할 수 있으며, 장난을 좋아하고 유머가 있다. 느긋하고 평온한 삶을 즐기고, 아내와 아이들을 사랑하는 가정적인 유형이다. 약점은 너무 순하다는 것이다. 점액질의 동기부여의 부족과 다혈질의 훈련 부족을 이어받아 끈기부족으로 중간에 그만두는 일도 많다. 많은 노력이 수반 되는 일은 어떤 것이든 피하는 경향이 있다.

6) 담즙다혈질

　기질의 유형들 중 두 번째로 강한 외향적 기질이다. 건설적이고 목적의식이 분명하고 목표달성을 위해 도전 하는 유형이다. 천성적으로 다른 사람들과 잘 사귈 수 있는 매력을 지녔으며, 다른 사람들에게 훌륭한 동기부여를 주는 힘을 가지고 있다. 약점은 성급함과 화를 잘 참지 못해 다른 사람을 불편하게 한다는 것이다. 또한 독단적이고 편견이 있으며, 자기고집이 세고, 자신의 목표 달성을 위해 다른 이들을 교묘히 조정하는 일을 망설이지 않는다.

4 도형심리학

- **Angeles Arrien(1940-2014)**
- 다양한 문화와 사회에서 일관성 있게 나타난 5가지 기본 도형을 발견, 도형선호도 검사 개발

Angeles Arrien(1940-2014)

- **Susan Dellinger(2013)**
- 개성이 다양한 사람들의 차이점을 5가지 도형으로 분류해 각각의 성격특징을 분석하고 실생활에 적용할 수 있게 해주는 '도형심리학으로 대화하기' 도서를 발간
  출처: 도형심리학으로 대화하기(W미디어, 2019).

Susan Dellinger
수잔 델린저

- **Ingrid Riedel(2013)**
- 미술치료를 하면서 도형에 대한 감각과 문화속에 녹아있는 도형의 원형에 대한 자신만의 관점 정립
- 6개의 도형에 대한 상징적 분석

- **Carl Reiner**
- 도형기질별 특성의 개념 정리

Ingrid Riedel
잉그리트 리델

가. 도형심리검사의 이론

도형심리라는 이름으로 현재 국내에 소개된 종류는 크게 3가지로 구분할 수 있다. 첫째, Angeles Arrien(1998)의 원, 십자, 나선형, 삼각형, 사각형의 5개의 도형을 이용한 선호도형검사(The Preferential Shapes Test), 둘째, Susan

Dellinger(2013)의 박스형, 직사각형, 삼각형, 원형, 지그재그형의 5개의 도형을 이용한 도형심리, 셋째, Ingrid Riedel(2013)의 원, 십자, 삼각형, 사각형, 나선, 만다라의 6가지 도형에 대한 상징적 분석을 제공하는 도형 그림의 심리를 분류할 수 있다.

1) Angeles Arrien(1998)의 선호도형검사

Arrien(1998)은 다양한 문화적 환경에서 나타나는 상징들의 의미에 대한 일관성을 발견하고자 약 1,200개가 넘는 다양한 상징들에 대한 연구를 통해서 5개의 기본적인 도형(원형, 사각형, 삼각형, 십자형, 나선형)이 모든 문화 및 사회의 예술에서 공통적으로 출현한다는 것을 알게 되었다. 연구에 따르면, 살고 있는 문화적 환경이 다르더라도 5개의 도형에 대해서는 부여하는 의미가 모두 유사하였다. 예를 들어 원은 전체성을 상징하고, 사각형은 안정성, 삼각형은 목표와 꿈, 십자는 관계성, 그리고 나선형은 성장을 의미한다. 또한 각 도형에 부여된 의미는 그 자체로서 인간의 성장 과정을 설명한다.

이상의 5개 도형을 사용하여 선호도형검사(The Preferential Shapes Test)가 Angeles Arrien에 의해서 개발되었으며, 이 검사를 통해서 피검사자의 선호 도형들 사이의 관계를 결정하고 내적, 주관적 심리상태를 확인할 수 있다. Arrien은 자신의 이론을 검증하고 선호도형검사가 자기발견의 효과적인 도구가 될 수 있는지 확인하기 위해서 200여명의 대학생을 대상으로 검사의 신뢰도를 측정하였고, 1981년부터 현재까지 다양한 연령대와 문화적인 배경을 가진 6,000명이 넘는 사람들에게 선호도형검사를 소개하였다. 검사결과 참가자중 90% 이상에 대해 신뢰도를 확보하였고, 도형에 대한 선호가 심리 내적 과정의 좋은 척도가 된다는 것이 드러났다. 따라서 Arrien은 5개의 도형이 내적 심리 상태의 외적 상징이라는 결론을 내렸다.

(1) 검사 순서와 방식

선호도형검사(The Preferential Shapes Test)는 다음과 같은 순서와 방식으로 진행한다.

첫째, 5개의 도형을 종이에 그린다(원, 십자, 나선형, 삼각형, 사각형).

둘째, 자신이 좋아하는 순서대로 1에서 5까지 도형에 번호를 매긴다.

→ 1번이 가장 좋아하는 도형이며, 5번은 가장 덜 좋아하는 도형이다.

셋째, 각 도형의 의미와 선호 순서의 의미를 해석한다.

(2) 도형 선호 순서의 의미

• 순서 1번: 현재 자신이 있다고 생각하는 곳

자신이 현재 가장 관심이 있는 과정, 자신이 가장 잘 알고, 가장 편안하다고 느끼는 자신의 한 부분을 묘사한다. 1번 위치에 있는 도형은 미래에 대한 자신의 아이디어 또는 현재의 영감의 원천을 나타낸다. 실제로 자신이 현재 어디에 있는지를 가장 정확하게 나타내주는 지표가 아니다. 자신이 있고 싶거나 또는 자신이 있다고 생각하는 곳을 보여주는 것뿐이다. 일상의 환경에서 이 도형을 종종 보게 되고, 그것에 강하게 이끌리고, 이 도형이 대표하는 특성을 추종하게 된다.

표 5-5 Arrien의 도형 선호 순서의 의미

순서	의미
1	현재 자신이 있다고 생각하는 곳
2	자신의 강점(잘 하는 것)
3	현재 자신이 있는 곳
4	동기부여
5	오래된 미완성 과업

• 순서 2번: 자신의 강점

자신이 스스로 그것을 아는지 모르는지 상관없이, 현재 자신에게 가장 두드러진 내재된 강점을 나타낸다. 특별한 노력 없이도 타인에게 이 강점을 드러내며, 2번 위치에 있는 도형은 현재 유동적이며, 강하고, 자원이 풍부한 자신의 천성을 나타낸다. 이 도형은 3번 위치에서 일어나고 있는 성장의 과정을 도와주는데 사용할 자신의 선천적인 재능이다. 이 검사에 참여한 많은 사람들의 보고에 의하면, 자신들이 최근에 주변 사람들로부터 받은 긍정적인 피드백이나 칭찬의 내용이 2번 위치에 있는 도형의 특성과 일치한다는 것이다.

• 순서 3번: 현재 자신이 있는 곳

3번째 위치이지만 가장 중요한 위치이다. 3번 위치에 있는 도형은 자신의 진짜 현재 성장 과정을 나타낸다. 이 도형은 자신 존재의 핵심에서 현재 진행되고 있는 과업을 나타낸다. 이 과정이 종종 의식되지 못하거나 간과되기 쉽기 때문에 이 도형이 상징하는 가능성을 최대한 나타내기 위해서 이 과정을 알아야 한다. 자신의 재능이 현재 제대로 사용되고 있는 곳이다. 3번 위치에 있는 도형은 무한한 창조성의 원천이다. 이 의미 있는 위치에 있는 도형을 알았기 때문에 이제 그 도형의 시각적인 출현을 의식적으로 인지하게 될 것이고 자신의 삶에서 중요성을 인식하게 될 것이다. 그 전까지는 인식하지 못했던 곳에서 자신의 주위에 온통 이 도형들이 둘러싸고 있다는 것을 발견하게 될 것이다.

• 순서 4번: 동기부여

4번 위치는 현재 변화의 과정으로 이끈 과거의 도전, 시험, 환경을 나타낸다. 이 위치에 있는 도형은 3번 위치에 있는 도형이 상징하는 핵심과업으로 자신을 이끈 동기부여를 드러내는 것이다. 4번 위치에 있는 도형은 현재 과거와는 다른 방식으로 일을 진행하도록 유도한 내재된 동기부여 요인이 무엇인지 명확하게 알려준다. 또한 많은 사람들의 보고에 의하면 이 위치에 있는 도형은 자신이 해결했거나 극복한 상황을 묘사하는 것으로 드러났다. 이 도형은 자신의 주변에서 가끔 알아챌 수 있다. 자신이 과거에 어디에 있었는지를 알려주거나, 3번 위치에 있는 도형과 그 과정으로 주위를 돌릴 수 있도록 해준다.

• 순서 5번: 오래된 미완성 과업

5번 위치에 있는 도형은 자신에게 맞지 않아 그만 둔 과정이나 자신이 싫어하고, 여전히 저항하고, 또는 판단하고 있는 과정을 표현한다. 오래되었고 아마도 완성하지 못했던 과업을 나타낸다. 5번 위치는 자신이 이제는 제쳐놓고 싶은 미해결된 과제와 관련이 있다. 이 위치에 있는 도형은 자신이 나중에 다시 되찾거나 통합시키고 싶은 과정이다. 이 도형은 현재 처리해야 하는 과업이 아니며, 지루함의 영역, 거부의 패턴, 자신의 내부에서 관계를 끊은 부분을 나타낸다. 자신의 주변에서 이 도형을 보게 되면 무관심해지고, 심지어 짜증이 난다. 이 도형이 대표하는 과정은 다시 기억하고 싶어 하지 않는다.

(3) 5가지 도형의 의미

표 5-6 | Arrien의 도형 상징 의미

도형	상징적 의미
원	전체성
십자	관계성
나선형	성장과 변화
삼각형	목표, 꿈, 비전
사각형	안정성

• 원(The Circle): 전체성(Wholeness)

원은 전체성과 통일성의 경험을 상징한다. 전체성의 과정에 있는 사람들은 독립성과 개별화를 열망한다. 그들에게 가장 필요한 것은 자신을 발견하고 자신의 정체성을 개발할 수 있는 공간이다. 그들은 자신을 제한시키는 상황에 갇히는 것을 가장 두려워한다.

개별화의 과정을 겪고 있는 사람들은 자신에게 충분한 공간이 허락될 때 사랑과 신뢰를 받고 있다고 느낄 것이다. 개별화의 과정이 저지를 당하게 되면 심각한 자기도취의 상태로 이끌려갈 수 있다. 개별화의 과정에 있는 사람에게 도움을 주고자 한다면 그들만의 공간을 확보해주고 그들이 접촉과 소통을 시작할 때까지 기다려 주는 것이 중요한다.

• 십자(The Equidistant Cross): 관계성(Relationship)

십자는 보편적으로 관계성과 통합의 과정을 상징한다. 이 과정에 있는 사람들은 타인들이 자신의 요구에 반응해주고, 함께하는 시간과 활동에 대한 요구를 존중해주고, 협조적이며 관심을 표현해주기를 원한다. 반면에 이들은 상실, 소외에 대한 두려움이 있다. 십자는 연결하고, 종합하고, 통합하고, 균형을 잡아가는 과정이다. 십자를 좋아하는 사람은 다른 사람과 시간을 보낼 때 시간의 양보다는 시간의 질에 더 중요성을 부여하며, 자신이 동료나 친구들과 보내는 시간의 질을 그들에 대한 사랑과 신뢰로 동일시한다. 지나친 관계성에 대한 추구는 타인이나 집단을 통해서 자신의 삶을 살아가려고 하는 정체성 상실의 위험이 있다.

• 나선형(The Spiral): 성장과 변화(Growth and Change)

나선형은 성장과 진화의 과정을 상징한다. 나선은 동일한 지점으로 반복해서 돌아오는 과정이지만 다른 수준에서 새로운 관점에서 세상을 바라보는 것이다. 이 과정을 겪고 있는 사람들은 다양성, 새로운 것, 변화에 대한 욕구가 강하며 반복되는 일상을 두려워하고 여러 가지 과제를 동시에 처리할 수 있으며 창의적이고 독창적이다. 자신의 생각을 타인이 옹호해줄 때 사랑받고 신뢰

받는다고 생각하며 자신의 능력을 인정받을 때 성장한다. 지나친 성장과 변화에 대한 추구는 동시에 지나치게 많은 것을 피상적으로 추구하여 얕은 지식만 쌓는 결과를 만들어 타인으로부터 지루함을 회피하기 위해서 순간적인 쾌락에만 집착하는 사람으로 간주될 수 있다.

• 삼각형(The Triangle): 목표, 꿈, 비전(Goals, Dreams, Visions)

피라미드, 화살촉, 신성한 산과 연관된 이미지를 가지고 있는 삼각형은 자기 발견, 계시의 주제도 함축하고 있으며, 목표, 꿈, 비전을 상징한다. 이 과정을 경험하고 있는 사람들은 목표를 설정하고 추구하는데 집중하고 비전화시키는 것에 타고난 재능을 가지고 있다. 이들이 가장 두려워하는 것은 추구할 목표나 꿈이 없다는 것이며, 자신의 목표가 의미가 있는 한 어떠한 장애물에도 포기하지 않는다. 하지만 지나친 미래에 대한 계획에 몰두한 나머지 현재에는 아무것도 성취할 것이 없는 위험에 빠질 수 있다. 이 유형의 사람들은 타인이 자신의 비전을 공유하고 가치를 인정해줄 때 사랑과 신뢰의 느낌을 받기 때문에 유익한 관계를 위해서는 주변 사람들이 이 유형의 목표와 비전을 존중하고 지지해주는 것이 필요하다.

• 사각형(The Square): 안정성(Stability)

사각형은 안정성, 견고함, 안전함을 상징한다. 사각형을 그리는 행위는 분명히 기초를 건설하는 과정이다. 사소한 일상에서 위대한 것을 성취하는 것처럼, 이 유형은 계획을 세우고, 실행하고, 자신의 생각을 분명하게 드러낼 준비가 되어 있는 사람들이다. 일관성, 책임감, 완벽함을 추구하며, 반면에 자신의 노력에도 불구하고 아무런 결과물도 없는 것을 가장 두려워한다. 책임감, 의무, 통합, 진실성, 조화라는 키워드가 어울리는 유형이다. 말보다는 행동을 추구하는 유형이기 때문에 말이 동반된 행동은 이 유형의 사람과 협조적이고 신뢰적인 분위기를 형성하는데 도움을 줄 수 있다. 지나치게 이 도형의 과정에 집착하게 되면 타인을 의심하고 참을성이 없어져 통제하려고 한다. 이 유형의 사람들에게는 정직하고, 직설적이며, 명확하고, 일관성 있는, 책임감 있고, 믿을 수 있는 행동을 하는 것이 도움이 된다.

2) Susan Dellinger(2013)의 도형심리학

수잔 델린저(Susan Dellinger) 박사는 5개 도형(박스형, 삼각형, 직사각형, 원형, 지그재그형)중에서 상대가 선택한 도형을 보고 성격특징을 분석해 실생활에 적용할 수 있는 도형심리 진단도구를 개발하였다. 이 도구는 세계 25개국 50만 명에게 의사소통과 매니지먼트 방법을 코칭한 결과를 모아 '도형심리학'을 발간하였다. 1996년에 이미 2판이 인쇄될 정도로 미국에서 오래전에 소개된 Susan Dellinger의 도형심리학은 김세정에 의해서 '도형심리학'(2013)과 '도형심리학으로 대화하기'(2019)라는 책으로 번역되어 국내에 소개되었다.

Susan Dellinger(2013)의 도형심리검사를 실시하는 방법은 다음의 순서에 따라서 진행한다.

(1) 검사 순서와 방식

첫째, 아래 [그림 5-3]와 같이 박스형, 직사각형, 삼각형, 원형, 지그재그형
　　 의 다섯 가지 그림이 주어진다.

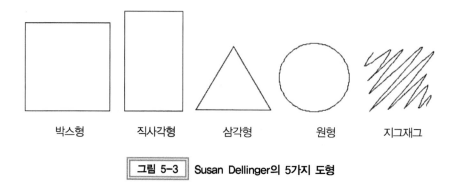

그림 5-3 Susan Dellinger의 5가지 도형

둘째, 5개의 도형 중에서 자신과 가장 비슷하다고 생각하는 도형을 순서대로 골라서 도형의 이름을 적는다. 이때, 1번 도형은 가장 자신과 비슷하다고 생각하는 도형이며, 5번 도형은 가장 자신과 다르다고 생각하는 도형이다.

(2) 도형 선호 순서의 의미

1번에 기재한 도형이 자신을 상징하는 도형이며, 이 도형이 자신의 개인적인 특성 및 행동 양식을 드러내는 의미를 내포하고 있다. 인간은 자신이 가지고 있는 성격이나 태도, 자라오면서 받았던 교육과 경험, 그리고 두뇌의 작용 방식에 의해서 주변 환경에서 보이는 특정 모양 및 형태에 자신도 모르게 관심이 향하게 된다는 것이 Susan Dellinger(2013)의 도형심리학의 개념이다. 박스형과 삼각형 그리고 직사각형을 선택한 유형은 논리적, 체계적인 좌뇌형이며, 원형과 지그재그형을 선택한 유형은 창조적, 직관적인 우뇌형이다.

• 원형

조화의 상징인 원형은 원만한 인간관계, 평화, 협력을 추구하는 유형이며, 통합과 조화를 중시한다. 부담스러운 결정은 회피하는 경우가 있으며, 삼각형 유형의 독단적인 기세에 이용당할 수 있다.

<table>
<thead>
<tr><th colspan="2">표 5-7 Susan Dellinger 원형의 특성</th></tr>
<tr><th>긍정적인 면</th><th>부정적인 면</th></tr>
</thead>
<tbody>
<tr>
<td>다정하다.
남을 잘 보살핀다.
설득력이 있다.
정이 많다.
관대하다.
안정적이다.
사려 깊다.</td>
<td>지나치게 사적이다.
감성적이다.
교묘하다.
수다스럽다.
자기 비판적이다.
정치에 무관심하다.
우유부단하다.
게으르다.</td>
</tr>
</tbody>
</table>

• 박스형

박스형은 부지런하며, 맡은 일은 끈기 있게 책임감을 가지고 마무리하는 유형이다. 주변을 항상 질서 있게 정리하는 유형이며, 정보수집에 뛰어나며 수집한 정보는 체계적으로 정리하고, 주도적으로 계획을 세우지는 않지만 세워진 계획은 잘 추진하는 스타일이다.

<table>
<thead>
<tr><th colspan="2">표 5-8 Susan Dellinger 박스형의 특성</th></tr>
<tr><th>긍정적인 면</th><th>부정적인 면</th></tr>
</thead>
<tbody>
<tr>
<td>체계적이다.
꼼꼼하다.
식견이 있다.
분석적이다.
참을성 있다.
완벽주의자다.
인내심이 강하다.</td>
<td>깐깐하다.
트집 잡는다.
자꾸 미룬다.
냉담하다.
변화를 거부한다.
혼자 있기를 좋아한다.
불평한다.</td>
</tr>
</tbody>
</table>

• 직사각형

직사각형은 직업의 변화 또는 신상의 변화와 같은 유동적인 과도기의 상태에 놓여 있는 사람이 선택하는 도형이다. 현재 상황에 불만이 있어서 어떠한 변화라도 시도하고자 하는 변덕스러운 예측불허의 상황이다.

표 5-9 | Susan Dellinger 직사각형의 특성

긍정적인 면	부정적인 면
과도기이다.	혼란스럽다.
열정적이다.	자부심이 낮다.
탐구적이다.	행동이 일관되지 못하다.
호기심이 많다.	속기 쉽다.
발전적이다.	불성실하다.
대담하다.	예측 불가능하다.

• 삼각형

삼각형은 박스형과 비슷한 부분이 있으나, 목표가 분명하며 타인을 대신해서 주로 결정하는 역할을 자처하며 진취적이며 추진력 있는 리더십이 특징이다. 빨리 정상에 오르기를 원하는 유형의 사람들이다

표 5-10 | Susan Dellinger 삼각형의 특성

긍정적인 면	부정적인 면
리더십이 있다.	자기중심적이다.
목표에 집중 한다.	지나치게 많은 일을 맡는다.
결정력이 있다.	독단적이다.
진취적이다.	지위를 중시한다.
경쟁심이 강하다.	정치적 이다.
실리를 추구 한다.	성급하다.
활동적이다.	저돌적이다.

• 지그재그형

창조적인 지그재그형의 사람들은 새로운 아이디어를 가지고 미래지향적으로 새로운 시도를 한다. 5가지 유형 중에서 가장 다혈질적인 유형이며 정해진 규칙이나 환경을 싫어하며 자유롭고 독립적이다.

표 5-11 | Susan Dellinger 지그재그형의 특성

긍정적인 면	부정적인 면
창조적이다.	질서가 없다.
개념적이다.	실천력이 없다.
미래지향적이다.	현실에 어둡다.
직관적이다.	논리적이지 못하다.
표현이 풍부하다.	자유분방하다.
의욕이 넘친다.	열정이 지나치다.
재치가 있다.	행동이 튄다.
감각적이다.	순진하다.

3) Ingrid Riedel(2013)의 도형 심리학

2002년에 독일에서 발표된 Ingrid Riedel의 도형 심리학은 신지영(2013)에 의해 번역되어 한국에 소개되었다.

(1) 검사 순서와 방식

Ingrid Riedel의 도형심리 이론은 도형심리검사를 실시하는 절차는 별도로 없이 사각형, 십자, 삼각형, 원, 나선, 만다라 등 6개 도형의 상징적 의미를 해석해 주고 있으며, 다양한 예술 작품에서 보여 지는 도형의 형태를 통해서 사람들 사이의 관계와 세계 속에서의 인간의 존재에 대한 의미를 설명하고 있다.

(2) 도형의 의미

- 사각형은 인간의 거주지를 의미하며, 정적인 삶의 영역이며, 구체적이고 확실하며, 편안함과 안정감을 주는 공간이다. 하지만 포위하는 고립적인 의미와 부족한 역동성이라는 부정적인 의미도 함께 지니고 있다.
- 십자는 사각형과 마찬가지로 정적인 현상이지만, 자기 속에 갇힌 사각형과는 달리 자유로운 공간 속에서 2개의 대립과 힘의 긴장이 서로 교차하면서 만들어 내는 통합과 균형이다.
- 삼각형은 역동성을 대표하는 도형으로서 다양한 방식으로의 변의 길이 변형을 통해서 역동성과 안정성의 상징적인 균형을 표현한다. 원은 둥글고 모든 것을 포용하며 수용하는 것이다.
- 원은 중심과 집중을 상징하며, 자유롭게 떠다니는 유동적이며 순환하는 것이다.
- 나선은 개방적이며 역동적인 의미를 담고 있으며, 자신의 한계를 넘어서는 새로운 운명을 개척하는 의미이다. 왼쪽으로 도는 나선은 퇴행, 회귀, 죽음과 관계가 있으며, 오른쪽으로 도는 나선은 미래로의 진화, 발전, 확장을 의미한다.
- 만다라는 사각형, 십자, 삼각형, 원, 나선을 모두 아우르고 포괄하며 결합시키는 통합의 상징이다.

표 5-12 Riedel의 도형 상징 의미

도형	상징적 의미
사각형	정적 삶의 영역, 구체적, 확실함, 편안함, 안정감
십자	정적, 힘의 대립과 긴장이 교차하면서 만드는 통합과 균형
삼각형	역동성, 역동성과 안정성의 상징적인 균형
원	포용, 수용, 중심과 집중, 유동적, 순환
나선	개방적, 역동적, 퇴행 또는 진화
만다라	모든 도형을 결합하는 통합의 상징

4) Carl Reiner 도형 이론

도형심리분석이론은 심리학자 칼라이너의 도형과 일반 정의 이론에서 출발하여 하버드 대학의 심리학과 주임교수 및 해당 분야의 박사였던 매슬로우(Maslow)를 거치며 그 토대를 마련해 왔다. 칼 라이너는 동그라미(○), 세모(△), 네모(□), 에스(S) 4가지의 도형에 대한 일반적인 정의를 내렸는데 동그라미(○)유형은 지나치게 많은 관심사로 인해서 지속적이지 못하고 마무리를 짓지 못하는 사람이며, 세모(△)유형은 목표와 계획을 세우는 사람이고, 네모(□)유형은 자기표현이 부족한 사람이며, 에스(S)유형은 완벽을 추구하는 유형이라고 하였다(백승철, 2016; 장해성, 2016).

(1) 칼라이너와 여러 학자들에 의한 도형의 상징성

⟨표 5-13⟩은 칼라이너와 여러 학자들이 원, 삼각형, 네모, 에스의 상징성에 대해 정리한 것이다.

표 5-13 | 칼 라이너의 4가지 도형

도형	상징적 의미
원	관심사가 많으나 지속적이지 못해 마무리를 짓지 못함
삼각형	목표와 계획을 수립하는 사람
네모	자기표현이 부족한 사람
에스	완벽을 추구하는 유형

원 Sanguineness	언어계열, 감정, 상호교류	관계, 현재지향	열정, 다정다감, 급함
세모 Choleric	경영계열, 이성, 목표추진	목표, 미래지향	진취적, 단호함, 분노
네모 Phlegmatic	교육계열, 이성, 평화추구	관계, 관계지향	규칙적, 차분함, 인내
에스 Melancholy	연구계열, 사고, 창의창조	모든 것, 모든시제	감정변화, 우울함, 완벽주의

① 원(O, 동그라미)의 상징성

• 원은 조화와 포용의 상징이다.

  원은 형태자체가 지니는 특성으로 보호와 방어를 상징한다. 또한 둥근 것
  은 포용과 감싸 안기의 상징이며 어머니의 상징, 여성성의 상징이다. 부정
  적인 힘으로부터 자신을 보호하는 기능으로도 사용된다.

• 원은 광대함과 아늑함을 동시에 보장한다.

  원은 밖에서 안으로 밟아 들어가면 정신을 집중하게 하고 중심을 찾게 한
  다. 반대로 안에서 밖으로 밟아 나가면 원은 점점 더 큰 공간을 열어주고
  동심원을 만들며, 결국에는 우주를 상징하는 상이 된다. 또한 원은 에워싸
  여 있음을 의미한다(오미경, 2014).

• 원은 확장된 점으로 동질적인 것, 완전한 것의 상징으로 통한다.

• 원은 바깥, 즉 제외된 것, 경계 밖에 있는 것, 통합되지 않는 것, 속하지
  않는 것을 나타낸다.

• 연상되는 감정들을 보면 부드러운 느낌, 편하다, 원만함, 완성, 포용, 풍
  만함, 평범함, 유동적, 무난함, 따듯함, 지루함, 귀여움 등이 있다.

② 삼각형(△, 세모)의 상징성

• 삼각형은 하나의 밑변에 두 개의 대각선이 합쳐진 긴장감이 가득하며 역
  동적인 형태이다.

• 삼각형은 심리학적으로 아버지와 어머니, 그리고 아이가 서로 관계되어
  있음을 의미한다. 피라미드형 삼각형은 상승의 기운을 나타내고 진취적이
  며 남성적인 것을 상징한다. 반면 역삼각형은 여성적인 힘의 영역과 수동
  적인 힘을 상징한다.

• 삼각형은 서로가 긴장관계를 유지하는 동시에 보안과 균형을 내포한다.

• 삼각형이 창조의 아이콘이라면 역삼각형은 1년의 경과와 삶의 여정, 그리

고 그 밖의 모든 창조적인 삶의 과정에서 일어나는 변화 속에서 받아들여진다.

- 삼각형은 꼭지점을 향상 몰입이 가장 큰 장점이다. 꼭대기를 향한 에너지의 집중이야말로 삼각형만이 가지고 있는 집중도의 특성이다.
- 연상되는 감정들을 보면 날카로움, 방향, 지시, 뾰족한, 경쟁, 예리함, 세련, 도시적, 모던한 느낌, 참신함, 균형, 아프다, 슬픔, 강함, 차가움, 군더더기 없는 등이 있다.

③ 사각형(□, 네모)의 상징성

- 사각형은 정적이며 비역동적이다.
- 사각형은 평온함, 안정감, 단단함을 상징한다.
- 사각형은 확고한 것, 변하지 않는 것을 상징한다.
- 사각형은 균형이 잡혀있으며 그 안에 안주하고픈 마음이 들게 한다.
- 사각형은 또한 아주 구체적이고 확실하며 기본이 되기도 한다.
- 연상되는 감정들은 딱딱함, 안정감, 편안함, 한정된 범위, 논리적인, 간단함, 충직함, 고지식, 꽉 찬, 평범한, 시원함, 정직, 공동체 의식, 폐쇄적, 벽 쌓기 등이 있다.

④ 에스(S, 곡선)의 상징성

- 에스는 자유롭게 그릴 수 있으며, 그 움직임이 매우 역동적이다.
- 열려있는 형태의 S는 변화 가능한 창조성과 더불어 자신의 한계를 넘어섬을 의미한다.
- 에스는 순차적인 사고과정이 아닌 도약적 사고를 한다.
- 에스는 변화무쌍하다.
- 에스는 두 점이 만나지 않는 특성으로 극과 극을 상징하기에 시작과 끝,

탄생과 죽음이라는 두 극점을 연결시키는 특성을 보인다.

• 따라서 에스를 선택한 사람들은 자유분방한 예술가 기질과 자기 성찰적인 기질의 특성을 동시에 보일 수 있다.

나. 미술심리에서 살펴본 정서와 공간 도식

1) 구도

사람들은 그들 스스로의 주위 공간에 대한 개념과 느낌에 의해서 사물의 크기나, 위치, 강조 배열 등 전체적인 그림 대상을 선택하여 종이 위에 배치하게 되는데, 이러한 구도에 따른 심리진단은 그들이 어느 위치에 즐겨 그리고 어떤 방법으로 배열하는가에 따라 심리를 분석하고자 하는 것이다.

심리적인 측면에서 아동의 구도 표현을 살펴본 알슐러와 헤드윅은 『Painting & Personality』에서 균형이 잡힌 구도는 모든 것에 완벽하게 적응해가는 원만한 성격을 가진 아동에게서 볼 수 있다고 한다. 윗부분을 강조하는 형은 성장이 크거나 지적 수준이 높거나 감추어진 열망을 나타낸다고 하였으며 아랫부분을 강조하는 형은 우울하고 열등감이나 서두르지 않는 사람에게서 볼 수 있다. 중심부에 집중하는 형은 주체적이며 감상적이다. 또한 한쪽에만 치우치는 구도는 자제력이 있으나 억압된 의기소침형으로 정서적으로 의존심이 강한 사람에게서 볼 수 있다. 부분과 부분을 겹쳐 그리는 것은 안정감이 부족함을 나타내고 공백부분이 많은 것은 환경의 인식이 부족할 때와 때로는 지적 지체가 있을 경우 나타나기도 한다. 그러나 모든 사람들에게 이러한 것을 다 적용시키는 일은 무리한 것으로 판단된다.

알슐러와 하트버크의 구도분석은 〈표 5-14〉와 같다.

| 표 5-14 | 알슐러와 하트버크의 구도에 따른 정서 상태(김재은, 2004) |

구도	분석항목	상징적 의미
크기	크게 그릴 때	자신감 있고, 진취적이며 적극적이다.
	작게 그릴 때	열등감, 불안, 자기 통제적이다.
	적정한 크기로 그릴 때	원만하고, 이지적이며, 조직적이고 주체적이다.
위치	중앙에 그릴 때	주체적, 긍정적 행동의 성격이다.
	좌경에 그릴 때	강박적 행동, 자기욕구와 충동에 의한 직접적, 정서적 만족을 찾는다.
	우경에 그릴 때	안정적, 통제적 행동을 하며, 때로 욕구와 충동을 서슴치 않고 뒤로 미루며, 지적 만족을 구하는 내향적 성격이다.
	상부에 그릴 때	노력형, 공상형이며, 지적이다.
	하부에 그릴 때	우울, 집착, 열등감의 표현이다.

2) 선, 형태

선은 정서적 에너지의 방출을 의미하며 내적 긴장도나 통제력의 정도를 드러낸다. 즉, 선의 강약, 방향, 강조에 따라 성숙도, 안정감, 자기주장, 혹은 갈등의 정도를 반영하며 감정의 변화를 표현하게 된다는 것이다. 즐겨 사용하는 선의 형태에 따라 사람의 성숙도, 성(性), 성격의 상반된 차이를 보이는 데 직선을 주로 사용하는 경우는 자기주장이 강하고 남성적인데 반해, 곡선을 주로 사용하는 경우 부드럽고 여성적이다. 세로선을 즐겨 쓰는 사람은 매우 독단적이고 남성적이며, 가로선의 경우는 침착하고 여성적이다. 온순하고 여성적인 성격을 가지면서도 남성적인 성격을 바랄 때 원과 수직선, 세로와 가로선의 교차 등으로 표현한다(박지향, 2003).

형태에 의한 심리진단은 주제의 강조 부위 상징과 내용, 안정감 등에 의해서 진단하게 된다. 그림형태는 사람의 마음 속 깊이 내제되어 있는 심리와 연결되기 때문에 그림을 통해 피검사자의 심리 상태를 읽어 낼 수 있다. 예를 들면, 정서적으로 완전한 환경에서 자란 사람의 그림은 자신이 그리고자하는 그림의 형태를 분명하게 그리며, 색채도 밝고 화려하며 선명하다. 반면, 가정이 불완전하여 부모의 사랑을 받지 못해 정서적으로 불안정상태에 있는 사람의 그림은 형태가 불분명 산만하여 자신의 욕구불만을 그대로 그림에 표현하므로 그림의 형태는 피검사자 자신의 경험과 환경, 시지각의 발달과 관찰력, 손의 협응 능력에 따른 조작 기능, 지능, 예술적 감성, 그림을 그리기전의 심리 상태 등에 따라 각기 다양한 변화를 그림의 형태 표현도 이러한 영향의 복합적 결과임을 알 수 있다.

김재은(2004)이 소개한 형태요소에 따른 심리적 특징은 〈표 5-15〉, 〈표 5-16〉, 〈표 5-17〉과 같다.

표 5-15 형태요소에 의한 심리적 특징

분석항목	일상적 의미
선이 매우 짧거나 딱딱함	• 정서적 긴장
선이 부드러움	• 신경질, 과민성, 강박성, 불안성 등, 공포심, 자아허약
일부분만이 강함	• 그린 대상물에 대한 집착, 불안감, 억압당하고 있는 대상
일부분만이 약함	• 그린 대상물에 대한 혐오감
다소 불안정 한 선	• 소극적
흔들리고 있는 선	• 초조, 기질적 질환이 있음
높은 압력으로 그린 선	• 강력한 내적 이미지, 분열적 기질
낮은 압력으로 그린 선	• 심리적 에너지가 약하거나 또는 조울증
상의 윤곽이 교차된 선	• 정신병의 특유한 징후
흐릿하고 질퍽질퍽한 선	• 엄격한 통제로 부터의 도피
가는 선	• 억압되어 있음
빨리 그린 선	• **충동적**
자주 끊어진 선	• 고집, 거부증 등
직선이 많다	• 결단적이고 안정되어 있음
나선적인 선이 많음	• 마음의 해방을 바라고 있음 • **흥분하기 쉬운 기질**
가로선이 많음	• 침착하나 허약한 편이고 여성적 경향임

분석항목	일상적 의미
세로선이 많음	• 매우 독단적, 매우 남성적이며 자기주장이 강함
사선이 많음	• 불안감을 품고 있음
원형이 많음	• 작고 둥근선이 많은 것은 소유욕이 강한 것을 표시함 • 그 밖에 의존, 발달미숙, 자기중심적인 경향을 표현 • 매우 순종적, 여성적
삼각형과 같이 각이 있는 선이 많음	• 엄격한 부모의 훈육, 틀에 박힌 창조성이 부족한 아이들에게서 나타남
윤곽선만 많음	• 정서적 발달미숙
곡선과 같은 굴곡을 많이 그림	• 형식적인 훈육에서 벗어나고 싶은 욕구를 표현
수직과 수평의 교차가 많음	• 복종적인 행위와 자기주장과의 두 가지 다른 충동이 갈등을 일으키고 있는 것을 표현
모가 난 선이 많음	• 공격적인 특징
난잡한 선이 모여 있음	• 비협력적 태도, 우유부단한 태도, 꽁한 태도를 표현 • 때로는 억압되어 있는 것을 표현 할 때도 있음 • 한 가지 행동에서 다른 행동으로 넘어가는 과정이 매우 무질서함
더러운 선(중복된 선, 같은 선이 두 개의 상의 일부를 이루고 있는 경우 등)	• 정신병의 특이한 징후
네모나 둥근 칸막이(윤곽)를 잘 그림	• 칸막이 속의 인물이 있을 경우에는 아버지가 엄격한 경우가 많음 • 때로는 내향적인 감정에 갇혀 있음을 말해 주기도 함
그물 같은 선을 많이 그림	• 엄격한 훈육, 독립심 부족
수직선을 그릴 때 오른쪽이 올라가거나 기울었을 때	• 지나친 긴장
수평선의 오른쪽이 올라가거나 기울었을 때	• 의지가 약한 반면, 반항적인 태도를 보여주는 것
멋대로 그림	• 제멋대로 그린 것 같지만 실은 개성의 표현일수도 있음 • 눈이 나쁘거나, 자기의 동작을 통제하기 어렵고 일에 흥미가 없을 때 잘 나타남 • 때로는 다른 사람들이 이해해주기 바라는 욕구가 숨어 있기도 함
언제나 선화만 그림	• 생활 경험의 부족
오른쪽에서 왼쪽으로의 방향으로 그려진 선	• 내향적 고립

분석항목	일상적 의미
왼쪽에서 오른쪽 방향으로 그려진 선	• 외향적, 지도성

표 5-16 **부분적인 형태특징에 따른 심리적 특징**

분석항목	일상적 의미
부분의 형이 정확하지 않음	• 자기 통제력이 약함
세부가 난잡함	• 정신질환자에게서 잘 나타남
작은 부분이 많음	• 소유욕을 표시, 때로는 정신질환자에게 나타남
너무 틀에 박힌 그림	• 창조성이 낮음 • 부모에게서 형식적이고 틀에 박힌 지도를 받고 있음 • 때로는 정신질환자에게 나타남
같은 것을 많이 그린 그림	• 새로운 상황에 대한 처리 방법을 잘 모르고 있음 • 때로는 도피 반응을 보이기도 하고 환경에 대한 부적응 • 관심의 폭이 좁거나 감정이 폭이 좁음 자기만의 세계에 갇혀 살고 있음
언제나 똑 같은 것만 그림	• 상상력이 부족
한 가지 내용이 큰 부분을 차지하고 있음	• 그 대상에 대한 관심이 높음
여기저기에 구멍을 만듦	• 벗어나고 싶은 감정이나 혼자 있고 싶은 욕망을 표현
고집스럽게 정성을 들인 세부	• 정신질환자에게서 잘 나타남
꼼꼼한 정밀성	• 정신질환자에게서 잘 나타남

표 5-17 **부분 상호의 관계에 따른 심리적 특징**

분석항목	일상적 의미
관련성이 적음	• 내적 통제가 충분하지 않음
부분이 거꾸로 그려지고 있음	• 내적 통제가 충분하지 않음
일부는 상세하게 일부는 조잡하게 그렸음	• 대상물에 대한 관심 또는 혐오의 정도를 표시(즉 좋아하는 대상인 경우 상세하게 그리는 경우가 많음)
화면전체에 일부분만 가득히 그림	• 자기 과시욕이 강함
화면의 한쪽 구석에 그림	• 열등감, 내향성이 강하며 자발성이 약함 • 가족원들에게서 억압당하고 있으며, 환경에 대한 인식이 잘 안 되고 있음

정대식이 소개한 상황에 따른 선과 형태의 변화에 따른 심리적 특징은 〈표 5-18〉과 같다.

표 5-18 상황에 따른 선과 형태의 변화

상황	선	형태
슬프거나 화가 났을 때	• 강하며 단순하다. • 물체의 선을 힘을 주어 긋는다. • 상하 또는 좌우로 속도감 있게선을 긋는다.	• 무디며 단순하게 처리한다. • 형태를 한 쪽으로 몰아 그리는 경우가 많다. • 형태를 뭉개는 경우가 많다.
물체의 형태와 그리려는 대상을 설명해 주었을 때	• 가냘프고 조심스럽게 긋는다. • 너무 힘이 없다. • 소심하다.	• 예쁘고 깨끗하게 그리려고 노력한다. • 형태의 표현에 의지력이 나타난다.
가정이나 부모에 대한 불만족	• 대체적으로 선이 강하다. • 반면 선이 흐리고 연약한 경우가 있다. • 단순하다. • 선이 잘 끊기며 점선을 많이 쓴다.	• 형태를 뭉갠다. • 너무 아래로 내려 그린다. • 형태가 작거나 강한 색상으로 그리는 경우가 있다. • 지나치게 한쪽으로 또는 아주 작게 그린다.

도형심리유형은 이와 같이 기질론과 도형의 일반적 정의를 기반으로 발전하였다.

상담의 원리

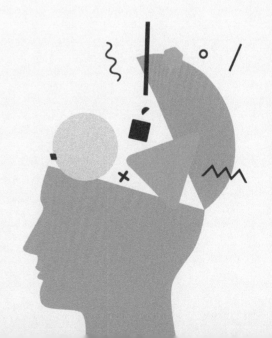

1 상담의 정의

상담(counseling)은 일상적으로 많이 사용하는 용어이기도 하지만 그 의미를 정확하게 정의하기는 어렵다. 넓은 의미에서의 상담은 개인적이며 개별적인 모든 대화를 의미하지만, 일반적으로는 도움을 줄 사람과 도움을 필요로 하는 사람 간에 서로 정보를 제공하거나 조언을 해줌으로써 문제를 해결한다는 의미로 사용되기도 한다.

이러한 상담의 사전적 정의는 '문제를 해결하거나 궁금증을 풀기 위하여 서로 의논함'으로 라틴어의 counsuler에서 유래되었는데 이 말은 '고려한다'(to consider), '반영한다'(to reflect), '숙고한다'(deliberate), '조언을 받는다'(to take counsel), '상담한다'(to consult), '조언을 구한다'(to ask counsel of) 등의 의미를 가진다.

상담에 대한 구체적인 정의를 학자별로 살펴보면 다음과 같다.

Jones(1991): "상담은 내담자가 자기 자신에 관하여 보다 많은 것을 더욱 명백히 알게 하고 자신을 수용하게 하며, 현실적으로 설정한 목표와 관련시켜서 더욱 행복하게 하는 것이다. 또한 생산적인 사회구성원이 되도록, 심리학적인 기능과 지식을 갖춘 전문가가 1:1의 사회적 환경에서 내담자를 돕는 학습 지향적 과정(a learning orientated process)이다"

홍경자(2005): "상담이란 상담자가 내담자와의 관계에서 촉진적인 의사소통을 통하여 내담자가 개인적인 문제에 대한 자기 이해와 자기 지도력을 터득하도록 도와주는 과정이다."

노안영(2005): "상담은 전문적 훈련을 받은 상담자와 조력을 필요로 하는 내담자가 상담활동의 공동 주체로서 내담자의 자각 확장을 통해 문제예방, 발달과 성장, 문제해결을 달성함으로써 내담자의 삶의 질을 향상시키기 위해 함께 노력하는 조력과정이다."

이처럼 상담에 대한 정의나 설명은 상담자가 취하는 이론적 입장에 따라 달라질 수 있다. 이들의 정의를 정리해 보면 상담이란 적응상의 문제에 직면하여 도움을 필요로 하는 개인에게 전문적 훈련을 받은 사람이 함께 노력하는 조력과정이라고 할 수 있다.

2 상담 목적과 원리

가. 상담의 목적

1) 일반적인 상담의 목적

카바노프(Cavanaugh, 1982)가 지적했듯이 상담의 목적은 내담자가 자신과 자신의 삶을 다르게 인지할 기회를 제공하며, 자신의 감정을 다르게 경험하고 표현하게 하며, 새로운 행동양식을 습득할 수 있도록 이끄는데 있다. 따라서 상담은 상담자와 내담자가 서로 시간, 에너지, 돈을 투자하여 이러한 목적을 달성했을 때 그 효과성을 갖는다(최영희, 김영희, 심희옥, 심미경, 2016에서 인용).

2) 부모상담의 목적

부모상담의 목적을 크게 교육적 목적과 치료의 목적으로 구분 할 수 있는데, 교육적 목적으로는 아동발달을 이해하여 아동의 정서적, 사회적 발달을 지원할 수 있도록 부모 역할에 대해 구체적인 전략을 알 수 있게 된다. 또한 부모상담을 통해 부모는 자기 자신에 대해 이해하고 수용함으로써 부모역할에 대한 확신을 증가시키고 자녀에 대한 긍정적인 태도를 가지게 된다.

치료의 목적으로는 자녀의 어려움이 문제행동으로 나타날 경우 문제행동에 대처할 수 있는 구체적인 전략과 더불어 가정에서 부모와 자녀의 관계를 개선할 수 있는 시간을 갖도록 지도하여 부모가 자녀를 충분히 이해할 수 있도록 도와준다.

나. 부모상담의 원리

성공적인 부모 상담을 하기 위해서 상담자는 다음에서 제시하는 6가지의 원리를 숙지하는 것이 좋다(김혜숙, 최동옥; 2013).

(1) 상담자와 부모는 아동의 성장을 돕기 위해 함께하는 공동체다.

부모를 아동에 대한 전문가로 인정하고 존중해야 한다. 부모는 상담을 하고자 하는 아동의 특수성과 자라온 과정에 대해 가장 잘 아는 전문가이다. 다양한 임상 및 훈련을 통해 얻은 아동발달에 대한 상담자의 폭넓은 전문성이 부모의 개별적·집중적 전문성과 만날 때 효과는 극대화된다.

(2) 부모의 마음을 이해한다.

부모의 불편한 마음을 이해하여야 한다. 우리나라의 경우 자녀의 잘못은 곧 부모의 잘못이라는 인식이 강해서 학부모상담 요청 시 부모들은 불안, 걱정, 죄책감, 비난에 대한 두려움을 가지게 되고 불편한 마음을 가지게 되는 경우가 많다. 따라서 부모가 상담 진행에서 느껴지는 불편함, 불안 등을 공감해주고 편안할 수 있도록 배려해주어야 한다. 또한 상담의 목적을 분명히 알려주고 협조할 수 있는 분위기를 만들어야 한다. 상담을 진행할 때 자녀에 대한 긍정적 특성, 장점으로 시작해야 한다. 어떤 문제로 상담을 하게 되었더라도 자녀에 대한 긍정적 이야기로 시작하여야 편안하고 효율적인 상담이 이루어진다. 문제 또는 부정적인 면에 대해서 시작하면 문제만 바라보게 되어 방어적 비관적인 태도를 갖게 되므로 상담 진행에 어려움이 생긴다.

(3) 성공적인 부모 상담을 위해 평소부터 사전 준비를 잘해야 한다.

부모에게 자녀에 대해 정보를 주고자 할 경우, 긍정적 변화 및 특성을 포함해야 한다. 상담자가 아동에게 진정한 관심을 가지고 아동의 긍정적 변화와 성취 및 좋은 행동 등에 대해서 칭찬하는 것은 이후 부모가 상담에 협조적이 되게 한다.

(4) 문제의 성격을 명확히 하고 우선순위를 정한다.

부모가 상담을 통해 다룰 문제에 대해 함께 규정하는 것이 좋으며, 문제를 규정할 때 '다룰 수 있는 문제'로 구체적이고 분명하게 규정해야 한다.

예) 유아교육기관에 적응을 못한다. → 같은 반 친구들과 어울리는 것을 어려워한다.

- 문제를 보는 시각을 바꾸도록 돕는 것도 중요하다.

예) 수업시간에 산만하고 집중을 잘 못한다 → 에너지가 넘치고 호기심이 많다.

- 부정적인 것(변화시키고 싶은 것), 긍정적인 것(유지시키고 싶은 것)에 대해서도 찾도록 하여 자녀에 대해 긍정적인 태도를 가질 수 있도록 한다.

(5) 지속적인 만남을 통해 학부모를 지원하고 긴밀한 관계를 유지해야 한다.

아동 및 부모의 변화 및 문제해결은 단기간에 이루어지지 않으므로 부모가 지속적으로 노력할 수 있도록 지지자 역할을 해주고 변화에 대해 점검하고 개선해나가야 한다.

(6) 주변의 인적자원, 물적 자원을 최대한 활용하여 문제를 해결해야 한다.

주변의 도움을 줄 수 있는 멘토, 상담유관기관(Wee 센터, 청소년상담복지센터, 정신보건센터 등)에 자문 및 조언을 구하거나 부모에게 안내하여 도움을 받을 수 있도록 한다.

3 상담자의 자질

상담이론과 방법, 실습경험을 충분히 갖춘 사람은 전문적 자질을 갖춘 상담자라고 할 수 있으나 이것만으로는 저절로 훌륭한 상담자가 되는 것은 아니다. 훌륭한 상담자가 되기 위해서는 이와 더불어 인간적 자질 또한 갖추어야 한다. 상담자가 갖추어야 할 인간적 자질과 전문적 자질에 대해서 살펴보면 다음과 같다.

가. 상담자의 인간적 자질

① 내담자를 하나의 인간으로서 존중하고, 또 심한 고통을 받고 있는 사람으로서 존중하는 마음이 있어야 한다.

② 사람들이 그의 인생경험, 행동방식, 가치관이나 태도에 있어서 다르다는 것을 너그럽게 대할 줄 알아야 하며, 내담자와의 차이를 깊이 수용할 수 있는 포용성이 있어야 한다.

③ 내담자에게는 상담자 자체가 치료의 도구이다. 따라서 좋은 치료도구가 되려면 상담자 자신의 인간성이나 삶에 대한 태도, 끊임없이 자기를 향상시키려는 노력을 통한 자기수련을 해야 한다.

④ 상담에서 행동의 변화를 가져오게 하는 주체는 결국 내담자이므로, 상담자는 내담자를 대할 때 어느 정도 수동적인 태도로서 대하는 것으로 만족할 줄 알아야 하고, 적극적으로 내담자를 조정한다는 식의 개입은 덜 해야 한다.

⑤ 상담자는 심리적으로 건강해야 한다. 심리적으로 건강하지 못하면 모델

의 틀에 결점을 가지기 쉬워 내담자에게 더욱 더 불안감을 증가시킬 수 있으며 상담자 자신이 문제에 쉽게 휩싸이거나 내담자와 상호작용을 하는데 문제를 가질 수 있다.

⑥ 상담자는 자신이 선택하든 안하든 내담자에게는 행동의 모델이 될 수밖에 없다. 이에 상담자는 본보기로서 자신이 어떠한지를 끊임없이 점검해야 하며, 나아가 자신을 성장시키는 노력을 게을리 해서는 안 된다.

⑦ 상담자는 객관성을 유지하여야 한다. 객관성이란 상담자가 내담자에게 감정이입(empathy)을 하면서도 내담자의 문제와 내담자와의 관계를 정확하게 볼 수 있는 능력을 말한다.

나. 상담자의 전문적 자질

① 상담 이론에 관한 이해가 있어야 한다.
  첫째, 인간에 대한 기본적 관점이다. 즉, 인간을 어떻게 볼 것인지에 대한 내용이다.
  둘째, 이상 행동 또는 정신 병리의 발달 과정에 대한 설명과 관련된다.
  셋째, 상담 이론은 변화를 일으키는 구체적 방법들에 관한 내용을 담고 있다. 즉, 내담자가 호소하는 심리적 증상이나 부적응 행동을 완화 또는 경감시키는데 필요한 여러 가지 상담 기법들과 전반적인 상담 진행 전력, 내담자와 신뢰로운 상담 관계를 맺는 방법, 상담에서 부딪치는 여러 가지 난관들을 극복하는 방법들이 담겨 있다.

② 상담자는 상담에 필요한 정보, 지식, 기술 등을 가지고 있어야 한다. 즉, 효과적인 상담자는 학문적 지식, 개인적 특성, 상담기술 등을 지니고 있고 이러한 특성들이 친구와 상담자를 구분 지을 수 있는 것이다(카바노프,

1982).

③ 전문적 상담자가 되려면 상담면접의 구체적 진행방법에 대한 이해를 잘 갖추어야 한다. 이러한 지식과 경험이 없다면 장시간에 걸쳐 여러 번 만나서 대화를 나누었지만, 실질적인 진전이 없이 끝날 가능성이 크다.

4 상담자의 윤리

상담자의 역할을 수행하기 위해서는 기본적인 상담의 윤리를 지켜야 할 사항들이 있다.

미국의 경우는 각 상담기관마다 별도의 윤리요강이 있고, 우리나라에서도 한국카운슬러협회에서 "한국카운슬러 윤리강령"을 제정하고 있다. 때로는 상담자의 가치와 윤리요강의 내용이 불일치할 때 문제가 일어날 수 있어 한계점도 있지만, 상담자의 윤리요강을 설정해 놓는 것은 여러 가지 의미가 있다.

상담윤리에 대해 이장호(1995)는 상담윤리요강의 기능으로 다음과 같이 제시하였다.

첫째, 상담자가 직무수행 중의 갈등을 어떻게 처리해야 할지에 관한 기본 입장을 제공한다.

둘째, 내담자에 대한 상담자의 의무를 분명히 하고 이러한 의무를 이행하도록 함으로써 내담자를 보호한다. 즉 내담자의 복지를 증진시키고 내담자의 인격을 존중하는 의무기준을 제시한다.

셋째, 각 상담자의 활동이 전문직으로서의 상담의 기능 및 목적에 저촉되지 않도록 보장한다.

넷째, 상담자의 활동이 사회윤리와 지역사회의 도덕적 기대를 존중할 것임을 보장한다.

다섯째, 상담자로 하여금 자신의 사생활과 인격을 보호하는 근거를 제공한다.

상담자는 윤리적인 책임과 의무가 있다. 이러한 윤리적 의무의 기본적인 원칙은 내담자의 권리를 보호하는 것이다. 제대로 된 상담윤리의 기본을 준수하면서 내담자와 신뢰를 가지고 상담이 이루어져야 한다.

한국카운슬러협회에서는 다음과 같은 상담 윤리를 제정하여 윤리강령을 지키도록 하고 있다(http://www.hanka.or.kr/sub_01_06.php).

1) 개별원칙

상담자는 내담자가 자기 및 타인에 대한 이해를 통하여 보다 바람직한 사회생활을 할 수 있도록 돕는다. 이러한 역할을 수행하는 과정에서, 상담자는 자기의 도움을 청하는 내담자의 복지를 보호한다. 내담자를 돕는 과정에서 상담자는 문의 및 의사소통의 자유를 갖되, 그에 대한 책임을 지며 동료의 관심 및 사회 공익을 위하여 최선을 다한다.

2) 일반원칙

(1) 사회관계에서의 원칙

첫째, 상담자는 자기가 속한 기관의 목적 및 방침에 모순되지 않는 활동을 할 책임이 있다. 만일 그의 전문적 활동이 소속 기관의 목적과 모순되고, 윤리적 행동 기준에 관하여 직무수행 과정에서의 갈등을 해소할 수 없을 경우에는 그 소속 기관과의 관계를 종결해야 한다.

둘째, 상담자는 사회 윤리 및 자기가 속한 지역 사회의 도덕적 기준을 존중하며, 사회공익과 자기가 종사하는 전문직의 바람직한 이익을 위하여 최선을 다한다.

셋째, 상담자는 자기가 실제로 갖추고 있는 자격 및 경험의 수준을 벗어나는 인상을 타인에게 주어서는 안 되며, 타인이 실제와 다른 인식을 가지고 있을 경우 이를 시정해 줄 책임이 있다.

(2) 전문적 태도

첫째, 상담자는 카운슬링에 대한 이론적, 경험적 훈련과 지식을 갖추는 것을 전제로 하며, 내담자를 보다 효과적으로 도울 수 있는 방법에 관하여 꾸준히 연구 노력 하는 것을 의무로 삼는다.

둘째, 상담자는 내담자의 성장 촉진 및 문제의 해결 및 예방을 위하여 시간과 노력상의 최선을 다한다.

셋째, 상담자는 자기의 능력 및 기법의 한계를 인식하고, 전문적 기준에 위배되는 활동을 하지 않는다. 만일, 자신의 개인 문제 및 능력의 한계 때문에 도움을 주지 못하리라고 판단될 경우에는 다른 전문직 동료 및 기관에게 의뢰한다.

(3) 개인정보의 보호

첫째, 상담자는 내담자 개인 및 사회에 임박한 위험이 있다고 판단될 때 극히 조심스러운 고려 후에만, 내담자의 사회생활 정보를 적정한 전문인 혹은 사회 당국에 공개한다.

둘째, 카운슬링에서 얻은 임상 및 평가 자료에 관한 토의는 사례 당사자에게 도움이 되는 경우 및 전문적 목적에 한하여 할 수 있다.

셋째, 내담자에 관한 정보를 교육장면이나 연구용으로 사용할 경우에는, 내담자와 합의 한 후 그의 정체가 전혀 노출되지 않도록 해야 한다.

(4) 내담자의 복지

첫째, 상담자는 카운슬링 활동의 과정에서 소속 기관 및 비전문인과의 갈등이 있을 경우, 내담자의 복지를 우선적으로 고려하고 자신의 전문적 집단의 이익은 부차적인 것으로 간주한다.

둘째, 상담자는 내담자가 자기로부터 도움을 받지 못하고 있음이 분명할 경우에는 카운슬링을 종결하려고 노력한다.

셋째, 상담자는 카운슬링의 목적에 위배되지 않는 경우에 한하여, 검사를 실시하거나 내담자 이외의 관련 인물을 면접한다.

(5) 카운슬링 관계

첫째, 상담자는 카운슬링 전에 카운슬링의 절차 및 있을 수 있는 주요 국면에 관하여 내담자에게 설명한다.

둘째, 상담자는 자신의 주관적 판단에만 의존하지 않고, 내담자와의 협의 하에 카운슬링 관계의 형태, 방법 및 목적을 설정하고 결과를 토의한다.

셋째, 상담자는 내담자가 이해를 수용할 수 있는 한도에서 카운슬링의 기법을 활용한다.

(6) 타 전문직과의 관계

첫째, 상담자는 상호 합의한 경우를 제외하고는 타 전문인으로부터 도움을 받고 있는 내담자에게 카운슬링을 하지 않는다. 공동으로 도움을 줄 경우에는 타 전문인과의 관계와 조건에 관하여 분명히 할 필요가 있다.

둘째, 상담자는 자기가 아는 비전문인의 윤리적 행동에 관하여 중대한 의문을 발견했을 경우 그러한 상황을 시정하는 노력을 할 책임이 있다.

셋째, 상담자는 자신의 전문적 자격이 타 전문분야에서 오용되는 것을 피하며, 자신의 이익을 위해 타 전문직을 손상시키는 언어 및 행동을 삼간다.

CHAPTER

07

상담의 진행

상담의 단계를 나누는 방식은 학자들에 따라 다소 차이가 있지만 보편적으로 초기, 중기, 종결단계로 나누는 것이 가장 일반적이다. 각각의 상담 단계마다 주력해야 할 일들이 있는데, 이러한 일들을 잘 진행 시켜 나갈 때 효과적인 상담이 가능하다. 일반적인 상담의 단계를 살펴보면 다음과 같다.

1 상담환경구성

환경은 사람의 기분과 행동에 영향을 미치며, 타인의 행동을 규제할 수 있다. 특히 상담은 개인의 프라이버시(Privacy)와 관련된 것으로 내담자가 안전함과 편안함을 느낄 수 있는 공간으로 구성되어야 서로간의 의사소통도 촉진시켜 보다 더 효과적인 상담이 이루어질 수 있다. 상담 시 안정을 느낄 수 있도록 상담실이 특정 영역이 되기 위해서는 주변 공간과 차별화 되어 내담자에게 좋은 인상을 주도록 구성한다.

- 상담을 하러 들어오는 입구는 장소 안내판을 준비하고 환영의 메시지와 따뜻한 분위기를 조성한다.
- 대기실은 지루하지 않도록 약간의 자극이 있는 밝은 분위기로 편안하고 안정된 청결한 이미지를 준다.
- 조용한 음악을 작게 틀어 놓아 편안한 분위기를 조성하고, 가볍게 마실 수 있는 차를 준비한다.
- 상담실 공간은 안전한 공간이라는 이미지와 개방적인 분위기에서 편안함을 주어야 한다.
- 경직된 직선적 가구보다 둥글고 유기적인 형태의 가구를 사용해야 위축감

과 긴장을 이완 시킬 수 있다.

- 효율적인 대화를 위해 약 70cm정도의 간격을 유지하는 것이 좋으며, 상담과 관련된 파일 등을 미리 준비해 둔다.

- 창밖이나 복도가 보이는 자리에 상담자가 앉고 반대쪽에 내담자가 앉을 수 있도록 하여 주의집중이 분산이 되지 않도록 한다.

그림 7-1 │ 상담자와 내담자의 자리배치

2 상담의 과정

가. 상담 초기 단계: 상담의 기틀 잡기

초기단계는 상담의 분위기와 방향을 설정하고 상담의 효과를 결정하는 중요한 단계이다. 이 단계에서는 무엇보다도 안전감을 느끼도록 수용적인 자세를 취하여 라포(rapport)형성에 중점을 두어야 한다. 즉 상호 신뢰와 수용을 바탕으로 긍정적인 관계를 형성하는 것이 우선시 된다. 대상이 가진 부정적인 감정을 비난이나 비판 없이 받아들여 주어야 한다. 자신의 감정을 자유롭게 표현할 수 있고 강요받지 않음을 느끼고 비밀이 보장된다는 확신이 들어야 한다.

상담실내에서의 심리적 안정과 신체적 안정 모두를 고려하여 서로를 보호하기 위한 상담 규칙을 설명하고 상담실에서 주의할 점을 알려준다. 이 단계에서는 일반적으로 상담자는 먼저 도움을 필요로 하는 문제에 대해 이야기해보도록 하는데, 이때 상담자는 부모의 말을 주의 깊게 경청 후 부모와 협의하여 목표를 설정한다.

상담의 초기 단계에서는 1) 문제의 이해, 2) 상담목표 및 진행방식에 대한 합의, 3)촉진적 상담관계의 형성 등을 하여야 한다.

1) 문제의 이해

부모가 도움을 청하는 직접적인 이유의 확인을 하여야 한다. 이를 위해 부모의 문제를 각각의 대상이나 장면, 혹은 상황별로 일일이 확인하고 그 심각성 정도를 평가함으로써 이후의 상담에서 어떤 점에 초점을 맞춰나가야 할지를 분명히 할 수 있다.

(1) 문제발생 배경의 탐색

부모의 문제를 보다 깊이 이해하기 위하여 부모가 자발적으로 하는 이야기에 덧붙여 질문을 통하여 정보를 얻을 필요가 있으나, 단 주의해야 할 점은 지나친 질문공세를 펴서는 안 된다.

- 그것이 왜 지금 문제가 되는가?
- 과거에는 비슷한 문제가 없었는가?

(2) 부모 및 가족관계 이해하기

자녀에 대한 문제를 상담할 경우에는 부모를 비롯한 아동이 속해 있고 아동에게 중요한 영향을 주고받는 가족 전체의 역동적 구조와 기능을 이해해야 한다.

(2) 문제해결 동기의 탐색

상담을 움직이는 힘은 어디까지나 문제를 해결하고자 하는 부모 자신의 확고한 의지로부터 나오므로 성공적인 문제해결을 위해서는 부모의 적극적인 참여와 협조가 필수적이다. 상담 초기에 상담에 대한 동기를 확고히 해놓지 않으면 이후의 상담이 힘들어진다. 특히 비자발적인 내담자의 경우에는 자신은 상담을 받아야 할 아무런 문제도 없다고 믿기 때문에 상담동기가 매우 약하며 상담하기가 매우 힘들다. 이러할 경우, 상담을 통해 무엇을 할 수 있고 어떤 도움을 받을 수 있는지 등에 관해서 충분히 이야기할 필요가 있다.

2) 상담의 목표 및 진행방식의 합의

(1) 상담 목표의 합의

상담이 도달해야 할 지점을 상담의 목표라 하는데, 이것이 분명할수록 상담은 순조롭게 진행된다. 상담은 증상 또는 문제 해결의 일차적 목표와 증상 또는 문제로 인하여 발휘되지 못했던 자신의 잠재력을 마음껏 발휘하여 인간적 발달과 인격적 성숙을 이루도록 하는 것의 이차적 목표로 나눌 수 있다. 상담목표를 설정할 때는 다음과 같은 사항을 고려하여야 한다.

- 상담목표는 구체적이어야 한다. 그래야 달성여부를 분명히 판가름할 수 있다.
- 상담목표는 현실적으로 달성 가능한 것이어야 한다.
- 문제를 축약하여 목표를 세워야 한다.

부모상담 성공 목표

'부모 상담을 참 잘했구나!' 라는 생각이 들게 하려면 부모 상담에서 무엇이 달성되어야 하느냐가 상담의 목표가 된다.
"저와의 상담을 통해 어떤 변화가 일어나면 좋겠습니까?"
그렇게 되기 위해서는 어머니께서는 어떻게 해보시겠습니까?
"OO와 아버지의 관계가 어떻게 변하면 좋을까요?"

※ 주의할 점
부정적인 측면이 적어지는 쪽보다는 긍정적인 측면이 많아지는 쪽으로 상담목표를 설정하는 것이 효과적이다(바람직한 방향으로의 변화유도).

(2) 상담의 진행방식에 대한 합의

상담은 일정하게 미리 정해진 방식대로 진행될 때(상담의 구조화), 상담의 성과를 얻을 수 있다. 이에 상담자는 부모에게 상담이 진행되는 방식이나 절차, 상담에서 바람직한 부모의 행동과 태도 등에 관해서 부모에게 자세히 안내하고 동의를 구하는 것이 필요하다.

- 상담시간: 한 회기의 상담시간은 보통 50분이 일반적이다.
- 상담기간: 내담자의 문제의 성질, 심리적 특성, 생활환경 등과 상담자의 사정을 고려하여 결정한다.
- 대략적인 상담기간을 추정하여 부모의 동의를 구하는 것이 바람직하다.

3) 촉진적 상담관계의 형성

상담자가 부모에게 신뢰감을 주지 못하면, 부모는 상담자를 경계하게 되고, 그럴 경우 상담은 한 발짝도 진전할 수 없다. 그러므로 상담자와 부모는 촉진적 상담관계를 형성하기 위한 노력을 하여야 한다.

나. 상담 중기 단계: 문제 해결하기

중기 단계는 상담과정의 대부분을 차지하는 시간으로 정해진 목표를 달성하기 위해 깊이 있는 탐색과 분석이 구체적으로 이루어진다. 상담자는 부모가 자신이 중요하다고 느끼는 것, 부모의 가치 등을 다루면서 지속적으로 자기 탐색을 계속하고 자기 이해를 발전시켜 나갈 수 있도록 도와준다. 대상자가 자신의 가치와 목표를 표현하고 표현한 목표와 행동 간의 부조화를 이해할 수 있도록 돕는다. 또한 그 목표를 충족시키기 위해 무엇을 해야 할 것인지에 대해 의사결정하도록 돕는다.

상담의 중기 단계에서는 1) 전체적인 진행과정 숙지 2) 과정적 목표의 설정과 달성, 3)저항의 출현과 해결 등을 하여야 한다.

1) 전체적인 상담과정 숙지

첫째, 부모가 오면 반갑게 인사를 나누고 상담실로 안내한다.

　　　편안하고 온정적인 눈 맞춤으로 부모를 맞이하며 악수 또는 정중한 인사를 나눈 후 부모가 앉을 자리를 권한다. 이때 음료나 차 등을 권하면 좋다. 부모를 맞아들일 때에는 적극적인 환영의 뜻 표현하면 상담자에 대해 수용적인 태도를 보이고 부모의 불편한 심경을 다소 누그러뜨려 상담을 위한 협조자로서의 노력할 가능성을 높여준다.

둘째, 계절 또는 사회적 이슈를 잠시 나누면서 서로 친밀감을 형성한다.

셋째, 상담의 목적과 상담에 관련되어 비밀이 보장된다는 것을 알려주어 신뢰감을 형성한다.

넷째, 본 상담에 들어간다.

　　　이때, 상담자는 수용적이고 진솔한 자세로 경청하고 필요한 도움을 주고자 하는 태도를 견지해야 한다. 부모의 심경 들어주기, 구체적인 자료 제시, 장점, 가능성을 단점, 문제점과 함께 이야기한다. 상담자의 균형 잡힌 시각은 부모의 불편한 심경을 누그러뜨려 주고 긍정적인 성장가능성을 제시하기 때문에 부모가 더욱 협조적인 자세를 가지게 된다.

- 상담 시 부모의 의견을 적극적으로 경청 한다.
- 평가하거나 비판하지 않고 공감하며 듣는다.
- 전문용어를 사용하지 않고 이해하기 쉬운 말을 사용한다.
- 내담자의 이야기를 많이 들어준다.

다섯째, 상담을 마친다.

여섯째, 개인상담지에 상담 내용을 기록, 보관한다.

2) 과정적 목표의 설정과 달성

초기 단계에서 설정되었던 상담의 목표를 달성하기 위해서는 그 목표에 도달하기까지 어떤 중간 통과지점을 지나야 하는데, 그러한 중간지점을 상담의 과정적 목표라 한다. 상담자는 상담에서 궁극적으로 달성하고자 하는 목표들에 대해 해박한 지식과 경험을 가지고 있어야 하며, 이를 바탕으로 구체적인 과정적 목표를 설정하고 이에 대한 해결노력을 기울일 수 있어야 한다.

3) 저항의 출현과 해결

사람들에게는 저마다 습관적으로 행하는 사고, 감정 및 행동패턴이 있는데, 이러한 패턴을 그대로 지속하려는 경향이 있다. 따라서 이러한 패턴들을 변화시키려고 할 때 변화에 대한 반대, 즉 저항이 일어나게 된다. 저항은 변화의 걸림돌로 작용하기 때문에 변화를 달성하기 위해서는 저항을 극복하지 않으면 안 된다. 대부분의 변화과정에는 저항이 일어나기 마련이며 불가피한 것일 수도 있으나 내담자의 강한 저항을 유발하는 상담방법들을 계속 사용하면 상담은 실패할 것이다.

강한 저항을 불러일으키는 요인

• 부모의 입장을 고려하지 않는 상담자의 일방적인 지시나 통제
• 부모를 배려하지 않는 비우호적인 분위기
• 미처 준비도 되지 않은 부모에게 너무 급격한 변화의 압력을 가하는 행위

다. 상담 종결 단계: 성과 다지기

상담초기에 설정한 목표가 어느 정도 달성되었는지 검토 후 원했던 방향으로 변화가 이루어졌으면 종결 한다. 대상자는 종료를 앞두고 불안을 느낄 수 있으므로 대상자와 상의해서 결정을 하는 것이 바람직하며, 상담의 종결을 준비할 수 있도록 시간을 주어야 한다.

상담은 다음의 경우에 종결된다.
- 내담자가 원했던 변화가 일어난 경우
- 상담자가 모든 노력을 기울였지만 당초의 목표달성에 실패했을 경우
- 내담자가 상담이 도움이 되지 않는다고 생각하고 상담을 거부하는 경우

상담관계 형성방법

상담자는 상담 기회를 잘 활용하여 내담자에 대한 정보와 생각을 나누는 의미 있는 시간이 되도록 노력해야 할 것이다. 이를 위하여 상담자와 부모 사이의 상담관계 형성방법을 숙지하고 활용하여야 한다.

가. 상담관계 형성의 중요성

상담자와 부모간의 신뢰할 수 있는 관계가 형성되어야 부모는 방어 없이 자신의 이야기를 하게 되며, 문제해결의 실마리도 쉽게 찾을 수 있다. 따라서 상담자는 인간에 대한 사랑하는 마음과 신뢰 분위기를 형성하고 부모가 어떤 이야기를 하더라도 비난하거나 평가 받지 않고 있는 그대로 수용될 것 같다고 느낄 수 있는 수용력과 포용력이 교집합 되어 있어야 한다.

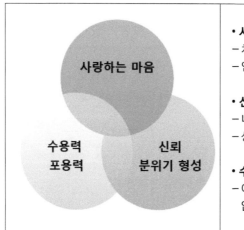

- **사랑하는 마음**
  - 치료기법도 중요하지만 마음이 먼저
  - 인간에 대한 신뢰, 사랑, 수용력

- **신뢰 분위기 형성**
  - 내담자는 상담자가 믿을만한지 살핌
  - 상담자를 믿지 못할 때 방어적 태도

- **수용과 포용력**
  - 어떤 이야기를 하더라도 비난하거나 평가 받지 않고 있는 그대로 수용 될 것 같은 수용력

나. 상담관계를 형성하는 방법

1) 긍정적 관심기울이기

긍정적 관심이란 부모에 대한 인간적 존중을 뜻한다. 즉, 부모의 행동이나 외모와 같은 외부적 요소와 상관없이 부모를 따뜻하고 소중하게 대하여 부모를 가치 있는 한 인간으로 존중하는 것을 말한다.

긍정적 관심 기울이는 행동으로서

첫째, 부모와 기꺼이 일하겠다는 의지를 표현해준다.

둘째, 부모에게 인간적 관심이 있다는 것을 표현해준다.

셋째, 부모를 인정하고 있다는 것을 표현해준다.

넷째, 부모에 대한 관심을 표현해준다.

2) 적극적인 경청

첫째, 부모의 비언어적 메시지

- 몸의 움직임, 표정, 관찰, 가능한 생리적 반응, 일반적인 외향 등)와 언어적인 메시지를 관심을 기울여 듣는다.

둘째, 최소의 반응을 한다.

- "고개 끄덕거림", "응", "예, 맞아요!", "그렇군요!" 등 자연스러운 시선 접촉, 목소리 높낮이, 얼굴표정 및 몸의 자세 등.

셋째, 평가하거나 비판하지 않고 공감하며 듣는다.

- 부모에게 자신의 말이 주의 깊게 경청되고 있음을 전달할 수 있다. 학부모의 방어심리가 완화되어 개방적인 표현이 보다 증가된다.

넷째, 부모가 설명하는 상황의 맥락을 파악한다.

다섯째, 결과적으로 라포가 형성된다.

| 최소반응 | 고개 끄덕거림 '응', '예', '맞아요', '그랬군요' 등 |
| | 자연스런 시선접촉 목소리 높낮이 얼굴 표정, 몸의 자세 등 |

3) 공감적 이해

공감은 내담자의 말과 행동 그리고 이면의 감정 등 내담자의 경험 세계를 주관적으로 경험하는 것을 말한다.

첫째, 내담자의 경험 세계를 같이 경험하되 객관적인 위치에서 벗어나지 않도록 한다.

둘째, 내담자의 위치에서 그의 정서를 같이 경험하는 동정의 태도를 갖는다.

셋째, 내담자의 경험과 감정을 잘 듣고 상황에 적절한 언어와 태도를 사용하여 표현하여 주어야 한다.

> ※ 공감할 때 유의 사항으로는 부모에게 이야기를 할 때에는 알아듣기 쉬운 말로 표현을 하고 부모의 비언어적 표현 및 표현하지 않은 내용에도 관심을 기울인다. 또한 부모의 목소리와 비슷한 목소리 크기로 말하는 것이 좋다.

4) 무조건적 존중

부모에 대하여 무조건적으로 존중하고 관심을 가지며 돌보는 태도를 말한다. 또한 부모를 한 인간으로서 존중하면서 그의 감정이나 생각 또는 행동을 있는 그대로 받아들이는 것으로 무조건적 긍정적 존중은 부모를 위한 헌신, 비밀보장, 비판단적 태도, 따뜻한 태도 등을 통해 구체화된다.

5)진실성 또는 일치성

상담관계는 부모가 자기감정을 자유롭게 느끼고 다양한 행동 대안을 탐색해
볼 수 있는 안전한 관계이어야 한다.

첫째, 보이는 모습과 실제의 모습이 일치하는 것. 즉, 신뢰성을 말한다.

둘째, 상담자는 자기노출과 자기개방을 활용하여 자신을 알리도록 한다.

셋째, 부모가 상담자에게 의견을 이야기해달라고 요구하는 경우 어느 편도
들지 않은 것이 좋다.

6) 구체성(concreteness)

부모의 상황과 경험에 대해 명료한 언어를 사용하도록 하고, 상담자 자신도
그러한 언어를 사용하도록 이해하는 것을 말한다.

첫째, 이해되지 않았을 때에는 다시 이야기해줄 것을 솔직히 요구한다.

둘째, 어떤 사건이나 감정에 대하여 구체적인 예를 들게 한다.

4 의사소통 방법

상담은 기본적으로 면담을 통해 이루어지므로 상담자는 효과적인 의사소통의 원리에 대해 잘 알고 있어야 한다. 의사소통은 상담의 기초가 되는 것이므로, 상담자의 의사소통 능력에 따라 상담 서비스의 질이 달라질 수 있다. 그러므로 상담자가 의사소통에 있어서 내담자의 비언어적 행동을 잘 이해할 수 있다면, 상담결과에도 긍정적인 영향을 미친다.

의사소통은 크게 언어적 행동과 비언어적 행동으로 나눌 수 있다.

가. 언어적 의사소통

1) 언어적 메시지의 유형

(1) 대화적 형태

친절하고 사교적이며 즐거움과 기쁨을 주는 대화형태 이다.

(2) 추구적 형태

어떤 변화를 요구할 때 사용하는 대화 형태로서 설교, 비난, 충고, 방어, 경쟁, 요구, 지배, 칭찬, 판매, 주장 등에 쓰인다.

(3) 반영적 형태

다른 사람을 이해할 때 쓰는 형태로서 목소리가 침착하게 되고 문제를 파악하기 위해 약간은 주저하는 듯한 언어적 메시지를 보낸다.

(4) 대면적 형태

어떤 문제에 대한 자신의 입장을 표명하기 위해 자신의 생각을 개방적으로 표현하는 형태로서 이러한 대화 형태는 의식적이고, 책임감을 지녀야하며, 명백하고, 직접적이며, 솔직하게 다른 사람을 배려해서 표현된다.

2) 언어의 효과적인 사용을 위한 방법

(1) 우선 자기가 표현할 언어를 조직적으로 생각해야 한다. 즉 중심생각과 이 생각을 설명하기 위해 언급할 사실들에 관해 생각해야 한다.
(2) 올바른 단어들을 사용함으로써 자신이 생각해 온 것을 분명히 말한다.
(3) 침착하게 자신이 말하고 있는 것을 생각한다.
(4) 듣는 이가 당신을 이해할 수 있도록 명확하게 말한다.

3) 효과적 말하기

(1) 자신에 대해 말하기

자신에 대해 말하기는 자신이 말한 것에 대해 책임을 진다는 것이다. 자신에 대해 말하기는 자신의 활동에 초점을 맞출 수도 있고, 그 밖에 어느 것이든 자신이 알고 있는 것을 표현할 수 있다. 결과적으로 '자신에 대해 말하기'는 다른 사람들이 알아듣기 쉬운 메시지를 더 명확하게 전달하는데 도움이 된다.

(2) 감각 정보 묘사하기(내가 무엇을 보고 들었는가?)

감각 정보를 묘사하는 것은 오감을 통해 외부세계로부터 지각하게 된 것을 그대로 말로 한다는 뜻이다. 감각 정보들이 더 많이 제공될수록 그것들은 더 유용하게 된다.

(3) 생각 표현하기(무슨 일이 일어나고 있다고 생각하는가?)

생각 표현하기는 자신이 믿고 해석하고 기대하는 것 등에 대해 자신이 생각하고 있는 것을 말하는 행위이다. 자신의 생각을 표현하는 것은 다른 사람들로 하여금 자신에 대한 부정확한 가정들을 없애도록 돕고 과정의 어디쯤에 있는지를 알게 해준다.

(4) 감정 나누기(내가 어떻게 느끼는가?)

감정 나누기는 자신의 감정들을 직접적으로 말하는 것을 뜻한다. 자신의 행동과 관련된 감정을 분명히 말함으로써 자신의 행위가 더 명확하게 된다.

(5) 소망 이야기하기(내가 원하는 것은 무엇인가?)

소망과 바람을 밝힘으로써 자신이 알고 싶고, 하고 싶고, 갖고 싶은 것을 다른 사람들에게 직접적인 방법으로 알리게 된다.

(6) 행동 진술하기(내가 지금까지 무엇을 해왔으며 앞으로 무엇을 할 것인가?)

행동에 대한 진술이란 자신이 했던 것이고, 하고 있는 것, 또는 앞으로 할 행동들에 대해 말하는 것이다. 즉, 자신의 과거, 현재, 또는 미래의 행동들의 말하는 것이다.

4) 효과적으로 듣는 방식

(1) 주의기울이기(바라보기, 듣기, 따라가기)

상대방에게 주의를 기울일 때 몸과 마음을 다하여 들음으로써 당신의 관점을 상대방에게 충분히 보여주는 것이 된다. 효과적으로 잘 듣는 사람이 되기 위하여 다음 말할 것을 준비하기보다 말하는 사람에게 말과 행동으로 주의를 기울이는 것이다.

(2) 인정하기

다른 사람의 메시지를 인정하는 것은 상대와 함께 하며 그의 인도를 따라가고 있다는 것을 언어적, 비언어적 표현을 통하여 그 사람에게 알려주는 반응이다. 인정하기는 단순히 가볍게 머리를 끄덕이거나 '아하!'라고 반응하는 것에서부터 간단하게 해석해주는 것까지 그 폭이 다양하다.

(3) 정보요청하기

부드러운 지시나 진술, 질문의 형태를 취하여 상대방이 무엇이든지 더 많은 것을 말할 수 있도록 요청하는 것이다. 정보 요청하기는 질문과는 다른 매우 중요한 기술이다. 함께 다루고 있는 그 문제에 대해 상대가 더 이야기 할 수 있는 기회를 주는 것이다.

(4) 요약하기

상대가 말한 것을 자기 방식으로 요점을 반복하여 주는 것이다. 이 기술은 상대방에 대한 당신의 이해의 정확성을 확인하는 데 도움이 된다.

(5) 질문하기

빠진 정보를 수집하고 채우기 위하여 개방질문을 한다. 이때, 주의 기울이기, 인정하기, 정보요청하기, 요약하기가 제대로 이루어지면 '질문하기'는 생략한다.

- 질문을 너무 많이 하지 말고 대답을 잘 듣는다.
- 질문을 구체적으로 하고 개방적 질문이 바람직하다.
- '왜?'를 사용하는 질문은 가급적 피한다.
- 질문이 부모를 비난, 조언, 압박하는 것으로 느껴지지 않도록 한다.

(6) 반응의 강화

언어 사용으로 반응을 강화할 수 있다. 예를 들어, '당신은 자신의 생각을 잘 표현하는 군요' '자신의 감정에 충실하려고 노력하고 있군요.', '이 문제에 관해 충분히 이해하고 있군요.', '이번 주 과제를 하시느라 많은 시간과 노력을 들이신 것 같군요.' 등으로 내담자에게 반응을 강화한다. 또한 부연을 통해서 부모가 말하고 있는 것을 상담자 자신이 제대로 이해했는지 확인한다. 이러한 과정은 부모의 입장을 이해하려는 상담자의 노력을 알려주게 되며 부모의 생각을 구체화, 명료화 시켜주게 된다.

나. 비언어적 의사소통

사람들은 흔히 비언어적 행동이나 신호를 통해 자신의 의사를 전달하는데, 이는 그들의 내면상태를 끊임없이 표현하는 메시지로 볼 수 있다. 그러므로 상담자가 의사소통에 있어서 내담자의 비언어적 행동을 잘 이해할 수 있다면, 상담결과에도 긍정적인 영향을 미친다.

비언어적 행동은 신체동작, 근접도, 어투로 분류할 수 있다.

1) 신체동작(kinetics)

비언어적 행동 중에서 신체동작에 해당되는 것은 '신체 언어(body language)'로 불려지는 것과 관계가 있다. 즉, 신체동작이란 제스처(gesture), 얼굴 표정, 시선(視線), 자세, 신체적 접촉 정도에 의해 전달되는 메시지를 말한다.

이를 구체적으로 살펴보면 다음과 같다.
- 제스처: 손짓, 발짓, 몸짓 등.
- 얼굴표정: 사람의 내면상태는 얼굴표정에 잘 나타나는 경향이 있다.
- 내담자의 언어적 메시지와 얼굴표정의 일치여부에 주목한다.
- 상담자: 자신의 감정과 일치된 표정을 유지하는 것이 바람직하다.
- 눈길:
- 내담자: 상대방을 불규칙하게 쳐다보며 가끔 창밖이나 아래를 내려다보는 행동은 불안정, 산만의 표시이다.
- 상담자: 눈길을 마주하며 이야기하는 것은 관심과 듣고 있음을 표현한다.
- 상담자의 자세: 자연스럽고 부드러운 자세를 취해야 한다.
- 내담자: 팔짱을 끼거나 다리를 꼬는 자세는 방어적인 심리를 나타낸다.
- 상담자: 내담자와 마주 앉을 때, 안정되고 편안하며 주의 깊은 자세로 내담자 쪽으로 상체를 약간 기울여 앉는 것이 바람직하다.
- 신체적 접촉:
- 대화중에 손을 잡아주거나 상담이 끝나고 난 후, 어깨를 가볍게 쳐주면서 "수고 많았어요.", "쉽지는 않겠지만 함께 노력해봅시다." 또는 "힘내세요."라는 말들을 통해 상담을 부드럽고 신뢰감이 높아질 수 있다.

2) 근접도(proximity)

근접도는 사회적 거리(social distance)나 사회적 공간(social space) 또는 세력권(territory)에 관련된 것들이 포함된다. 사람들은 심리적으로 서로 가까울수록, 물리적인 거리를 가깝게 유지하는 경향이 있다. 낯선 사람이 사회적 거리를 좁혀오게 되면, 불안감을 느끼게 된다. 그러므로 상담실에 찾아온 내담자가 상담자와 얼마만큼의 거리를 두고 앉으려 하는가에 대한 관찰을 통해서 상담에 대한 내담자의 마음자세를 파악할 수 있다.

표 7-1 | 에드워드 홀(Edward T. Hall)의 인간의 공간사용법 4가지 유형

공간지대	적합한 대인관계 및 활동	감각의 질

친밀지대
0~0.5m
	• 친밀한 접촉과(예: 애무)
	  신체운동(예: 레슬링)
		• 타인으로부터의 감각입력(예: 냄새, 방사열)
		  에 대한 지각이 매우 큼

개인지대 0.5~1.2m	• 친한 친구들 간의 접촉 • 아는 사람들과의 일상적 만남	• 친밀지대에 비해 감각입력에 대한 자각이 낮음 • 눈으로써 자세한 피드백이 가능함.
사회지대 1.2~3.6m	• 개인적이 아닌 업무상 접촉	• 시각통로를 통한 정보교환이 개인지대 때보다 덜 자세함 • 정상적 음성수준을 유지함 • 접촉은 불가능

공공지대
3.6m이상
	• 개인과(예: 배우, 정치인)
	  대중간의 공식적인 접촉
		• 시각입력이 자세하지 못함
		• 미묘한 의미를 전달할 수 없기 때문에, 언어
		  적 통신을 보충하기 위해서 과장된 비언어적
		  통신 행동을 취함

3) 어투(paralanguage · paralinguistics)

어투란 억양(intonation), 강세(accent), 또는 어조(tone)와 같은 발성의 다양한 측면을 포함하고, 발성은 크기, 고저, 속도, 리듬, 그리고 음질에 있어서 다양하다. 상담과정에 있어서 상담자는 음성의 크기를 너무 크거나 작지 않게, 말의 속도는 다소 느리게 하는 것이 바람직하다.

SPMI 도형심리 검사의 이해

심리검사의 개념 및 목적

가. 심리검사의 개념

심리검사는 심리적 형상에서의 개인차를 비교하여 개인의 성격, 흥미, 적성, 정서와 같은 인간의 다양한 심리적 특성들에 대하여 파악하고자 하는 목적을 가지고, 다양한 도구들을 이용하여 이런 특성들을 양적, 질적으로 측정하고 평가하는 일련의 절차를 말한다.

심리검사 진단도구는 개인 또는 집단의 행동(사고, 감정, 행위)과 성격, 지능, 적성, 흥미, 태도 등과 같은 심리적 구성개념(psychological constructs)을 수량화하기 위해서 사용되는 표준화된 측정도구를 말한다.

나. 심리검사의 목적

심리검사의 목적은 개인 내, 개인 간 비교를 통하여 개인의 행동이나 성격을 이해하고 이를 바탕으로 하여 개인의 문제 해결에 도움을 주려는 것이다. 이러한 심리검사는 심리적 장애의 해결을 위한 치료개입과 전략을 계획하고 수행하는 기초과정이라 볼 수 있다. 심리검사의 목적을 세분화하여 살펴보면 다음과 같다.

첫째, 예측의 기능: 현재의 상태에서 미래의 상황을 예측할 수 있는 기능을 말한다.
  예시: 지능검사를 실시함으로써 검사 결과에 따라 검사 대상자의 장래 학업적, 직업적 상황을 예측할 수 있다.

둘째, 진단의 기능: 개인의 능력이나 특징, 성격 등이 가지고 있는 문제점을 발견하고 사회생활을 하는 데 있어 장애적인 요인이나 사회적인 이상 여부를 발견 할 수 있는 기능을 말한다.

셋째, 조사적 기능: 주로 연구목적으로 사용되며 집단의 사회학적 혹은 사회심리학적 경향을 제공해주는 기능을 말한다.

넷째, 정보의 기능: 피검자에게 개인의 능력이나 특성에 대한 정보를 제공하는 기능을 말한다.

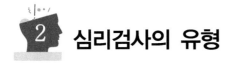

2 심리검사의 유형

심리검사는 측정내용, 검사목적, 문항구성 형식, 측정방법, 실시방법, 작업 내용 등 도구의 구조화 여부에 따라서 크게 객관적 심리검사(objective test)와 투사적 심리검사(projective test)로 구별할 수 있다. 부모의 심리와 양육에 관련한 검사 유형은 〈표 8-1〉과 같다.

표 8-1 부모 관련 심리검사의 유형 및 특징

구분	객관적 심리검사	투사적 심리검사
종류	부모양육태도검사(PAT, MBRI 등) 부모양육스트레스(PSI 등) 부모양육행동(PSCQ, PSQ 등) 부모양육효능감(DSCS 등)	Rorschach Test, TAT(CAT) DAP, HTP, BGT, SCT, SPMI
장점	실시와 채점, 해석의 용이 신뢰도와 타당도의 확보 객관성의 보장	반응의 독특함과 반응의 다양성 방어적 반응의 어려움 무의식적인 심리적 특성의 반영
단점	사회적 바람직성에 영향을 받음 응답 방식에 따른 반응 경향성 문항 내용의 제한성 개인의 독특성에 대한 정보 무시	신뢰도의 부족 해석의 타당도 검증 빈약 상황적 요인에 의한 강한 영향력

출처: (최정윤, 2010). 심리검사의 이해 재구성

가. 객관적(자기보고식) 심리검사

1) 객관적 심리검사의 개념 및 의의

객관적 심리검사는 과제가 구조화되어 있고 채점과정이 표준화되어 있으며 해석의 규준이 제시 되어있는 검사를 말한다. 즉, 객관적 검사는 과제가 구조화되어 있고 검사에서 평가되는 내용이 검사 목적에 따라 일정하게 준비되어 있으며 일정한 형식에 따라 반응된다. 또한 채점과정이 표준화 되어 있어 해석의 규준이 제시 되어 있다. 따라서 개인의 독특성을 끌어내기보다는 개인마다 공통적으로 지닌 특성이나 차원을 기준으로해서 개인의 상대적인 위치, 비교, 평가를 할 수 있는 평가이다.

2) 객관적 검사의 장ㆍ단점

객관적 검사는 검사 실시와 해석이 용이하고 간편하여 현장에서 쉽게 사용되고 일반적으로 검사 시행시간이 짧다. 또한 검사자 변인이나 검사의 상황변인에 따라서 영향을 덜 받는 장점을 지닌다. 무엇보다 투사적 검사에 비해 검사 제작 과정에서 신뢰도와 타당도 검증이 이루어지는 표준화된 검사라는 장점이 있다.

반면, 문항내용에 따라 사회적으로 바람직한 내용이냐 아니냐에 따라 문항에 대한 결과가 왜곡될 수 있다. 또한 개인이 응답하는 방식에 있어서 자신이 의도한 방향으로 문항에 반응할 수 있으므로 개인의 독특한 질적인 정보는 무시된다는 단점을 지닌다. 이외에도 객관적 검사문항의 내용이 제한되어 있어 검사결과가 지나치게 단순화 된다는 점을 지닌다.

3) 부모 관련 객관적 심리검사의 종류

현장에서 많이 사용하는 부모 양육관련 객관적 검사의 종류로는 크게 부모양육태도검사(PAT, MBRI 등), 부모양육스트레스(PSI 등), 부모양육행동(PSCQ, PSQ 등), 부모양육효능감(DSCS 등) 등이 있다.

(1) 양육태도 검사(PAT, Parenting Attitude Test Profile)

만 3세 이상 유아동을 자녀로 둔 부모를 대상으로 실시하는 양육태도 검사로, 2021년에는 영아, 유아, 초등저학년, 초등고학년, 중고등학생 등 5단계로 세분하여 재표준화 하였다. 5점 척도의 객관식 문항으로 구성되었고, 지지표현-합리적 설명-성취압력-간섭-처벌-감독-과잉기대-비일관성 등 8가지 하위요인으로 결과가 산출된다.

(2) 부모 양육태도 척도(MBRI, Maternal Behavior Research Instrument)

Schaefer의 MBRI는 부모 양육태도의 경향성을 상대적으로 나타내도록 구성되었고, 성인부모를 대상으로 5점 척도의 객관식 문항으로 구성되었고, 총 48문항으로 구성되었다. 애정적 태도, 거부적 태도, 자율적 태도, 통제적 태도 등 4개의 하위요인으로 결과가 산출된다.

(3) 부모 양육스트레스 척도(PSI, Parenting Stress Index)

부모-자녀 체계의 역기능적인 면이나 부모에게 스트레스를 가져오는 요인을 밝히기 위한 목적이며, 성인부모를 대상으로 5점 척도의 객관식 문항으로 구성되었고, 총 36문항으로 구성되었다. 부모의 고통, 부모-자녀의 역기능적 상호작용, 자녀의 까다로운 기질 등 3개의 하위요인으로 결과가 산출된다.

(4) 부모 양육행동 척도(PSCQ, Parents as Social Context Questionnaire)

자녀의 기본 심리적 욕구의 만족을 지지하거나 저해한다고 밝혀진 양육행동을 측정하기 위해 Skinner, Johnson, 그리고 Snyder(2005)이 제작하였고 성인부모를 대상으로 4점 척도의 객관식 문항으로 구성되었고, 총 23문항으로 구성되었다. 온정, 거부, 구조, 자율성지지, 혼란, 강제 등 총 6가지 하위요인으로 결과가 산출된다.

(5) 부모 양육스타일 척도(PSQ, The Parental Style Questionnaire)

20개월 영아를 양육하는 부모를 대상으로 한 양육 스타일을 측정하기 위해 Bornstein 등(1992)이 개발한 도구로 5점 척도의 객관식 문항으로 구성되었고, 총 9문항으로 구성되었다. 사회적 양육 유형, 가르치는 양육유형, 한계설정 양육유형의 총 3개 하위요인으로 결과가 산출된다.

(6) 부모 양육효능감 척도(DSCS, Development and utility of the parenting Sense of Competence Scale)

부모로서의 효능감을 어느 정도로 유능하고 효율적으로 수행할 수 있을지에 대한 지각을 측정하기 위해 GibaudWallston과 Wandersman(1978)가 제작하였고 신숙재(1997)가 번안한 성인부모를 대상으로 5점 척도의 객관식 문항으로 구성되었고, 총 16문항으로 구성되었다. 유능감(9문항), 불안감(4문항), 기타(3문항) 등 총 3가지 하위요인으로 결과가 산출된다.

나. 투사적 심리검사

일반적인 투사검사로는 그림검사가 대표적이다. 많은 심리학자들이 이미지와 그림에 관심을 가지고 연구한 것은 그림자체가 가지고 있는 역동성이 인간의 생활에 밀접한 관계가 있고 이것이 심리적으로 반영되기 때문이라고 생각한다. 특히 일상에서 일어나는 평범하고 사소한 억압들이 무의식에 저장되었다가 그림으로 투사되는 것이라 생각한다.

1) 투사적 심리검사의 개념 및 의의

'투사(projective)'란 1930년대에 Frank(1939, 최정윤, 2001 재인용)에 의해 비롯되었고, 받아들일 수 없는 충동이나 생각을 외부 세계로 옮겨놓는 정신 과정이다. 이것은 방어적 과정으로서, 개인 자신의 흥미와 욕망들이 다른 사람에게 속한 것처럼 지각되거나 자신의 심리적 경험이 실제 현실인 것처럼 지각되는 현상을 말한다(서강훈, 2013).

투사적 검사(projective test)란 투사적 기법으로도 사용되며 내담자의 내면적 갈등과 정서 상태를 애매한 검사 자극을 통해 표출이나 투영되게 함으로서 내담자의 내적인 심리상태를 파악할 수 있는 검사를 말한다(강봉규, 1999). 투사적 검사는 개인의 경험을 체계화하고 기술하는 독특한 방법에 따라 반응이 나타날 것이라는 가정 아래 실시된다(구진선, 2007).

2) 투사적 검사의 장·단점

투사적 심리검사는 개인의 다양한 반응을 도출시키기 위해서 가능한 한 간단한 지시 방법을 사용하며 검사자극 역시 불분명하고 모호한 특징을 지니고 있다. 또한 자극의 모호성 때문에 내담자가 반응내용을 검토하여 자신의 의도에 맞게 방어적으로 반응하는 것이 어렵게 된다. 따라서 평소에는 의식화되지 않던 사고나 감정이 자극됨으로써 전의식, 무의식적인 심리적 특성이 반응될 수 있다는 장점을 가진다(최정윤, 2001).

이외에도 투사적 검사의 장점을 살펴보면 아래와 같다.

• 투사검사는 모호한 자극에 대해 내담자가 반응함으로 심리적 두려움과 압박을 덜 느끼고 방어가 쉽지 않아 객관적 심리검사에 비해 내면의 욕구,

갈등, 성격과 같은 심리적 특성이 쉽게 드러난다(강차연, 2006).

• 인간의 무의식적 역동을 탐색하고 객관적 심리검사에서는 밝힐 수 없는 인간의 심층적 성격의 요소를 평가할 수 있다는 장점이 있다.

• 특히 투사 검사의 일종인 그림검사의 경우 말로 자신의 감정이나 갈등을 잘 표현하기 힘든 장애인이나 유·아동 내담자의 심리평가 및 치료에 유용하다.

• 자신의 의지가 아닌 부모나 교사 또는 제3자에 의해 의뢰된 비자발적 청소년 내담자의 경우도 상담에 비협조적이고 객관적 심리검사에서는 방어하기가 쉽기 때문에 투사적 심리검사가 유용하게 활용될 수 있다.

이러한 장점에도 불구하고 투사적 심리검사는 검사자의 주관적 해석 기술에 의하여 좌우되고, 또 뚜렷한 표준화도 이루지 못했을 뿐만 아니라 그 신뢰성이나 타당성에 대한 명확한 검증도 할 수 없는 검사라 하여 많은 심리학자들로부터 냉대를 받아왔다. 이외에도 투사적 심리검사가 지니고 있는 해석방법이나 이해에 익숙해지기 위해 너무 많은 시간과 노력이 요구된다는 점은 투사적 심리검사의 단점이다.

3) 투사적 심리검사의 종류

상담현장에서 많이 사용하는 투사검사의 종류로는 동적 가족화, 주제통각검사 문장완성검사, HTP, SPMI 도형심리검사 등이 있다.

(1) 동적 가족화(KFD, Kinetic Family Drawing)

동적 가족화(KFD: Kinetic Family Drawing)는 그림을 통해 가족관계를 파악하도록 만들어진 투사적 심리검사이다. Burns & Kaufman(1970)에 의해 발전된 동

적 가족화는 개인을 통해 가족의 역동성을 파악하기에 더욱 용이하다는 이점
이 있다(한국미술치료학회, 1994). 동적 가족화는 가족구성원에게 움직임을 부
여하도록 하여 그 운동성과 상호작용을 통해 가족 내의 역동성을 알아봄으로
써 가족구성원에 대한 개인의 행동이나 반응으로서의 태도, 감정이 어떻게 투
사되고 있는지를 알아낼 수 있다(DiLeo, 1973; 박현주, 2009재인용). 따라서 그
림을 그리는 사람 자신의 눈에 비친 가족구성원들의 일상생활 태도나 감정을
무의식적으로 반영하기 때문에 가족구성원 개개인의 정서적인 면을 이해하고
가족 간의 상호작용과 역동성을 이해하는 데 도움이 된다. 일반적으로 동적 가
족화는 가족관계 뿐만 아니라 자기개념에 대해서도 가치 있는 정보를 잠재적
으로 제공해준다. 또한 가족 역동과 내담자의 적응 기능과 방어적 기능에 대한
정보를 얻을 수 있다(박현주, 2009).

(2) 주제통각검사(TAT, Thematic Apperception Test)

주제통각검사(TAT: Thematic Apperception Test)는 세계적으로 널리 사용되고
있는 대표적인 투사적 심리검사로, Freud의 정신분석학을 기초하여 하버드대
학 심리연구소의 Murray(1943)가 만들었다. 이 검사는 개인이 지니고 있는 성격
의 특성들을 설명하고 있어 다양한 대인관계상의 역동적 측면을 파악하는데
보다 유용하다. 카드는 흑백으로 된 30장의 그림 카드와 한 장의 백지 카드로
총 31장으로 구성되어 있으며, 뒷면에는 카드의 번호와 사용하기에 적합한 유
형의 분류기호가 적혀있다. 인물들(사람)이 등장하는 모호한 내용의 그림자극
을 제시하고 그에 대한 이야기를 구성해 보도록 하는 방법을 사용하는데, 이
과정에서 개인의 과거 경험, 상상, 욕구, 갈등 등이 투사되면서 성격의 특징적
인 면, 발달적 배경, 환경과의 상호관계 방식 등에 대한 정보를 제공해 주게
된다. Murray(1943; 최정윤, 2001재인용)는 모호한 상황을 대할 때 자신의 과거
경험과 현재의 욕구에 따라 해석하는 경향과 이야기를 표현하면서 자신의 기

분과 욕구를 의식적, 무의식적으로 표현하는 경향으로 인하여 주제통각검사가 개인의 주요한 성격측면을 드러나게 한다고 보았다.

(3) 문장완성검사(SCT, Sentece Complection test)

문장완성검사(SCT:Sentence Completion Test)는 Sacks와 20명의 심리전문 상담자에 의해 개발된 다수의 미완성 문장을 내담자가 자기 생각대로 완성하도록 하는 검사로 연상검사의 응용으로서 발전하였다. SSCT(The Sacks Sentence Completion Test)의 네 가지 대표적인 영역은 가족, 성, 대인관계, 자기 개념으로 가족영역은 어머니, 아버지 및 가족에 대한 태도를 측정할 수 있다. 성적 영역은 이성 관계에 대한 태도를 측정하며 대인관계영역은 친구와 지인, 권위자에 대한 태도를 측정한다. 자기개념영역은 자신의 능력, 과거, 미래, 두려움, 죄책감, 목표 등에 대한 태도를 측정한다. 총 50개의 문항이 현재까지 사용되고 있다.

Sacks는 위의 네 영역을 세분화하여 최종적으로 총 15개의 영역으로 분류, 각 영역에 대해 내담자가 보이는 정도에 따라 각각 X(확인불능), 0(이 영역에서 유의한 손상이 발견되지 않음), 1(경미한 손상), 2(심한 손상)점으로 평가하고 그 수치를 통해 내담자에 대한 최종 평가하도록 구성하였다. 평점의 의미는 가장 많이 손상된 태도를 보이는 영역에 대한 기술(내담자의 현재 상태에 대한 정보)과 반응 내용에서 드러나는 태도들 간의 상호 관련성에 대한 기술(역동적인 면에 대한 정보제공)이 가능하다는 것이다(최정윤, 2001).

(4) 집, 나무, 사람검사(HTP, House-Tree-Person)

HTP 검사는 Buck(1948)이 개발한 투사검사의 하나이다. HTP 검사는 당시 Buck(1948)이 개발하고 있었던 지능검사의 보조 수단으로 심리특성을 이해하는 검사로 발전하였고 Hammer(1958)에 의해 분석요인이 다양해지면서 성인 환자들의 성격과 성숙도를 알 수 있는 검사로까지 발달되었다(정귀연, 이지현, 2012). HTP 검사는 Buck(1948)이 개발하고 Buck(1948)과 Hammer(1958)에 의해 발전되었다. 집, 나무, 사람을 그리도록 한 이유는 집, 나무, 사람은 인간이 어릴 때부터 가장 가까이에서 접하는 대상으로 나이가 어린 피검사자들에게도 친숙하고, 모든 연령이 그릴 수 있는 주제며, 다른 것을 그리는 것보다 받아들이기 쉬워 솔직하고 자유로운 이야기가 나올 수 있기 때문이다(김현경, 2007).

(5) 도형심리검사(SPMI, Shape Psychological Measurement Indicators)

SPMI 도형심리검사는 히포크라테스의 기질론에서 출발하여 라헤이(Lahaye, 2004)에 의해 체계화 되었다. 이후 여러 학자들의 도형이론과 발전하면서 현재 도형심리 이론 정리되었다. 이후 GPTI, GeoPIA, SPMI 등으로 불리어 왔다. 본 서에서는 SPMI에 따른 도형심리 검사를 소개하고자 한다. 이 검사 도구는 동그라미(○), 세모(△), 네모(□), 에스(S)의 4가지 도형을 모양, 크기, 위치 등을 고려한 미술치료의 투사적 그림검사로 글을 이해하지 못하는 영유아부터 노년기에 이르기까지 누구나 쉽게 접할 수 있는 투사적 검사도구이다. 검사를 통해 개인의 기질, 성격, 이상심리는 물론 부모와 자녀와의 관계성을 파악할 수 있다. 현재 실시방법이 복잡하지 않고 특별한 검사도구가 필요하지 않기 때문에 상담 현장이나 교육현장에서 많이 사용되고 있다.

4) 심리검사 시 고려사항

(1) 검사 실시 전

검사 실시 목적이나 연령, 학력 등 대상에게 적합한 검사를 선택하여야 한다. 또한 피검사자가 너무 긴장하거나 불안해지지 않도록 해야 한다.

(2) 검사의 실시

검사자와 피검사자 간의 적절한 관계 형성이 중요하다. 피검사자의 정서 상태를 잘 이해하고 검사에 대한 충분한 설명을 하여야 한다.

(3) 검사 실시 후

피검사자의 말하는 방식, 안면표정, 비언어적 자세 등을 잘 관찰해야 한다. 피검사자가 이해할 수 있는 방식으로 도움이 될 수 있는 내용과 해가 될 수 있는 내용을 잘 구분하여 피드백을 주어야 한다.

SPMI 도형심리검사

가. SPMI 도형심리검사의 정의

SPMI(Shape Psychological Measurement Indicators)검사는 객관적 문항과 투사적 검사를 통해 자신의 기질과 성격, 적성 등을 파악하여 대인관계형성과 자신의 잠재력 개발을 도울 수 있다. 투사적 검사방법은 4가지 도형을 가지고. 위치, 크기, 배열에 따라 기질과 성격, 특성을 파악할 수 있다. 검사를 진행할 때 그 방법이 간단하여 글을 이해하기 어려운 유아부터 노년기에 이르기까지 쉽게 검사를 진행할 수 있다는 장점을 지니고 있다. 또한 SPMI 검사를 통해 부모-자녀관계, 부부관계, 직장상사-직원 간의 관계 등 관계망을 분석하는데도 유용하다.

도형심리검사는 규격화(안쪽 네모 6cm×6cm, 바깥쪽 네모 12cm×12cm)된 검사지에 피검사자가 그린 동그라미(○), 세모(△), 네모(□), 에스(S) 의 4가지 도형을 모양, 크기, 위치 등을 고려한 미술치료의 투사적 그림검사 관점과 기질론을 적용하여 피검사자의 기질, 심리, 내적 상태, 사고 및 행동양식 등을 파악하는 투사적 검사이다.

도형심리검사는 4가지 도형 중에서 마음에 드는 한 가지 도형을 골라서 3번을 그리고, 나머지 도형 3개도 1번씩 그리는 방식으로 진행하며, 그려진 도형의 순서, 크기, 위치에 따라 기질 유형을 판별한다. 기본적으로 4가지 기질 유형으로 분류하며, 더 세분화하면 12가지 복합기질로 유형을 분류할 수 있다(장해성 외, 2016).

본 서에서 소개하고자 하는 도형심리 검사는 문항 검사와 투사적 검사를 동시에 실시하며, 검사지를 통해 진단과 비 진단을 동시에 볼 수 있는 검사 도구이다. 검사 척도의 문항 검사를 통해서 자신의 기질과 성격적 특성을 알 수 있으며, 투사적 검사를 통해 4가지 기본 도형(○△□S)을 검사지에 그리게 하여 그려진 그림의 형태, 크기, 위치 등을 통해서 반영된 내담자의 기질, 성격, 적성, 흥미 등을 파악하여 자기를 이해하고 행동 및 성격유형과, 대인관계, 조직적응, 진로를 결정하는데 도움을 주고, 도형의 그려진 위치와 배열 상태 등을 정확히 분석, 해석, 판단하여 피검사자의 심리 이해와 문제 해결방안을 모색하도록 도와준다.

나. SPMI 도형심리 검사 순서

1) 목표

내담자의 상태와 성격 그리고 기질에 대한 지각을 알아본다.

2) 준비물

규격화(안쪽 네모 6cm×6cm, 바깥쪽 네모 12cm×12cm)된 검사지, 연필 혹은 볼펜 등 필기구, 지우개

3) 방법

① 규격화된 검사지(안쪽 네모 6cm×6cm, 바깥쪽 네모 12cm×12cm)를 제시한 다음, "다음 4가지 도형 중(○△□S) 가장 마음에 드는 것 한 가지를 선택해 보세요." 라고 말한다.

② "가장 마음에 드는 도형이 있나요? 그럼 그 도형을 3번 그리세요."라고 말

한다. 이때 검사지의 모든 공간을 다 써도 좋다고 말해준다.

③ 가장 마음에 드는 도형 3번을 그리고 나면 "남아 있는 3개의 도형을 그리고 싶은 순서대로 그리세요." 라고 말한다.

○△□S 네 가지 도형 중 피검사자가 가장 첫 번째로 고른 도형을 1차 기질이라고 하며 이것은 개인의 기본 지질을 드러내는 도형이 된다. 피검사자가 검사 실시 현장에서 가장 먼저 고른 도형이 그 사람의 기본 성향을 드러낼 수 있는 이유는 개인의 성향과 도형의 상징성이 서로 공명하여 도형 선택 과정에서 피검사자의 기호와 선택에 영향을 끼치기 때문이다. 그다음 두 번째로 고른 도형은 2차 기질로써 작용하며 세 번째, 네 번째 고른 도형은 각각 3, 4차 기질이 된다.

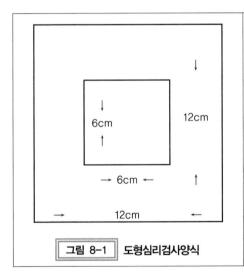

| 그림 8-1 | 도형심리검사양식 |

검사지 양식을 두 개의 규격화된 정사각형 양식으로 사용하는 이유(백승철, 2016; 장해성, 2016).

첫째, 정사각형이 아닌 직사각형의 양식을 사용했을 때, 그려진 도형이 한쪽으로 몰리거나 양식에 맞추어 도형을 늘어놓는 경우가 발생하여 도형을 통한 내적 심리 역동을 살펴볼 수 없다.

둘째, 피검사자의 입장에서 가장 편안하고 불안감이 없이 검사에 임할 수 있도록 하기 위해서 다양한 방식으로 양식지를 사용해본 결과, 시각적으로 가장 안정감을 느낄 수 있는 6cm와 12cm의 정사각형 비율이 가장 이상적이다.

가장 선호하는 1차 도형을 3번 그리는 이유는 숫자 3이 가지고 있는 상징성인 과거, 현재, 미래 또는 완벽의 의미를 담고 있다. 따라서 1개나 2개를 그릴 때 보다 3개의 도형을 동시에 그리는 것이 자신의 기질과 내면의 심리 역동을 더 잘 표현할 수 있다(장해성, 2016).

Lahaye(2004)에 따르면 어떤 사람은 타고난 선천적 기질을 그대로 현재의 성격으로 발전시켜 자신의 원래 기질대로 살아가는 사람이 있는가 하면, 어떤 사람은 자신의 선천적 기질을 내면에 가두어 놓고 자신의 원래 기질과 다른 기질로 성격을 형성해서 살아가는 사람이 있다고 한다. 자신의 선천적 기질과 다른 모습의 성격으로 살아가는 것을 마스크라고 부르며, 마스크 유형은 [그림 8-1]과 같이 검사지의 안쪽 네모(6cm×6cm) 안에 가장 선호하는 도형으로 선택한 도형을 3번 모두 그리는 것을 말한다. 따라서 처음 3번 그린 도형은 선천적 기질이며 동시에 현재의 성격으로 볼 수 있으나, 처음 3번 그린 도형이 마스크 유형일 경우에는 2차 기질에 해당되는 도형이 후천적으로 개발되어 현재의 성격으로 사용되는 도형이라고 본다. 마스크 유형은 한 사람의 인생 환경이 자신의 선천적 기질을 지지하지 않거나 또는 자신이 스스로 환경의 요구에 맞추어서 살아가는 경우에, 타고난 기질과는 다른 기질을 후천적으로 발달시켜 성격화시킨 경우로 볼 수 있다(백승철, 2016; 장해성, 2016).

다. 기본 도형 이해

인간의 커뮤니케이션은 무형의 내적 메시지를 자연물, 색깔, 기하학적 도형 등의 상징체계를 통하여 유형화시키는 작업이며, 이러한 방식으로 인간은 기원전 약 3만 년 전 부터 이미지를 커뮤니케이션 수단으로 사용하여 왔다(김우룡, 2004). 이러한 관점에서 볼 때, 상담에서 원, 삼각형, 사격형, 나선형 등의 형태가 주는 상징적 의미는 크다고 할 수 있다.

1) 도형의 상징성

상징이란 어떤 기호가 다른 것에 대한 의미를 내포하고 있는 것이며(유혜진, 2002), 도형은 상징 언어로서 도형의 상징을 파악하는 것은 도형심리분석에서 중요한 부분이다.

도형은 점, 선, 면, 입체 또는 이들 집합으로 이루어져 있으며 위치와 모양, 크기에 따라 다양한 형태의 모형으로 구분된다. 이러한 도형들은 저마다 각 기 다른 모양과 특성을 가지고 있으며, 도형의 모양에 따라 나타나는 상징이 다르 다.

원은 다혈질에 해당하며 정감형이라고 부르고 다양한 문화에서 영원, 대인친 화력을 상징하며 돈, 인간관계, 환경, 사랑이 관심사이다.

삼각형은 담즙질에 해당하며 기획형이라고 부르고, 역동성, 체계적 능력을 상징하며 꿈, 목표, 계획, 현실적 능력이 관심사이다.

사각형은 점액질에 해당하며 실천형이라고 부르고, 안정과 균형, 꾸준하고 실천능력이 뛰어나며, 공동체, 일, 지식, 책임감이 관심사이다.

에스는 우울질에 해당하며 사색형이라고 부르고, 질서와 내적 집중, 창조적 사고를 상징하며, 재능, 영성, 이성, 건강이 관심사이다.

표 8-2 ┃ 도형의 상징적 의미와 관심사

도형	유형분류	기질유형	상징적 의미	관심사
원	정감형	다혈질	영원과 완성, 대인친화력	돈, 인간관계, 환경, 사랑
삼각형	기획형	담즙질	역동성, 체계적 능력	꿈, 목표, 계획, 현실적 능력
네모	실천형	점액질	안정과 균형, 안정적 실천	공동체, 일, 지식, 책임감
에스	사색형	우울질	질서와 내적 집중, 창조적 사고	재능, 영성, 이성, 건강

2) 도형심리검사의 구조적 해석

동그라미(○), 세모(△), 네모(□), 에스(S) 4가지의 도형을 검사지에 그린 결과를 도형의 크기, 위치, 모양 등에 따라서 구조적으로 해석하는 방법을 통해서 피검사자의 기질, 현재 심리적 역동 상태, 콤플렉스, 과거의 트라우마, 편집증, 우울증, 조울증 등 다양한 부분을 파악할 수 있다(백승철, 2016; 장해성, 2016).

4	2	1
7	5	3
9	8	6

그림 8-2 기질 유형 찾는 순서

도형그림검사를 통한 기질유형을 찾는 방법은 다음과 같다(장해성 외, 2016).

첫째, 가장 선호하는 도형으로 선택하여 3번 그린 도형이 1차 기질 도형이다.

둘째, 1차 기질 도형이 모두 [그림 8-2]의 5번의 위치에 그려진 경우를 마스크 유형이라고 하며, 이 경우에는 2차 기질이 현재의 성격으로 표현된다.

셋째, 1차 기질 도형이 모두 [그림 8-2]의 6번, 8번, 9번의 위치에 그려졌을
　　　경우에는 선천적 기질의 기능이 상실되어 있다고 해석하며, 이 경우에
　　　도 2차 기질이 현재의 성격으로 표현된다.

넷째, 2차 기질 도형은 나머지 3개 도형이 그려진 위치로 찾는다.

• [그림 8-2]에 표시된 번호 순서대로 그려진 도형이 우선이다.

• 모두 크게 그린 것은 밖에서 안으로 해석한다.

• 가장 큰 순서로 구별한다.

• 같은 칸에 2개 이상의 도형이 있을 때는 위쪽, 오른쪽이 우선이다.

　따라서 도형심리검사를 통한 피검사자의 기질유형 찾는 방법은 가장 선호하
는 도형으로 선택하여 처음 3번 그린 도형이 1차 기질 도형이며, 3번 그린 도형
이 모두 안쪽 네모에 그려 [그림 8-3]과 같은 마스크 유형이거나 또는 [그림 8-2]
의 6번, 8번, 9번의 위치에 그려진 경우에는 2차 기질 도형이 현재의 성격유형
을 나타내는 도형이다.

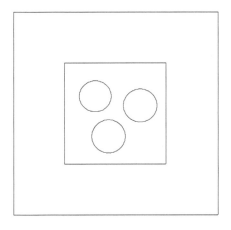

그림 8-3 ┃ 마스크 유형

Lahaye(2004)에 따르면 어떤 사람은 타고난 선천적 기질을 그대로 현재의 성

213

격으로 발전시켜 자신의 원래 기질대로 살아가는 사람이 있는가 하면, 어떤 사람은 자신의 선천적 기질을 내면에 가두어 놓고 자신의 원래 기질과 다른 기질로 성격을 형성해서 살아가는 사람이 있다고 한다.

자신의 선천적 기질과 다른 모습의 성격으로 살아가는 것을 마스크라고 부르며, 마스크 유형은 [그림 8-3]과 같이 검사지의 안쪽 네모(6cm×6cm) 안에 가장 선호하는 도형으로 선택한 도형을 3번 모두 그리는 것을 말한다. 따라서 처음 3번 그린 도형은 선천적 기질이며 동시에 현재의 성격으로 볼 수 있으나, 처음 3번 그린 도형이 마스크 유형일 경우에는 2차 기질에 해당되는 도형이 후천적으로 개발되어 현재의 성격으로 사용되는 도형이라고 본다.

마스크유형은 한 사람의 인생 환경이 자신의 선천적 기질을 지지하지 않거나 또는 자신이 스스로 환경의 요구에 맞추어서 살아가는 경우에, 타고난 기질과는 다른 기질을 후천적으로 발달시켜 성격화시킨 경우로 볼 수 있다(백승철, 2016; 장해성 2016).

라. SPMI 도형심리 검사의 장점과 제한점

1) SPMI 도형심리 검사의 장점

- 내담자가 상담자에 대한 거부반응이 없고 재미있게 상담에 응한다.
- 상담지에 나타난 내담자의 상태를 한눈에 파악할 수 있어 빠른 시간 안에 본론 및 답을 얻을 수 있다.
- 문자나 언어의 어려움이 있는 영유아나, 노인, 정서장애자 등에게도 실시가 가능하다.
- 연령 구분이 없고 그림 그리기에 부담을 느끼는 사람들에게도 검사가 용이

하다.

- 즉석에서 그림을 보면서 직접 해석해 줄 수 있다.
- 쉽고 재미있게 상담을 진행할 수 있다.
- 타 검사에 비해 검사시간이 짧고 그 시행이 용이하다.

2) SPMI 도형심리 검사의 제한점

- 다른 투사적 검사의 제한점과 마찬가지로 검사자극이 불분명하고 체계화 되어 있지 않다.
- 평가의 표준화가 되어 있지 않아 타당도와 신뢰도가 낮다.
- 객관적인 평가가 어렵다.
- 검사규준을 객관화 시킬 수 있는 섬세하고 엄격한 규정이 필요하다.

마. SPMI 도형심리 검사 유형 검사지

도형심리 검사는 문항 검사와 투사적 검사를 동시에 실시하며, 검사지를 통해 진단과 비 진단을 동시에 볼 수 있는 검사 도구이다. 그 특징을 살펴보면 〈표 8-3〉과 같다.

표 8-3	도형심리검사의 객관적 문항검사와 투사적 검사의 특징
구분	**특징**
객관적 문항 검사	• 투사적 그림분석의 모호함을 객관적 문항으로 재검증이 가능하다. • 도형의 모양에 따른 성격유형 분류로 기억하기 쉬우며 이미지로 저장 • 문항검사 항목이 분류되어 채점되므로 항목별 검사가 가능하다. • 성격유형, 내·외향성 등의 통합분석이 가능하다.
투사적 도형 검사	• 종이 한 장과 필기도구만으로 때와 장소 관계없이 검사가 가능하다. • 그림 능력이나 지능 및 연령 관계없이 검사가 가능하다. • 채점하는데 시간 소요됨이 없이 즉각적 해석과 상담이 가능하다. • 그리는 과정을 관찰하면서 수집되는 정보만으로도 상담 및 코칭이 가능하다.

1) 객관적 검사지

객관적 검사지는 총 2가지의 검사를 실시하는데, 먼저 피 검사자가 내향적 성향을 보이는지, 외향적 성향을 보이지 또는 양향적 성향을 보이는지 알아보기 위한 검사로 총 8문항으로 구성되어있다. 두 번째는 피 검사자가 지니는 성향이 4가지 도형의 기질 중 어느 유형에 해당하는지 알아보는 척도로 총 6개의 하위요인(성격 및 행동유형, 대인관계, 환경적응, 일과 목표달성, 여가, 학습유형)총 40문항으로 구성되어있다. 문항 체크 시 4개 문항을 1세트로 보고, 가장 많이 해당하는 문항에 3점, 그다음 2점, 1점, 해당이 없으면 0점 순으로 빈 칸에 체크한다. 최저 0점부터 최고 120점까지의 점수가 나올 수 있으며, 각각의 점수를 합산한 결과 합산 점수가 높게 나온 박스가 피 검사자의 주 기질 및 성격에 해당된다. 만약, 점수의 분포가 두드러지지 않고 골고루 나왔다면 골고루 나온 유형의 성격을 전부 활용하는 것이며, 한 두 개의 박스의 점수가 높았다면 그에 해당하는 기질과 성격을 나타낸다. 이때 총점의 평균이 20점대 이하로 나오면 자신감이 부족한 상태로 해석한다. 본 검사 문항은 내향적 성향과 외향적 성향 및 4가지 도형에 해당하는 기질을 분석 하는데 사용되었던 선행연구를 중심으로 본 개발자들이 문항을 구성하여 심리 상담전문가 및 교육학, 청소년학 전문가 10인의 타당도를 거쳤으며, 3,000여 명의 청소년과 성인에게 문항의 타당성을 검증 받았다.

| 표 8-4 || 피 검사자의 외향성과 내향성을 알아보기 위한 객관적 문항 |

성 명: _____

■ 아래의 문항을 읽고 자신과 해당이 더 많은 문항 옆에 ∨해주세요.

체크	E	I	체크
	사람들과 어울려 일하는 것이 좋다.	방해받지 않고 깊이 몰두할 수 있는 일이 좋다.	
	휴일은 다른 사람들과 어울려 지내는 것이 좋다.	휴일은 혼자 또는 가족과 조용히 지내는 것이 좋다.	
	상대에게 먼저 다가가는 편이다.	상대가 다가와 주기를 바라는 편이다.	
	대화를 나눌 때 말하기를 좋아한다.	대화를 나눌 때 듣기를 좋아한다.	
	활발하고 밝은 편이다	차분하고 조용한 편이다.	
	생일에 여러 친구들과 어울려 축하받고 싶다.	생일에 친한 친구 한 두 명과 소박하게 보내고 싶다.	
	문자나 카톡 보다는 전화통화가 편한 편이다.	전화통화보다는 문자나 카톡이 편한 편이다.	
	하루 일정을 3개 이상 소화할 수 있다.	하루 일정을 1-2개 소화할 수 있다.	
	합계	합계	

※ E쪽 문항체크가 많으면 외향적, I쪽 문항 체크가 많으면 내향적, 체크 점수가 같으면 양향적 성향임
※ 4개의 문항 중 가장 많이 해당하는 순으로 0,1,2,3의 점수를 빈칸에 넣으세요.

순서	내용	빈칸에해당하는 점수를 쓰시오			순서	내용	빈칸에해당하는 점수를 쓰시오		
1	활발하고 잘 웃는다				21	사람들과 어울려서 하는 실습강의를 선호한다			
2	성격이 급하고 고집이 있다				22	결과에 따라 보상이 주어지는 강의를 선호한다			
3	조용하고 내성적이다				23	깊은 지식을 얻을 수 있는 이론식 강의를 선호한다			
4	성격/감정이 예민하다				24	호기심을 해결할 수 있는 관찰/실험 강의를 선호한다			
5	내 생각과 달라도 다른 사람의 의견에 잘 따른다				25	사람을 만나 수다/봉사 등을 하면서 지내고 싶다			
6	생각한 것은 내 뜻대로 바로 실행한다				26	도전가능한 생산적인 일을 하면서 지내고 싶다			
7	생각한 것은 꼼꼼한 계획을 세운 후 실행한다				27	독서를 하며 혼자 또는 가족과 조용히 지내고 싶다			
8	엉뚱하다/4차원적이라는 말을 자주 듣는다				28	사색을 하거나 예술 활동을 하며 지내고 싶다			
9	다양한 사람을 만나서 친구가 되는 것이 좋다				29	목표를 세우지만 목표를 달성하고자 끝까지 노력한 적이 드물다			
10	나에게 도움이 되는 사람을 만나는 것이 좋다				30	목표를 세우면 즉시 시행하고 빠른 시간 안에 달성한다			
11	속마음을 터놓을 사람을 만나는 것이 좋다				31	목표를 세우면 계획을 세운 후 느리더라도 반드시 완수한다			
12	생각과 취미가 같은 사람을 만나는 것이 좋다				32	목표를 세우면 집중하여 완벽하게 완수한다			
13	착하고 다정하다				33	일을 할 때 사람들과 어울려 팀으로 하는 것이 좋다			
14	단호하고 추진력 있다				34	일을 할 때 달성 목표가 정확히 제시되는 것이 좋다			
15	원리 원칙적이고 바르다				35	일을 할 때 매뉴얼이 정해져 있는 것이 좋다			
16	창의적이고 완벽하다				36	일을 할 때 구속받지 않고 자유로운 것이 좋다			
17	바뀐 환경에 적응이 빠른편이다				37	일의 시작이 중요하다			
18	바뀐 환경에서도 리더가 된다				38	일의 결과가 중요하다			
19	바뀐 환경에 적응이 느린 편이다				39	일의 과정이 중요하다			
20	바뀐 환경에 무관심한 편이다				40	일의 완성도가 중요하다			
총점					총점				
					합계				

25~28번 항목 옆에 "휴일에는" 세로 표기

2) 투사적 검사지

| 표 8-6 | 피 검사자의 기질을 알아보기 위한 투사적 검사지 |

Shape Psychological Measurement Indicators

○△□S를 통한 기질과 성격알기

이름:　　　　　성별:　　　　　나이:　　　　　직업:

연락처:　　　　　　　그린손: 오른손 / 왼손　　　검사일:　　　.　　.

위에 있는 4개의 도형 중에서 마음에 드는 도형 1개를 골라 크기나 위치에 관계없이
3번 그리고, 나머지 도형도 크기 위치에 관계없이 각각 1번씩 자유롭게 그려주세요.

4가지 도형 유형의 부모기질

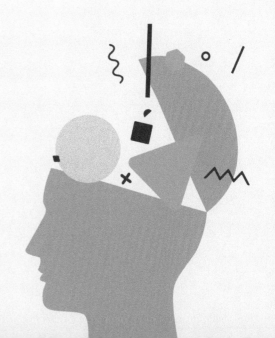

1 기질의 개념

'기질(temperament)'의 사전적 의미는 자극에 대한 민감성이나 특정한 유형의
정서적 반응을 보여주는 개인의 성격적 소질을 말한다. 심리학 용어사전(2014)
에서는 기질은 태어날 때부터 타고난 개인의 성격의 특성과 성질을 나타내며
이후 변화되기보다 지속적으로 오래 가지고 있기에 특질과 유사하다고 정의하
였다.

기질을 정의하는 접근법으로는 크게 성격의 기초적인 토대로 기질을 설명하
는 성격심리학적 접근, 개인차 연구 분야에서의 접근, 개별적 접근 등 세 가지
로 구분할 수 있다(Buss & Plomin, 1986, 최은아, 2005, 재인용).

첫째, 성격심리학적 접근에 대해 살펴보면 Allport(1961)는 기질을 한 개인
     이 갖는 정서의 본질로서 유전적 특성에 바탕을 두고 있다고 보았으
     며, 감정적 자극에 대한 민감성, 습관적인 반응의 일반적 강도와 속도,
     일상적인 기분 상태, 기분의 동요와 강도를 포함한다고 정의하였다.
     즉, 기질은 환경적 사건들에 대한 예측된 방식으로 반응하는 개인적인
     경향성으로 시간적인 흐름에 변화하지 않는 성향으로 보고, 기질의 유
     전적 특성을 강조하였다.

둘째, 개인차 연구 접근에서는 정서로서의 기질적 측면을 강조하고 있는데
     기질을 1차 정서를 표현하는 경향성에서의 개인차로 본다.
     Derryberry와 Rothbart(1981)는 기질의 기본 과정은 반응성과 자기
     조절로 반응성과 자기조절의 상호작용이 다양한 개인차를 만들어내
     며, 이는 성격의 핵심이 된다고 하였다. 즉, 기질이 생물학적으로 타

고난 특성이지만 성숙과 경험의 영향을 받으며 인간의 발달과정에 따라 변화한다고 보았다.

셋째, 개별적 접근에서 토마스와 체스(Thomas와 Chess, 1977)는 기질을 일관된 행동패턴으로 개념화하였는데, 기질은 개인차가 있는 것으로서, 사람이 출생한 후 외부환경에 적응해 나가는 방식으로서 개인적 성향이 성인의 되기까지의 성격형성에 큰 영향을 미친다고 하였다. 예를 들어 불안과 긴장을 나타내는 영아들은 나이가 든 뒤에도 그런 모습을 보이는 경향으로 그 사람의 정서와 더 연관 돼 있다는 것이다. 또한 생물학적인 근거가 있기 때문에 타고난 경향이며 발달과정에서 비교적 영속적이고 안정적이며, 개인마다 서로 다른 특성을 나타낸다고 보았다.

본 서에서는 기질의 특성을 성격심리학적 접근으로 보고 도식화된 양식에 그려진 결과에 따라 개념을 정리하였다.

자세히 정리하면, 규격화(안쪽 네모 6cm×6cm, 바깥쪽 네모 12cm×12cm)된 도형심리검사 양식에 피 검사자가 그린 세모(△), 동그라미(○), 네모(□), 에스(S)의 4가지 도형을 모양, 크기, 위치 등을 고려한 미술치료의 투사적 그림검사 관점과 기질론을 적용하여 피검사자의 기질, 심리, 내적 상태, 사고 및 행동양식 등을 파악한다. 4가지 도형(○, △, □, S) 중에서 마음에 드는 한 가지 도형을 골라서 3번을 그리고, 나머지 도형 3개도 1번씩 그리는 방식으로 진행하며, 그려진 도형의 순서, 크기, 위치에 따라 기질유형을 판별한다.

○△□S 네 가지 도형 중 피검사자가 가장 첫 번째로 고른 도형을 1차 기질이라고 하며 이것은 개인의 기본 기질을 드러내는 도형이 된다. 피검사자가 검사 실시 현장에서 가장 먼저 고른 도형이 그 사람의 기본 성향을 드러낼 수 있는 이유는 개인의 성향과 도형의 상징성이 서로 공명하여 도형 선택 과정에서 피

검사자의 기호와 선택에 영향을 미치기 때문이다. 그다음 두 번째로 고른 도형은 2차 기질로써 작용하며 세 번째, 네 번째 고른 도형은 각각 3, 4차 기질이 된다. 사람들은 대체적으로 4가지 기질을 모두 가지고 있지만 메인으로 발휘되는 주기질(1차 기질)과 두 번째로 발휘되는 종목기질(2차 기질)로 구분 지을 수 있다.

4가지 도형의 기질 특징

동그라미(○) 도형은 관계 지향형을 의미하며, 주변 환경과 주 관심사인 사람들과의 관계 등을 해석해 주고, 세모(△) 도형은 목표 성취형으로, 성공과 주 관심사인 목표와 비전(꿈), 의지 등을 해석해준다, 또 네모(□) 도형은 신중형으로, 지식과 주관심사인 공동체 등을 해석한다. 나머지 에스(S) 도형은 창의형으로, 예술성과 주관심사인 창조성, 완벽성, 스트레스 등에 대해 해석해 줌으로써 도형이 그려진 위치에 따라 주 관심사와 목표, 비전, 내면의 상처, 고민, 갈등 등을 해석 한다(윤천성외, 2015).

가. 부모의 일반적인 기질 특징

표 9-1 네 가지 도형에서 나타내는 유형별 기질구분

○	△	□	S
관계지향형 주변 환경, 사람과의 관계	목표 성취형 성공, 목표, 비전(꿈), 의지	신중형 지식, 공동체	창의형 예술성, 창조성, 완벽성, 스트레스

1) 관계지향형(○) 특징

• 우리는 성격이 좋은 사람을 '원만하다.'라고 표현하기도 하는데 이 유형에 해당하는 사람들은 다정다감 형으로 상대방의 기분을 잘 파악하고 공감 능력이 좋아 다른 사람을 잘 위로해준다. 특히 사람들과 만남을 좋아하고 사랑과 이해심, 포용력이 있으며 주위 사람을 진정으로 아끼고 보살피는 경향이 있다. 또한 다른 사람의 이야기에 귀를 기울이며, 마음을 읽어주

고, 다른 사람의 마음을 보듬어 주는 능력이 탁월하다. 또한 밝고 외향적인 성격의 당신은 호기심이 많아 다양한 분야에 관심을 많이 기울이는 특징을 가진다.

- 반면, 충동성이 강하고 계획적이지 못해 돈이나 일에 대한 계획이 서있지 않아 용돈은 물론 목돈 관리도 잘 되지 않는다. 그러다보니 필요치 않은 것을 충동구매하거나, 남의 말에 반응하여 충동적으로 결정하는 등 다른 사람에게 잘 속아 실패를 하는 경우도 종종 발생한다.

ㄹ) 목표성취형(△) 특징

- 목표성취형은 대체로 미래지향적이며 자신의 신념과 능력을 높이 평가한다. 타고난 리더형으로 리더십이 탁월하며, 자신의 주관이 뚜렷하고 결정함에 있어 주저함이 없다. 또한 기회 포착을 매우 잘하여 시장의 움직임을 재빠르게 읽고 위기상황을 잘 해결한다. 성공 에너지가 많아 자기 발전을 위해 꾸준히 노력하며 항상 비전과 꿈을 가지고 생산적인 생각과 행동을 한다. 특히 권위, 도전, 지위, 자유, 다양한 활동, 성장 등을 원하는 유형으로, 자신이 대외적으로 성공했다고 느낄 때 또는 자신이 가치 있는 일을 하고 있다고 느낄 때 가장 큰 행복감을 느낀다.

- 반면, 리더십이 강한 목표성취형은 자신의 주관이 뚜렷하고 자기주장이 강하다보니 남보다 위에 있으려하거나 권위적인 환경을 좋아하고 다른 사람의 의견은 가볍게 생각하는 경향이 있어 주변 사람들과 관계가 좋지 못할 때도 많다. 특히 자신의 의견이 무시당한다고 느낄 때 상대에게 적대감을 표현하는 등 다른 사람의 충고를 받아들이는데 인색한 편이다.

3) 신중형(□)특징

- 신중형은 지적인 가치를 추구하여 배우는 것에 관심이 많고 자신이 맡은 일에 대해서는 꾸준히 실천하기에 시작한 것에서는 성적이 뛰어날 확률이 높으며 책임감 또한 강하다. 신중형은 정확한 정보를 신뢰하기에 추상적인 자료를 말하면 근거 없는 것으로 생각하고 자신에게 확신을 줄 정보를 분석하거나 자료를 수집한다. 현실적인 직관력이 있고 돌다리도 두들겨보고 건너는 성향을 가지고 있기에 사소한 것 까지도 꼼꼼하게 메모와 자료 정리를 잘한다.
- 반면, 어떤 일을 결정할 때 매우 신중하다 보니 시간이 오래 걸리고 추진력이 떨어져 주변 사람들은 당신을 때로 우유부단해 보이거나 일을 미루는 것처럼 느껴질 수도 있다.

4) 창의형(S) 특징

- 창의형은 자유분방한 예술가 기질과, 자기 성찰적인 기질의 특성을 동시에 보일 수 있다. 감정이 풍부하며, 민감한 감성을 지니고 있어 다른 사람보다는 특별한 예술적 감각과 더불어 창의성과 독창성으로 강연, 음악, 미술 등 어떠한 분야도 소화해 낼 수 있는 재능이 있다. 또한 언변이 뛰어나 논리적이며, 설득력 있게 의사소통을 하고, 글로 표현하는 능력도 갖추고 있어 다른 사람과의 논쟁에서 지는 일이 거의 없으며 문제해결 능력이 뛰어나다.
- 반면, 예민하고 섬세한 감정과 직설적이며 빈정대는 듯한 말투를 사용하며 사소한 문제까지도 간섭이 심한 편으로 다른 사람들을 당황하게 만들기도 한다. 이러한 특성은 다른 사람과의 관계도 불편하게 만들지만, 특히 가족과의 관계에서도 어려움이 있을 수 있다. 다양한 사귐보다는 소수의

한 두명 친구를 깊이 사귀며 질투심이 강해 나랑 친한 사람이 다른 사람과
친한 것을 못 참는다.

나. 자녀의 일반적인 기질 특징

1) 관계지향형(○)자녀의 특징

- 밝고 외향적인 성격으로 동적인 활동을 좋아합니다. 평소에 호기심이 많아 새로운 사건이나 신기한 물건 등에 대한 관심이 많다.
- 감수성과 사교성이 뛰어나 주변에 친구들과 사이좋게 지냅니다. 친구들에 대한 관심이 높아 상대방의 기분을 잘 파악하고 도와준다.
- 낙천적인 성격으로 부모에게 혼이 나거나, 친구에게 화를 내다가도 쉽게 풀어지고 잘 웃습니다. 이러한 이유로 주변 사람들에게 예쁨을 많이 받는다.
- 다른 유형보다 에너지가 넘쳐 쉼 없이 움직이며, 쉴 새 없이 재잘거리고, 활동 공간을 넓게 쓰는 편이다.
- 다소 충동적인 성향으로 생각보다 행동이 앞서는 경향이 있다. 또한 다양한 것에 관심을 가지고 있어 집중하는 시간이 짧다. 이로 인해 다소 산만해 보이기도 한다.
- 정리정돈이 잘 되지 않고 건망증이 있어 물건이나 약속을 곧잘 잊어버리는 편이기도 하다.
- 장기자랑이나 발표수업 등에서 앞에 나가 발표를 하며 잘 알지 못해도 먼저 손을 드는 편으로 선생님들에게 칭찬을 많이 받기도 한다.

ㄹ) 목표성취형(△)자녀의 특징

- 주관이 뚜렷하고 집중력이 뛰어나 한번 일을 시작하면 끝까지 처리하는 성격이다.
- 대체로 머리가 좋고, 모험심이 강하며 도전하기를 좋아해 어려운 목표라도 끝까지 해내는 성향을 지녔다.
- 매사에 계획을 세워 체계적으로 일하는 것을 좋아하고 자신이 잘하는 것이 무엇인지 알기에 자신감이 넘치고, 모든 일에 앞장서며 리더십이 뛰어나다.
- 독립적 성향이 강하고 자립심이 강해서 남에게 도움받기 보다는 자신 스스로의 능력을 사용하는 편이다.
- 놀이 할 때도 최선을 다하기 때문에 그렇지 못한 친구들을 잘 이해하지 못하고 자신의 놀이 방식을 강요하기도 한다.
- 성격이 급하고 동작이 빨라 심부름을 시키면 신속하게 처리합니다. 또한 판단능력과 결정이 빠른 성향으로 결정이 느린 친구들과는 잘 어울리지 못한다.
- 화를 잘 내고 자기주장(고집)이 강하다 보니 친구들에게 지시적인 언어로 표현하고 자신이 하고자 하는 방향으로 움직이는 경향이 강하다.

ㅋ) 신중형(□)자녀의 특징

- 조용하고 내향적인 성격으로 규칙과 질서 그리고 약속을 잘 지키며, 정직하고 예의바르다.
- 지식이 풍부하고 가끔은 유머를 보이거나 친구들의 이야기를 잘 들어주어 친구들과 잘 지낼 수 있다.
- 조용하고 혼자 놀이하는 것을 좋아하기 때문에 때로는 친구들과 함께 놀이

하는 것이 힘들 수도 있다.

- 다양하게 친구들을 잘 사귀지는 못하는 편이지만 다정하고 친절한 성격으로 한번 친해지면 오래가는 편이다.

- 활동적인 놀이보다는 혼자서 책을 보거나 정적인 놀이로 시간을 보내기도 한다.

- 신중한 편이고 말수가 적으며 자신의 생각을 잘 표현하지 않는다. 서운한 일도 마음에 담아두며, 은근히 고집이 센 편이기도 하다.

- 어떠한 일을 결정할 때 시간이 오래 걸리고 느긋하게 행동하므로 우유부단해 보이거나 태평하다고 느껴질 수도 있다.

- 떼를 쓰거나 말썽을 피우는 일이 드물고 책임감이 강해 자신에게 주어진 일에 대해서는 끝까지 완수하는 편이다.

4) 창의형(S)자녀의 특징

- 창의적 사고와 풍부한 상상력을 지니고 있다. 자유로움과 새로운 변화를 좋아하고 기발한 아이디어를 잘 구상하며, 자기만의 상상의 세계에 빠져들기도 한다.

- 다재다능한 재능이 많고, 미적 감각이 뛰어나 아름다운 것을 좋아한다.

- 친구나 부모님의 말이나 시선에 신경을 많이 쓰기 때문에 부모님의 꾸중이나 친구들의 비판에 지나칠 정도로 신경을 쓰고 자책하거나 자신을 과소평가하며 의기소침해지기도 한다.

- 항상 새로운 것을 추구하고 변화하려는 시도를 꾸준히 하고, 틀에 메이거나 반복적인 학습이나 놀이는 지루해 한다.

- 분석적이고 논리적인 행동의 특성을 보인다. 준비된 환경과 정확성을 중요한 가치로 여겨 주어진 일은 완벽하게 처리하는 편이다. 반면 스스로 정해

놓은 규칙이나 생각한 틀에서 벗어나는 것을 매우 싫어한다.

• 사교성이 부족하여 친구와 친해지는 것은 더디지만 시간이 지나면 친구들과 함께 있을 때 즐거움을 추구하고 감정표현을 잘하며 유머감각도 있다.

• 처음 본 사람에 대해서 의심이 많고 자신의 의견과 다를 때에는 비판적인 말투를 쓰다 보니 다른 사람들이나 친구들이 다소 불편해 한다.

3 유형별 부모의 양육행동 특성

가. 관계지향형(○): 친구 같은 부모 VS 작심삼일 부모

자녀의 행동에 대해 매사에 긍정적이고 이해심이 많다. 수용과 사랑이 많은 유형으로 자녀에게 사랑한다는 감정표현을 잘하는 편이기도 하다. 또한 자녀와 함께 다양한 경험을 통해 자녀와의 친밀감을 높이는 모습이 다른 유형에 비해 뛰어나며 사교성이 좋아 주변에 아이엄마들과 잘 어울리고 자녀 양육 및 학습에 대한 정보를 많이 얻는다.

• 지지표현 : 자녀가 다양한 경험을 할 수 있도록 활동참여 기회를 제공하고 자녀의 활동에 적합한 환경으로 바꾸어 주는 등 자녀가 하고자 하는 일에 적극적인 지지를 한다.

• 수　　용 : '좋은 것이 좋은 거다'라는 긍정적인 마인드로 자녀에 대한 수용이 높은 편이다

• 성취압력 : 자녀의 목표를 위해 적극적인 지지를 한다. 그러나 목표 성취 전에 자녀가 포기를 하여도 잔소리는 하지만 목표 달성을 종용하지 않고 이내 관심을 거두는 편이다.

• 간섭과 처벌 : 자녀가 원하는 것은 무엇이든지 허용하는 양육태도를 보인다. 자녀의 잘못된 행동에 대해서 흥분, 언성, 잔소리 등 감정적으로 대처하는 편이다.

• 일 관 성 : 자녀에 대한 감정표현과 성취요구도가 일관적이지 못한 편이다.

• 합리적설명: 자녀의 질문이나 호기심에 대해서 부모가 잘 아는 내용이면, 자녀에게 실감나게 설명해 주지만, 장황하게 설명 하거나 말의 핵심과 맥락을 못 잡는 경우가 많다.

나. 목표성취형(△): 행동력 있는 부모 VS 권위적인 부모

목표 지향적이며 계획적으로 실천하는 안정적인 양육태도를 보이고 있다. 자녀에게 자율성과 독립심을 키워주고자 하는 욕구와 책임감이 남다른 편이다. 약속과 규칙이 정해지면 반드시 지키려고 노력하는 유형이고, 특히 자녀와의 약속에서는 부모가 먼저 행동하고 모범을 보이는 긍정적 모델링을 제공한다.

- 지지표현 : 자녀의 성취목표가 뚜렷할 경우 성공에 의미를 두고 지지한다.
- 수   용 : 공감능력이 다른 유형보다 낮아서 자녀의 감정을 수용하는데 다소 어려움을 겪을 수 있다.
- 성취압력 : 다른 부모에 비해 자녀에 대한 성취목표가 높고 성취를 위해 계획부터 관여하는 편이다. 그리고 이를 위해서는 적극적으로 자녀를 통제하기도 한다.
- 간섭과 처벌 : 목표성취를 위해서는 자녀의 자율성을 제한하고 통제하는 양육태도를 보인다. 권위적이고 지시적인 양육태도를 많이 보이고 자녀의 잘못에 대해서는 엄격하게 다루는 편이다.
- 일 관 성 : 부모가 정한 기준과 목표에 자녀가 수용할 때는 일관된 양육태도를 보이지만 자녀가 부모가 정한 기준과 목표를 수용을 하지 못 할 때에는 많이 실망스러워하며 불같이 화를 내기도 한다.
- 합리적설명 : 자녀가 잘 이해하지 못하면 화를 잘 내며 답답해하는 경향을 보인다. 자녀에게 말을 하거나 설명할 때 목소리가 크고 분명하며 단호하다.

다. 신중형(□): 책임감 있는 부모 VS 보수적인 부모

자녀를 바르게 키워야한다는 책임감이 아주 큰 유형으로 특히 윤리와 도덕성을 중요시 여기고 성실함과 책임감을 강조하여 교육하는 특징이 있다. 일상생활에 질서가 있고 정리정돈이 잘되어 있어 편안하고 따뜻한 분위기를 조성하고 주변 사람들에게 친절하고 특히 가족에게 모범적인 모습을 보이며 따뜻한 가정을 이끌어가려고 노력하는 유형이다.

- 지지표현 : 부모는 부모가 세운 원칙에 위배되지 않는 자녀의 결정과 행동에 대해서는 자녀가 목표를 달성할 때까지 헌신적이고 일관성 있게 지지해준다.

- 수　　용 : 자녀의 행동이나 태도에 대해 온정적인 태도를 보인다.

- 성취압력 : 다른 사람에게 인정받는 자녀로 키우고자 하는 기대가 큰 유형이다. 자녀의 성취지도를 위해서는 자녀가 스스로 목표 활동을 하도록 조력하며 안정적인 환경을 제공해준다.

- 간섭과 처벌 : 자녀의 일상생활에 대한 시간부터 학습시간 까지 하나하나 챙기고 체크하는 양육태도를 보인다. 안정적이고 일관성 있는 교육을 선호하는 편이다.

- 일 관 성 : 부모가 정해놓은 규범과 규칙 안에서는 일괄적인 양육태도를 보인다.

- 합리적설명 : 자녀의 질문이나 호기심에 대해서자세하고 꼼꼼하게 설명해주는 편이다.

라. 창의형(S): 감각 있는 부모 VS 완고한 부모

자녀의 양육에서도 언제나 좋은 부모가 되려고 노력하고 자녀를 위해 자신을 희생하는 희생정신이 높다. 자녀 지도에서는 자녀가 상황을 분석하고 문제 해결을 스스로 할 수 있도록 격려하며 자신감을 갖도록 지지하고 자녀들에게 독립적이고 능력 있는 부모의 모습을 보이고자 노력한다. 반면 창의형 부모들은 아이들의 양육이나 교육에 있어 기준이 높다. 아주 체계적이고 질서정연한 계획을 가지고 자녀들을 양육하기 때문에 교사나 자녀에게 칭찬이 인색하다. 90점 맞아온 아이에게 10점만 더 맞으면 100점인데 왜 90점 맞아 왔냐고 다그친다.

- 지지표현 : 자녀의 감정에 주의를 기울이며 자녀가 생각하고 결정하는 일들에 대해 무한한 신뢰와 더불어 적극적으로 지지해주는 편이다.
- 수   용 : 자녀의 작은 행동 하나까지도 놓치지 않고 관찰, 공감, 감정까지 수용하는 편이다.
- 성취압력 : 다른 부모에 비해 자녀에 대한 기대가 높아 완벽한 결과를 원한다.
- 간섭과 처벌 : 규칙이나 반복되는 일상생활을 좋아하지 않기에 자녀들 또한 가장 자연스러운 방식으로 성장하고 배우기를 원하는 편이다. 자녀의 잘못에 대해 부모가 이해를 하지 못하면 이해가 될 때 까지 계속해서 물어보는 유형이다.
- 일 관 성 : 자녀에 대해 비현실적인 기대를 지니고 있다. 자신의 이상과 자녀의 현실이 부딪힐 때는 비평적인 태도를 취하기도 한다.
- 합리적설명 : 자녀의 질문이나 호기심에 대해서 구체적인 사실에 근거하거나 데이터화해서 자세히 설명하는 편이다.

4 도형 유형에 따른 부모와의 소통

가. 관계지향형(○) 부모의 의사소통 특징과 소통 방법

1) 관계지향형(○) 부모의 의사소통

관계지향형 부모는 의사소통에 있어서 다른 유형에 비해 비언어적 의사소통 방법의 사용빈도가 높은 편이다. 자신의 감정을 숨기지 못해 얼굴에 그대로 드러내는 경향을 보이기도 하며, 감정의 기복이 심한편이다. 회의나 모임에서도 독단적으로 나서기 보다는 주위 분위기를 보면서 맞추어 가는 센스가 있다. 다만 다른 유형에 비해 계산을 하거나 수식, 도표 해석 등 숫자나 수학에 어려움을 느끼고 새로운 기계나 프로그램을 다루는데 어려움을 겪기도 한다.

관계지향형 어머니 특징

관계지향형 어머니들은 "어머나! 선생님! 오! 세상에나!!" 등과 같이 감탄사와 약간은 과장된 몸짓과 언어를 사용한다. 말을 할 때 옆 사람을 살짝 건들거나 스킨십을 하면서 대화를 하는 행동을 보인다. 또한 사람과 어울리는 것을 좋아해서 여러 명이 어울려 다니거나 유치원이나 학교 엄마들과 차 한잔 하며 하루 종일 수다피우며 시간을 보낼 수도 있다. 다른 사람의 일이나 소문에 대해 궁금한 것이 많아서 질문이 많다. 원에서 행사를 할 때 도와달라고 요청하면 바로 달려오는 든든한 우군이기도 하다. 그러나 조금만 관심이 식었다고 느끼거나 칭찬, 감사표현을 못 들었다고 생각하면 금방 서운해 한다. 서운한 마음이 클 때에는 발끈하면서 화를 내기도 한다. 이 유형과 대화를 할 때에는 70:30으로 충분히 상대방의 말을 들어주고 "네 그렇지요, 맞아요". 하면서 맞장구쳐 주는 것만으로도 발끈했던 감정은 정리된다.

ㄹ) 관계지향형(○)부모와 소통하기

관계지향형 부모와 소통하기 위해서는,

- 이야기하는 사람의 이야기를 잘 들어주며, 긍정 반응을 크게 해주는 것이 좋다.
  - "정말요? 정말 훌륭하세요!", "대단해요!", "역시!" (감탄사가 섞인 칭찬)
- 작은 친절에도 고맙다는 진정성을 보여주면 좋다.
- 칭찬이나 격려, 따뜻한 말 한마디를 자주 해주는 것이 좋다.
- 어머니가 방문을 하거나 전화를 할 때 관심을 보이고 작은 변화도 알아채 주면 좋다.
- 대화를 할 때 이야기의 흐름을 짚어주고, 대화 주제를 자주 상기시켜줄 필요가 있다.

나. 목표성취형(△)부모의 의사소통 특징과 소통 방법

1) 목표성취형(△) 부모의 의사소통

목표성취형 부모는 다른 유형에 비해 현실 감각이 뛰어나고 직설적이며, 자신이 말하고자 하는 핵심만을 간단명료하게 말한다. 성과 중심적인 성향으로서, 리더십이 탁월하며 설명이나 자신의 생각을 논리적으로 잘 표현하여 상대방의 마음을 움직이는 것에 탁월한 재능을 가지고 있다. 그리고 기회 포착을 잘하며 임기응변이 뛰어나고 일에 대한 결단과 자신이 결단한 결과에 대하여는 주저함이 없다. 또한 상대방의 말이나 행동이 논리적·합리적이지 않으면 인정하지 않는 성향을 보인다. 지배받거나 지시받는 환경을 극도로 싫어하는 편으로, 다른 사람의 의견이나 충고를 받아들이기 어려워한다.

목표성취형 어머니 특징

다른 원과 연합으로 불우이웃돕기 바자회가 열리는 날,
교사들은 다른 일처리로 많이 바쁜 상황에 목표성취형 부모에게 바자회 관련 일부 내용을 부탁드렸다. 목표성취형 어머니는 그 일을 맡는 순간 자신을 도와 같이 일을 할 다른 어머니들을 섭외할 것이고 일사천리로 계획부터 실행, 마무리까지 잘 끝냈다. 물론, 불우이웃돕기 바자회에서 올린 성과도 남달랐다. 부모와 교사들은 그날의 기쁨을 축하하는 자리! "어머니의 기획력과 탁월한 일처리 덕분으로 우리가 오늘 좋은 성과를 거두었어요!. 어머니의 능력을 배우고 싶어요. 어쩜 이렇게도 깔끔하게 일처리를 하셨어요. 다음에도 꼭 다시 부탁드려요." 라고 말한다면 그 어머니의 자녀가 졸업을 할 때까지 원의 어려운 일을 도맡아서 반장역할을 할 것이다.

　반면, 목표성취형 어머니들은 직설적 표현을 하며 본론과 결론만을 말하는 습관이 있고 말을 길게 하지 않는 편이다. 유아교육기관 근무자들의 80% 정도가 관계지향형인 관계로 목표성취형 부모와의 대화에서 곧잘 상처를 입을 수 있다.
예를 들어 전화 통화 시. 안녕하세요. 선생님 오랜만이에요. 요즘 별 일 없으시지요? 안부가 궁금했는데 인사가 늦었네요. 등 여러 주변 인사말을 한 후 대체로 본론으로 들어가는 다른 유형의 사람들과는 달리 "원장님 저 국제 엄마인데요, 도대체 원비가 왜 차이가 나죠? 하고 바로 본론으로 가기 때문에, 관계지향형 감성을 가진 교사라면 상대방의 딱딱함에 어쩔 줄 몰라 할 수도 있다.

2) 목표성취형(△)부모와 소통하기

- 대화할 때는 내용은 논리정연하게 본론부터 신속하게 먼저 말하는 것이 좋다.
- 의논보다는 대화의 마지막 결정권을 부모에게 주는 것이 좋다.
- 예의를 갖추고 직함으로 정중히 호칭하는 것이 신뢰를 주는 방법이다.
- 자신의 의견을 확실히 표현하는 것이 필요하다.
- 일의 성과 및 능력을 인정해주는 것이 좋다.
- 부탁을 해왔을 때 도와주고 협조하는 것이 좋다.
- 충고나 제안 대신 정중하게 부탁을 하는 것이 좋다.
- 원의 프로그램에 대한 정확한 방향을 알도록 해주어야 한다.

다. 신중형(ㅁ)부모의 의사소통 특징과 소통 방법

1) 신중형(ㅁ)부모의 의사소통

신중형 부모는 전문지식을 잘 믿으며 신뢰할 만한 정보만을 의지하는 경향이 있어서 고민이 생겨도 가까운 지인들에게도 잘 털어놓지 못하고 스스로 해결하는 유형이다. 자신의 의견을 주장하기 보다는 상대방의 말을 잘 들어주고 따르는 것에 익숙하고 편안해 하는 유형이다. 다툼이나 다른 사람과의 불편한 관계를 싫어해 자신의 감정이나 불만을 내세우지 않고 마음속에 담아두는 편으로, 기회가 생겼을 때 유머나 농담 또는 에둘러서 말하는 방법으로 불만을 표출하기도 한다. 천성적으로 온화하고 안정적으로 지내는 경향을 보이며, 착한 성격으로, 주변 사람을 대할 때 좋은 면만을 보려하는 경향이 있다. 상대방을 잘 알기 전에는 표현을 잘하지 않아 처음 본 사람들은 당신에 대해 차갑다고 느낄 수 있다.

2) 신중형(ㅁ)부모와 소통하기

- 대화를 할 때 과장된 표현이나 격한 감정 표현을 삼가는 것이 좋다.
- 예의 있는 행동을 취하고, 절제되어 있으면서도 세련된 표현을 선택하는 것이 효과적이다.
- 약속 시간 5분 전에 도착해주는 것이 좋다.
- 개인적인 신상에 관한 호기심을 보이는 것은 삼가야 한다.
- 정확한 정보제공과 검증된 내용으로 대화를 시도한다면 이들에게 신뢰받을 수 있다.
- 읽은 책이나 취미 등에 대해 질문을 던져보면 이야기가 자연스럽게 흘러간다.

- 보수성향이 강하고 있는 그대로 존중받고 이해받기를 특별히 원한다.
- 비록 교사와 대화에서 자주 빗나간 피드백이 오더라도 부모에게 존중감을 느낄 수 있도록 차분하게 인내심을 가지고 반복적으로 이해시켜야 한다.

신중형 어머니의 특징

신입생 오리엔테이션 날!
"우리원의 철학은.....입니다. 부모상담은 분기별로 4번 정기 상담이 있습니다. 궁금하신 내용이나 자녀에 대해 상담을 원하시면 언제라도 편하게 방문해 주세요. 우리원에서는 숲 체험 프로그램 운영하고 있으며 어머니들께서 1달에 한 번은 자발적으로 참여해주시면 좋 겠습니다." 무사히 오리엔테이션을 마치고 일상생활을 이어가는데, "저는 그런 이야기 처음 듣는데요?, 제가요? 그런 말 한 적 없는데... 등등" 이런 경우 신중형 부모일 가능성 이 높다. 신중형 부모들은 갈등을 싫어해 무조건 YES 하고 뒤에서는 딴말을 할 수 가 있 다. 또한 교사가 자녀나 유치원의 일정에 대해서 여러 차례에 걸쳐 이야기 했는데도 때로 는 전혀 처음 듣는다는 식의 반응을 보일 때가 있다. 프로그램의 급격한 변화나 교사의 변 동 등은 이 유형의 부모에게는 스트레스를 유발한다.

라. 창의형(S) 부모의 의사소통 특징과 소통 방법

1) 창의형(S)부모의 의사소통

창의형 부모는 흥미 보다는 논리적이거나 생산적인 대화를 좋아하고, 상대방 에게도 같은 주제의 대답을 원하지만 교사나 다른 사람들은 창의형 부모의 주 제에 맞추는 것이 다소 힘들 수도 있다. 이때 다른 사람들이 자신의 대화나 감 정에 대해 무관심하면 거부당했다는 생각을 하여 깊은 연민에 빠지기도 한다. 감정 기복이 심하기도 하고 다른 유형에 비해 섬세하고 까다로운 기질을 지니 고 있어 사람들을 만날 때 자신과 코드가 잘 맞는지를 중요하게 생각한다. 자신 과 비슷한 관심사를 가진 사람 혹은 자신이 좋아하는 사람이 생기면 헌신하는 유형이다. 또한 사람을 대할 때 진실하게 대하는 성격으로, 사람과의 관계가 조화롭지 않으면 많이 예민해지기도 한다. 창의형 부모는 대다수 사람들의 의견과 일치하지 않는 독특한 견해를 지니고 있는데, 전체 인구 중 창의형 부모와 같은 성격을 가진 사람은 많지 않다. 그렇기에 다른 사람들과 많은 갈등이 생길 수 있다.

2) 창의형(S)부모와 소통하기

- 이 유형 부모의 독특한 안목을 지지하면서 인정해주면 재능을 더욱 발휘한다.
- 창의형 부모에게 아이디어를 얻고 싶다면 사무실과 같은 막힌 공간에서의 만남보다는 미술관이나 가벼운 산책 등을 같이 하는 것이 좋다.
- 창의형 부모가 조언을 구한다면 적극적으로 잘 들어주고 함께 도와주려는 노력을 보여주어야 한다.
- 대화나 회의를 할 때 충고하지 말고 부모들의 의견을 물어보는 것이 좋다.
- 부모와 자녀의 칭찬하고자 할 때에는 구체적으로 칭찬해주는 것이 좋다. "정말 예쁘네요!" 와 같은 두루뭉술한 칭찬은 오히려 기분 나빠할 수 있다.
- 부모가 하는 독특한 행동이 싫다면 정확하게 표현해주는 것이 필요하다.
- 부모와의 약속과 프로그램을 계획했다면 정확하고 효율적으로 계획을 세워야 한다.
부모 상담이 계획되었다면 철저한 준비와 사전 확인 작업, 정확한 시간약속이 이루어져야만 한다.
- 부모의 예민한 감정을 무시당했다고 생각했을 때 예민하고 까다로워진다.
- 창의형 부모에게는 대충 얼렁뚱땅 넘어가면 안 된다. "어머니 그 프로그램은 대략 이러 저래 해요" 라고 에둘러 대화를 끌고 간

다면 창의형 어머니들은 인정하지 않는다. 막연하거나 너무 호들갑스러운 것도 싫어한다. 체계적이고 논리적이고 간결한 대화를 좋아하며 깔끔하고 질서 있는 원의 분위기를 좋아한다.

창의형 어머니 특징

자녀의 교육에 대한 기준이 더없이 높은 창의형 부모는 자녀가 다니는 원에 대한 기준도 높을 수밖에 없다. 더 숲 어린이집은 다른 원보다 특별한 숲 활동 프로그램을 하고 있고 남다른 특별한 교육철학을 가지고 있는 원장님이란 것을 인식시켜 준다면 자신이 여기에 속해 있다는 신뢰와 자부심을 느끼며 유아교육기관에서 하는 일에 협조와 헌신을 아끼지 않는 부모가 될 것이다. 반면 아무리 좋은 프로그램이라도 부모의 눈에 차지 않으면 만족을 하지 못하고 사사건건 비판하며 따지거나 불평도 많아진다. 이런 창의형 부모님들과의 관계에서 교사들은 주눅이 들기도 하고 스트레스 받아하며, 부모와의 만남을 기피하게 되는 일도 발생한다.

5 기타 부모 유형에 따른 부모와의 소통

가. 비협조적인 부모

- 자주 대화를 나누는 기회를 만든다.
- 교육 목표와 방침, 프로그램의 내용, 목표, 근거 등에 대해 자세히 설명하여 이해를 구한다.
- 빠른 시간 안에 공감대를 느낄 수 있을 만한 부분을 찾아 대화한다.
- 일단 부모 생각을 높이 평가해 주고 공감하여 동질감을 느끼게 한 후, 협조를 구하는 것이 좋다.

나. 빠른 변화를 원하는 부모

- 부모가 바란다고 해서 아이가 금방 변하고 발달하는 것은 아니다. 변화와 성장은 생물학적, 인지적, 환경적 조건이 갖춰졌을 때 일어나는 것이다.
- 교사는 부모의 조급함에 동조해서는 안 된다.
- 교사는 부모의 성급함 속에 깔려 있는 기대와 소망을 수용하면서 변화의 때가 있고 그 시기를 준비하면서 기다려야 한다는 것을 차분히 설명해 주어야 한다.

다. 자기자식에게만 신경 써 줄 것을 요구하는 부모

- 각자의 부모에게 자기자식이 가장 사랑스럽고 소중한 만큼 교사는 그렇게

사랑스럽고 소중한 모든 아이들에게 골고루 관심을 가진다는 것을 확고히 밝힐 수 있어야 한다.

- 개별적인 상담이라면 "최선을 다할 것이다."라고 수용한 후, "하지만, 모든 아이들이 부모들에게는 가장 소중하기 때문에 모든 아이들에게 고루 관심을 둘 수밖에 없다."고 부드럽게 이야기한다.

- 다른 사람의 관심을 나누어 갖고, 서로 부딪히는 과정에서 아이의 사회성과 정서가 발달한다는 것을 알려 준다.

라. 무리한 것을 요구하는 부모

• 부모들의 현실적으로 무리하거나 불가능한 요구에 대해서는 가능하지 않은 이유를 알려 주고 단호하게 거절한다.

• 교육과 양육의 일관성과 계획성의 중요성을 알려주고 이 일은 전문적인 지식을 가진 교장과 교사들이 한다는 것을 알려준다.

마. 자녀를 객관적으로 파악하지 못하는 부모

• 어떤 부모들은 정상적인 아동임에도 불구하고 문제가 있다고 생각하거나 반대로 지나치게 과대평가를 한다.

• 어떤 경우이든 부모가 자녀를 객관적으로 보지 못할 때, 교사의 관찰만 가지고 이야기하게 되면 교사-부모 관계가 깨질 위험성이 있다. 이럴 때는 반드시 검사와 같은 객관적인 자료를 활용해서 객관적으로 이야기하는 것이 좋다.

- 우선 아이의 장점을 충분히 인정해 주고 난 후 검사결과와 같은 객관적인 자료를 제시하면서 조심스럽게 몇몇 가지 부족한 점을 조금 노력한다면 더 좋을 것 같다고 이야기하는 것이 좋다.
- 상담의 효과는 친밀감의 정도와 밀접한 관계가 있다.
  - 갑작스럽게 아이의 문제를 한꺼번에 알리기보다는 자주 전화통화를 한다든지, 메모를 자주 주고받는 등 학부모와 어느 정도 친밀감을 쌓은 후
  - 아이의 문제점이나 단점을 이야기할 때는 반드시 장점을 함께 이야기한다.
  - 교사 자신의 경험과 인상에 의지하기 보다는 심리검사나 전문가의 평가와 같은 권위에 의지해서 아이의 문제를 부모에게 알려준다.

바. 책임을 전가하는 부모

- 부모와 싸우지 않는다.
- 부모와 교사, 각자가 아이에게 미치는 영향과 도움이 될 수 있는 부분을 충분히 설명한다.
- 교사와 부모의 협조가 아이의 변화에 반드시 필요하다는 것을 알려 준다.

사. 지적 프로그램을 과도하게 요구하는 부모

- 아동기에 단순 지식만을 과도하게 받아들이는 것은 사고방식과 문제해결 방식에서의 발달 왜곡을 가져와 학령기에 이르러서는 수동적이고 피상적인 사고를 하게 되고 문제해결능력이 부적하기 쉽다는 사실을 알려준다.
- 지적 프로그램은 흥미와 재미가 덜하기 때문에 아이들이 동기를 쉽게 상실하

고 이 문제는 학령기에 학습부진의 원인이 될 수 있다는 것을 설명한다.

• 사회에서의 성공은 단지 지식뿐이 아니라 사회성, EQ, 지구력, 노력, 성취동
기 등 지적인 요인이외의 많은 요인들이 적용하며, 또한 지적인 성취를 위해
서도 단지 글을 읽고 단편적인 정보를 많이 아는 것보다 지적인 호기심과 탐
구활동, 논리적 사고력, 학습동기 등이 더 중요하며, 인지적 발달에도 단계가
있고 그런 발달을 촉진시킬 수 있는 적당한 시기가 있다는 것을 알려주어야
한다.

아. 무관심한 부모

• 오히려 무관심한 것 같은 부모가 나중에 한꺼번에 불만을 토로할 수 있다.
그러므로 부모가 무뚝뚝하다고 교사나 학교도 무심해서는 안 된다.

• 아이들을 매개로 자주 대화를 시도하고 부모의 의사를 때때로 살펴야 한다.

- 성격 자체가 무던하고 말이 없어 그럴 수도 있으나 바람직한 성향은 아니므로
자주 전화 통화를 하고 일주일에 두세 번 메모를 해서 보내고 부모로 하여금
자연스럽게 답 메모를 하도록 한다.

도형 위치에 따른 기질 특성

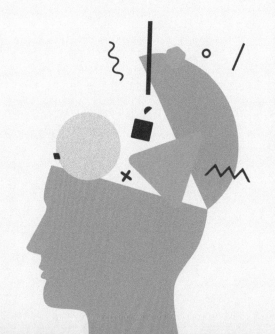

1 도형의 위치에 따른 내향, 외향 해석

심리 및 정신은 일정한 태도와 기능을 하는 유형을 갖고 있다. 동일한 사건을 두고서도 각기 다른 반응이 일어나는 것은 개인이 갖고 있는 정신의 태도와 기능 때문이다. 이런 점에서 융은 일반적인 태도의 유형과 기능의 유형을 구분하였다. 정신에서 내향과 외향이 일반적인 태도의 유형이라면 사고, 감정, 감각, 직관 등은 그 기능의 유형이다.

일반적인 태도의 유형이란 대개 내향적, 외향적이라고 부르는 심리 및 정신의 특성이다. 이는 관심의 방향, 정신에너지의 움직임의 방향에 의해 구분되는 것이라면, 기능 유형은 개인이 자신에게 가장 많이 발달된 기능을 가지고 적응함으로써 생겨나는 특수한 유형을 의미한다.

이는 도형심리 분석에서도 적용이 되는데, 도형을 해석하고자 할 때에는 두 개의 네모 중 작은 네모에 포함되어 있는 도형들은 보편적으로 내향적(Introvert)으로 인식한다. 반면, 큰 네모에 포함되어 있는 도형들은 보편적으로 외향적(Extrovert)으로 인식한다. 작은 네모와 큰 네모에 걸쳐져 있는 도형들은 양향적(Ambivert)로 인식한다. 즉, 도형들이 작은 네모 안에 포함되어 있다면 내향적 성향이 강함을, 큰 네모 안에 포함되어 있다면 외향적 성향이 강함을, 경계에 걸쳐있다면 양향적 성향임을 알 수 있다.

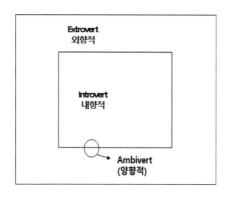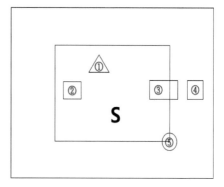

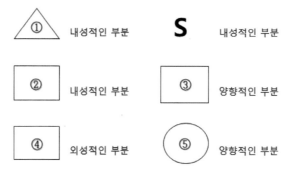

가. 외향적 태도 특성

　외향적인 사람은 대상에 대해 긍정적으로 행동한다. 이들은 대상의 의미를 긍정하여 자신의 태도를 항상 대상에 맞추면서 대상과 관계를 맺는다. 쾌활하고 적극적이며 능동적인 성향으로 환경의 변화에 대한 적응력이 매우 좋다. 다른 사람에게 친절하며 개방적이기 때문에 친구는 많이 있으나 다투는 일도 종종 발생한다. 즐겁고 유쾌한 분위기에서 업 되고 활기를 찾기 때문에 시간이 경과할수록 기분이 상승하는 편이다. 때로는 이런 면들이 과해서 지나치게 과한 감정적 반응이나 충동적 행동을 보여 문제가 되기도 한다.

외향형들은 '칭찬', '인정', '지지', '격려' 등 긍정적인 요소에 잘 반응하는 편이다. 이와 같은 긍정적 피드백은 외향의 기분을 끌어올려주면서 활력을 준다. 반면에 부정적인 피드백이나 문제점 지적에 대해서는 소홀하게 생각하거나 대충 "잘못했습니다! 미안합니다!" 등의 멘트로 에둘러 넘어가려고 하는 경향이 있다(도형분석심리상담연구소, 2020).

나. 내향적 태도 특징

내향적인 사람은 대상에 대해 추상적인 태도를 취하는 편이다. 또한 보편적으로 소극적이고, 융통성과 적응력이 부족하다. 많은 사람들이 모이는 것보다는 혼자 있거나 조용하고 차분한 분위기에서 에너지와 활력을 얻는다. 행동을 할 때에도 현재 상황에 대하여 분석하고 어떻게 행동하는 것이 적절한지에 대하여 생각이 정리된 후 행동한다. 시작은 느리고 소극적으로 실행하는 것 같지만 오류가 적거나 한방에 결과를 얻는 실행을 한다.

내향형들은 '칭찬'이나 '인정'에 익숙하지 못하거나 혹은 쑥스러워하기도 한다. 오히려 자신에 대한 비판이나 문제점 지적에 더 큰 반응을 보이는 편이다. 그래서 무엇이 문제인지, 왜 문제인지, 그래서 어떻게 해야 하는지 등에 대해서 많은 시간과 노력을 기울인다. 따라서 내적인 감정이나 기분도 함께 다운되기도 하며, 심지어는 낮은 자존감으로 이어지기도 한다(도형분석심리상담연구소, 2020).

외향과 내향 성격은 부부 싸움이나 연인들 간의 싸움에서 가장 극적으로 드러난다. 외향형의 경우 열 받고 화나는 일이 있으면 표정부터 싸해진다. 그리고 감정적인 폭발을 하게 되면 엄청난 언변과 빠르고 적극적인 실행력을 얻어 '와다다' 화를 쏟아낸다. 반면, 내향형의 경우에는 이런 상황에서 '갑작스러운 상대방의 화'에 대해서 "이 사람이 갑자기 왜 이러지?"라고 생각에 들어간다. 여기서 더 큰 문제가 발생한다. 문제를 분석하고 적절한 반응과 해결책을 찾기 위하여 굳은 혹은 심각한 표정을 지을 때 상대방은 '삐졌구나!'라고 칭하는 감정적 대응으로 잘못 받아들여지게 된다. 그렇게 오해를 하게 되면 외향형의 화는 더 솟구치게 되며, "이럴 때일수록 대화를 해서 풀 생각은 안 하고 왜 그렇게 꽁~ 하니 삐쳐서 감정적으로 반응하는 건데? 말을 하라고 말을!" 이라고 더 높은 언성으로 이야기 한다. 결국 내향형은 더 높아진 언성에 생각은 방해받게 되며 더 깊은 생각에 빠져서 이제는 아예 '대놓고 무시' 하는듯한 느낌을 상대방에게 줄 수도 있다.

다. 양향적 태도 특징

외향성과 내향성으로만 분리하는 통념과 달리 두 가지 특성을 모두 가진 사람들을 "양향 성격자(앰비버트·Ambivert)"라고 한다. 양향성의 소유자들은 외향적이든 내향적이든 어느 한쪽이 더 지배적이지 않다. 즉, 중간에 위치하기 때문에 외향성과 내향성을 모두 활용할 수 있는 독특한 능력을 가지고 있다.

이런 태도의 장점 중 하나는 매혹적인 이야기를 들려주고 주위 사람들을 끌어들일 수 있는 동시에 주의 깊게 듣고 누군가의 신뢰를 얻을 수 있다는 것이다. 그 결과 주변 사람과 더 강하고 깊이 있는 관계를 형성하는 경향이 있다. 또한 활달하거나 내성적인 사람들 모두와 관계를 형성할 수 있기 때문에 가치 있는 연결고리를 쉽게 만들어 직장에서도 훌륭한 역할을 해낼 수 있다. 동시에 앞에 나서 의견을 진술하거나 자신에게 제시된 정보를 듣고 수용할 수도 있다.

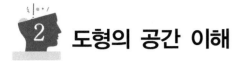

도형의 공간 이해

1955년에 미국의 심리학자인 조셉 루프트(JosephLuft)와 해리 임햄(Harry Ingham)의 이론으로 두 학자의 이름을 따서 조하리 창이라 명시되어 공간을 통해 다른 사람과의 관계 속에서 자신이 어떤 성향을 지녔는지를 알고 관계 향상을 위한 개선의 필요를 점검하고 아울러 다른 사람과 관계 속에서 자기 자신을 더 잘 이해할 수 있도록 해주는 도구라고도 볼 수 있다.

조하리 창은 자기 공개(self-disclosure)와 피드백(feedback)이라는 두 가지 측면에 의해 네 가지 영역으로 구분된다. 네 가지 영역은 각각 열린 영역, 맹인 영역, 숨겨진 영역, 미지의 영역으로 나뉜다.

• 열린 영역(open area)
자기 자신과 다른 사람 모두가 하는 영역으로 이 영역이 넓을수록 다른 사람과의 공감대 형성이 수월하여 인간관계가 원만하다.

• 맹인 영역(blind area)
자기 자신은 모르지만 다른 사람이 알고 있는 영역으로 다른 사람 눈에 비춰지는 자기의 무의식적인 언어 습관이나 행동 방식이 이에 해당되며 맹인영역이 넓을수록 자기의 감정을 잘 표현하지만 다른 사람들로부터 독선적이라는 평가를 받기가 쉽다.

• 숨겨진 영역(hidden area)
자기 자신만 알고 있고 다른 사람은 모르는 영역으로 자신의 약점, 비밀과 같이 다른 사람에게 숨기는 자신의 욕망, 감정, 꿈 등이 이 영역에 해당한다.

• 미지의 영역(unknown area)

자기 자신과 다른 사람 모두가 모르는 영역으로 자신에게도 상대에게도 인지되지 않은 무의식의 영역을 말한다. 심리적 상처가 많은 경우 이 영역은 넓어지게 된다.

사람에 따라 네 가지 영역의 크기는 다 다르며 살면서 각 영역의 크기는 변한다. 마음 문을 열고 자신의 마음속 깊이 자리 잡은 생각을 다른 사람에게 나누면 숨겨진 영역(hidden area)은 줄어드는 대신 열린 영역(open area)은 늘어나게 된다(네이버 지식백과, 2021).

도형 유형 검사에서는 조하리의 마음의 창 이론에 근거해 자기 공개와 피드백을 〈표 10-1〉 도형의 시간과 공간영역을 통해 기질의 장 단점 및 자기공개의 피드백을 지원한다. 아래 을 늘리면 대인 간 갈등이 줄고 원만한 인간관계가 이루어질 수 있다.

표 10-1 도형의 시간과 공간 영역

과거	현재	미래	공개	활발	의식
미래	삶의 공간 우주 / A		은폐	불확실	전의식
현재	마음의 공간 소우주				
과거			맹점	냉동	무의식

3 # 도형의 위치에 따른 해석

가. 도형의 상 · 하에 대한 해석

표 10-2 도형의 상하 위치에 따른 해석

1. 장점이 강하게 나타남	1. 장점이 보류된 상태임	1. 장점이 속으로 숨어 있음
2. 현실적으로 활발한 생활함	2. 지금 모든 것이 싫음	2. 죽고 싶은 심정임
3. 젊을수록 잘 나타남	3. 삶에 의미를 잃어버린 상태	3. 노년에 많이 나타남

표 10-3 우울 이상심리 도형의 위치에 따른 해석

우울증 초기 증세	우울증 중기 증세	우울증 말기 증세
1. 상담치료 가능한 상태임	1. 전문상담 치료 권고	1. 정신신경과 치료 권고
2. 인생의 살맛을 잃어버린 상태임	2. 죽고 싶다는 생각을 함	2. 구체적인 자살시도를 함

나. 도형의 좌·우에 대한 성격 해석

표 10-4 동그라미 도형의 좌우 위치에 따른 해석

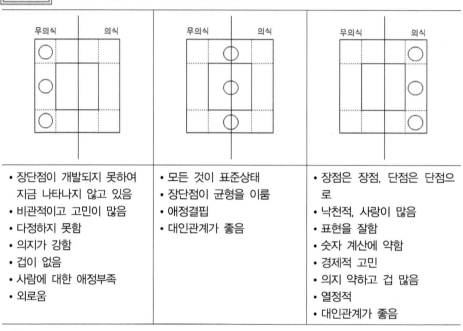

• 장단점이 개발되지 못하여 지금 나타나지 않고 있음 • 비관적이고 고민이 많음 • 다정하지 못함 • 의지가 강함 • 겁이 없음 • 사람에 대한 애정부족 • 외로움	• 모든 것이 표준상태 • 장단점이 균형을 이룸 • 애정결핍 • 대인관계가 좋음	• 장점은 장점, 단점은 단점으로 • 낙천적, 사랑이 많음 • 표현을 잘함 • 숫자 계산에 약함 • 경제적 고민 • 의지 약하고 겁 많음 • 열정적 • 대인관계가 좋음

표 10-5 세모 도형의 좌우 위치에 따른 해석

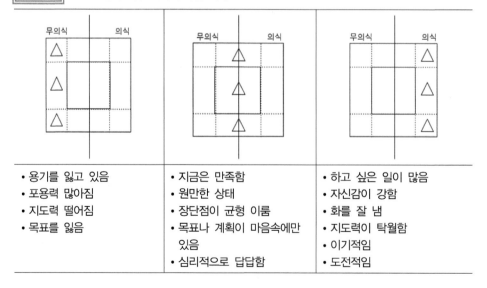

• 용기를 잃고 있음 • 포용력 많아짐 • 지도력 떨어짐 • 목표를 잃음	• 지금은 만족함 • 원만한 상태 • 장단점이 균형 이룸 • 목표나 계획이 마음속에만 있음 • 심리적으로 답답함	• 하고 싶은 일이 많음 • 자신감이 강함 • 화를 잘 냄 • 지도력이 탁월함 • 이기적임 • 도전적임

표 10-6 | 네모 도형의 좌우 위치에 따른 해석

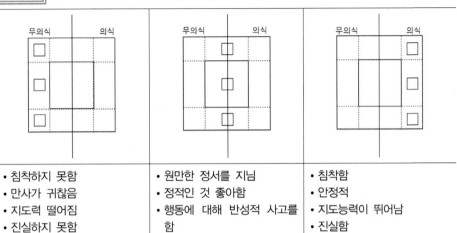

• 침착하지 못함 • 만사가 귀찮음 • 지도력 떨어짐 • 진실하지 못함	• 원만한 정서를 지님 • 정적인 것 좋아함 • 행동에 대해 반성적 사고를 함	• 침착함 • 안정적 • 지도능력이 뛰어남 • 진실함

표 10-7 | 에스 도형의 좌우 위치에 따른 해석

무의식 / 의식	무의식 / 의식	무의식 / 의식
S S S	S S S	S S S
• 고민이 많음 • 비논리적 생각을 함(상상력, 창의력, 진지함을 키워주어야 함)	• 부정적 논리가 강함 • 정신적으로 가장 안정을 누림	• 고민이 많음 • 논리적(비평을 잘함) • 생각이 많음

4 위치에 따른 도형별 기질의 특징

    도형상담연구소의 정범환 소장이 기질의 장단점 비교 분석을 통해 각각의 도형의 위치에 따라 장점과 단점으로 구분한 것을 도형 전도교육원의 오형규 원장이 각 기질에 따른 장단점을 도표로 정리하였다(백승철, 2016; 장해성외, 2016).

표 10-8 도형의 공간

좌측은 단점		우측은 장점	
①	❾	❹	❶
⑥	②	❺	❷
⑦	③	❼	❸
⑧⑨	⑤	④	❽

가. 동그라미(O)유형의 장단점 위치

표 10-9 동그라미(O)유형의 장단점 위치

약점
① 의지가 약함
 무슨 일이든 오래 지속 못함
② 감정에 잘 치우침
 성격 기복 심해 기쁨 슬픔 못찾음
③ 지속적이지 못함
 어수선하고 분위기 산만
④ 안절부절함
 상황 바뀌면 침착하지 못함
⑤ 신용이 없음
 건망증 많아 약속 못 지킴
⑥ 대화내용 자기중심적
 대화 중 끼어들어 대화독차지
⑦ 목소리가 큰 편
 대화 중 큰소리를 냄
⑧ 과장이 심함
 말을 크게 부풀림
⑨ 겁이 많음
 겁 없어 보이나 그 반대

[그림]

①	⑨	❹	❶
⑥	②	❺	❷
⑦	③	❼	❸
⑧⑨	⑤	④	❽

(중앙: ⑥/❻)

강점
❶ 조용함
 일단 말을 시작하면 못 막음
❷ 꾸준함
 어려움 당할수록 침착함
❸ 신뢰할만 함
 진실하고 약속 잘 지킴
❹ 정리정돈 잘 함
 효율적, 자기 것 주장
❺ 보수적
 예의 잘 갖춤
❻ 현실적
 현실 초월한 것 같으나 가장 현실적
❼ 지도자형
 배우고 가르치는 데 관심 많음
❽ 지나간 일은 잘 기억함
 유머와 재치 있음

나. 세모(△)유형의 장단점 위치

표 10-10 세모(△)유형의 장단점 위치

약점
① 신경질적
 화를 잘 냄
② 잔인함
 외과, 정형외과 의사
③ 냉소적
 자신감 넘칠 때 크게 나타남
④ 남을 앞지르려고 함
 운동이나 게임 승부욕 강함
⑤ 성급하게 생각하는 경향
 빠른 판단과 결정으로 인해 생각이 얕음
⑥ 자신감에서 오는 거만함
 자신감 넘쳐, 외향적 측면 때
⑦ 스스로 자만할 때 있음
 한 번 꺾여도 마음의 상처가 없음
⑧ 감정이 무딤
 호소해도 안 흔들림
⑨ 잔꾀가 많음

[그림]

①	⑨	❹	❶
⑥	②	❺	❷
⑦	③	❼	❸
⑧⑨	⑤	④	❽

(중앙: ⑥/❻)

강점
❶ 현실지향적
 문제해결사 역할, 말 잘함
❷ 외향적
 인정과 사랑을 받기 원함
❸ 대인관계 잘함
 원수가 없으며 용서 잘함
❹ 마음이 따뜻함
 누구에게나 친절함
❺ 표현능력 좋음
 모방성 뛰어남
❻ 친밀함
 정보 소식통 역할
❼ 열정적
 높낮이 심함, 지속적 열정 필요
❽ 수용능력 뛰어남
 쉽게 절망하지만 권면하면 다시 일어남

다. 네모(□) 실천형의 장단점 위치

네모(□)유형의 장단점 위치

약점		강점

약점
① 날카롭게 지적함
　느긋함 때문에 그렇게 안 봄
② 겁이 많음
　큰소리, 과격한 행동에 겁을 냄
③ 우유부단
　선택의 기로에 있을 때 쉽게 결정 못 함
④ 관망자
　자신과 관계없는 일에는 관망
⑤ 자기보호적
　자신은 피해 안 보려고 변명
⑥ 이기적
　손해 안 보려고 하고, 시간도 함부로 배려 안 함
⑦ 마음 속 자기주장 강함
　다수 주장에 따르는 것 같으나 자기주장은 변함없음

강점
❶ 조용함
　일단 말을 시작하면 못 막음
❷ 꾸준함
　어려움 당할수록 침착함
❸ 신뢰할만 함
　진실하고 약속 잘 지킴
❹ 정리정돈 잘 함
　효율적, 자기 것 주장
❺ 보수적
　예의 잘 갖춤
❻ 현실적
　현실 초월한 것 같으나 가장 현실적
❼ 지도자형
　배우고 가르치는 데 관심 많음
❽ 지나간 일은 잘 기억함
　유머와 재치 있음

라. 에스(S) 사색형의 장단점 위치

에스(S)유형의 장단점 위치

약점
① 자기중심적
　마음속에 강하게 나타남
② 부정적
　말과 행동 두 가지로 나타남
③ 논리적으로 따짐
　적당한 논리는 장점이 됨
④ 비현실적
　현실과 안 맞는 생각 많음
⑤ 비사교적
　두 세 번은 만나야 말을 함
⑥ 비판적
　상대를 부정적으로 봄
⑦ 복수심 강함
　앙갚음 마음이 표출되면 복수
⑧ 고지식함
　많은 부분의 지식을 알기 때문

강점
❶ 의지가 강함
　어릴 때 꿈, 계획 오래 간직
❷ 믿음이 굳음
　남을 불신하지 않고 잘 믿음
❸ 자립심 강함
　혼자 일어서려는 성향 강함
❹ 긍정적(낙천적)
　항상 긍정적 생각, 비굴하거나 굴복 안 함
❺ 현실적
　경영면에서 현실적
❻ 생산적
　계획 세우면 곧 시작
❼ 단호함
　대인관계 맺고 끊음 정확
❽ 리더의 역할 잘 함
　중간지도자, 보스, 직함 주면 잘 함
❾ 자신감이 넘침
　사업가 기질(자만심 우려)

B. 도형별 장단점 위치

○ 친밀함 - 정보 소식통 역할
△ 생산적 - 계획 세우면 곧 실행
□ 현실적 - 가장 현실적
S 이상주의자 - 현실과 맞지 않는 상상

〈특징〉 〈강점〉

○ 의지가 약함 무슨 일이든 오래 지속 못함 △ 신경질적/조급함 빠른 결과를 원하고 화를 잘 냄 □ 지적/잔소리 잘함 본인의 바른생활 개념에 맞춤 S 자기중심적 마음속에 강하게 나타남	○ 이해와 배려심 상대를 배려하고 생각함 △ 자신감이 넘침 사업가기질(자만심 우려) □ 일머리를 잘앎 일의 순서를 잘 앎 S 섬세하고 신중함 작은 일도 깊이 생각함	○ 마음이 따뜻함 누구에게나 친절 △ 성공의지가 강함 비굴하거나 굴복 안 함 □ 차분하고 조용 조용하고, 효율적, 정리잘함 S 완벽주의자 물건 고를 때 잘 나타남	○ 현실지향적 환경적응 잘함, 말을 잘함 △ 미래지향적 비전, 꿈, 목표가 확실 □ 성실/책임감 공동체에 대한 책임감 강함 S 다재다능 능력 많고 끌리는 매력 있음
○ 자기중심적 대화 자신에게 관심 가져주기를 원함 △ 자만심 자신감에서 오는 외향적 행동 □ 이기적 손해 안 봄, 시간배려 안 함 S 비판적 상대를 부정적으로 보기 때문	○ 감정에 잘 치우침 무슨 일이든 오래 지속 못함 △ 냉소적 동정심이 없음 □ 두려움이 많음 새로운 별화를 두려워함 S 이상주의적 현실과 다른 생각이 많음	○ 표현능력 좋음 모방성 뛰어남 △ 성공능력 좋음 경영과 비즈니스에서 탁월 □ 예의가 바름 웃어른/선후배/동료 간 S 철저하게 검증 한번 믿으면 철저	○ 외향적/열정적 호기심/관심/사랑 받기를 원함 △ 의지가 강함 힘들고 어려워도 도전함 □ 침착/꾸준함 어려움 당할수록 침착함 S 분석적, 논리적 타인이 분석할 수 없는 것도 분석
○ 목소리가 큰 편 대화 중 큰소리를 냄 △ 실리추구 돈에 대한 손익계산이 빠름 □ 자기주장이 강함 다수의 주장 따르듯 보이나 변함없음(고집 있음) S 복수심 강함 앙갚음 마음이 표출되면 복수	○ 지속력이 떨어짐 어수선, 분위기 산만 △ 냉소적 자신감 넘칠 때 크게 나타남 □ 우유부단 선택 쉽게 못함 S 논리적으로 따짐 두루뭉술한 것을 싫어함	○ 감정풍부 다양한 감정표현을 잘함 △ 단호함 대인관계 맺고 끊음이 정확 □ 지도자형 배우고 가르치는데 관심 S 충성심 강함 직장상사나 선배에게	○ 대인관계 잘함 누구와도 잘 지냄, 사람 잘 믿음 △ 자립심 강함 혼자 일어서려는 성향 강함 □ 신뢰할만함 진실하고 약속 잘 지킴 S 감동을 잘 줌 아주 세세한 부분까지 신경
○ 과장 심함 말을 크게 부풀림 △ 감정 무딤/잔꾀 호소해도 안 흔들림. 교활함 □ 속마음을 모름 표현을 안 하고 속으로 참음 S 고지식함 많은 부분의 지식을 알기 때문에	○ 신용이 없음 건망증 많아 약속 못 지킴 △ 성급하게 판단 빠른 판단, 결정→생각이 짧음 □ 자기 보호적 자신은 피해 안 보려고 변명 S 비사교적 두 세번은 만나야 말을 함	○ 침착하지 못함 상황 바뀌면 침착하지 못함 △ 승부욕 강함 운동, 게임 승부욕 강함 □ 관망자 자신과 관계없는 일 관망 S 비현실적 현실과 맞지 않는 생각 많음	○ 수용능력 떨어짐 쉽게 절망, 권면하면 다시 일어섬 △ 리더의 역할 중간지도자, 보스형의 기질 □ 과거지향형 지나간 일 잘 기억함 S 자기희생적 자신을 희생하고 헌신함

출처: 백승철, 2016 도형상담입문서에서 발췌.

12가지 유형의 복합 기질과
성격 특성

복합기질의 종류와 특성

팀 라헤이(1926~2016)는 사람들은 사람은 한 가지 기질로만 형성되어 있지 않고 여러 가지 기질이 혼재되어 있다고 보았으며 4가지 기질이 서로의 특성을 약화시키고 강화시키면서 다른 기질과 합해지기도 한다. 삶에서 가장 많이 발휘되며 혼재되어 있는 비율에 따라 다른 성격유형으로 분류될 수 있는 의미이다. 이를 복합기질이라 하며 도형심리에서는 주 기질(1차 기질)과 두 번째로 발휘되는 종목기질(2차 기질)로 구분하며 이 두 가지를 결합하여 나타나는 기질 유형이라고 할 수 있다.

1) 다혈질-동그라미(관계지향형)

칸트(1924~1804)는 기질론에서 다혈질은 낙천적으로 약속을 지키고자 의도하지만 잘 지키지 못하는데 그 이유는 사전에 그 약속을 잘 지킬 수 있는 상황을 깊이 고려하지 않기 때문이다. 또 이들은 매우 사교적이며 변화에 능숙하게 적응하지만 지속성에는 어려움을 가지고 있다. 다혈질은 도형 유형에서 ○**관계지향**형의 기질과 같다.

2) 담즙질-세모(목표성취형)

담즙질은 남들이 보기에 성격이 급하고 쉽게 화를 내지만 상대방이 자신을 따르면 쉽게 화를 멈춘다. 명령하기를 좋아하고 스스로 실행하는 것은 싫어하며 자존심이 강하고 욕심이 많다. 성격이 급하여 신속하지만 지속적이지는 않다. 담즙질은 도형 유형에서 △**목표성취형**의 기질과 같다.

3) 점액질-네모(신중형)

점액질은 본능에 따르기보다는 원칙에 따라 행동하며 쉽게 감동되지 않는 성향이다. 이 사람들은 쉽게 화내거나 흥분 않지만 그 흥분과 화는 오래도록 지속될 수 있다. 겉으로는 다른 사람들에게 양보하는 것 같지만 꾸준히 자기 목표를 향해 간다. 점액질은 도형 유형의 □ **신중**형의 기질과 같다

4) 우울질-에스(창의형)

우울질은 약속을 쉽게 하지 않는데 그 이유는 자신이 약속을 지킬 수 있는 것인지 깊게 생각하기 때문이다. 그리고 신중한 성향으로 특히 환경이나 상황 적응이 더딘 편이다. 우울질은 도형 유형에서 S 창의형과 같다.

즉 ○ **다혈**질은 관계지향형, △ **목표 성취형**은 담즙질, □ **신중**형은 점액질, S 창의형은 우울질이다.

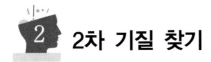

2차 기질 찾기

도형 검사 도구에서 4가지 도형 중 제일 맘에 드는 것을 선택하여 3번 그린 것을 주 기질이라고 하며 1차 기질이다. 두 번째로 발휘되는 종목 기질인 2차 기질은 아래와 같은 순서로 찾는다.

1) 두 번째로 선택하여 그린 도형

표준검사지의 가장 마음에 드는 도형을 선택하여 3번 그린 도형을 1차 기질, 그 다음 마음에 드는 도형을 선택하여 그린 도형을 2차 기질로 본다.

2) 공간에 따른 2차 기질 찾기

미국의 심리학자 조셉 루프트(Joseph Luft)와 해리 잉햄(Harry Ingham)의 이름을 합쳐 만들어진 조하리의 창과 상관 된 도형심리의 공간에 그려진 도형의 위치에 따라 2차 기질을 선택한다. 도형 검사지의 공간을 9개의 칸으로 분리하여 그려진 위치에 따라서 2번째 선택하여 그린 도형이 1, 2, 3, 4번 위치 칸에 존재할 때 2차 기질로 선택 한다.

표 11-1 조하리의 마음의 창과 도형심리의 상관관계그림

4번	2번	1번
7번	5번	3번
9번	8번	6번

□ 1, 2, 3, 4번 칸–공개영역
(나도, 남도 아는 영역)

□ 5번 칸–은폐영역
(나만 아는 영역)

■ 7번 칸–맹점영역
(남이 알고 나만 모르는 영역)

■ 6, 8, 9번 칸–미지의 영역
(나도 남도 모르는 영역)

3 기질의 결합(복합 기질)

4가지 기질이 서로의 특성을 약화시키고 강화시키면서 다른 기질과 합해지기도 한다. 4가지 기질에서 파생된 12가지의 기질은 〈표 11-2〉와 같이 자연적 결합, 보완적 결합, 상극 결합으로 나눌 수 있다.

표 11-2 팀라헤이가 제시한 기질의 결합

자연적 결합	보완적 결합	상극 결합
○△ / 다혈담즙	○□ / 다혈점액	○S / 다혈우울
△○ / 담즙다혈	□○ / 점액다혈	S○ / 우울다혈
□S / 점액우울	△S / 담즙우울	△□ / 담즙점액
S□ / 우울점액	S△ / 우울담즙	□△ / 점액담즙

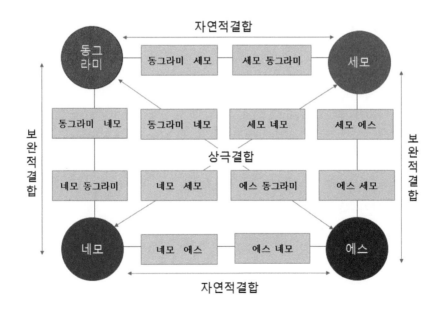

가. 자연적 결합

1) ○△-가장 외향적, 탁월한 지도자

사교적인 동그라미유형과 도전적인 세모유형의 조합으로 매우 적극적이고 진취적이며 활발한 외향성으로 경영능력이 탁월한 지도자형이다.

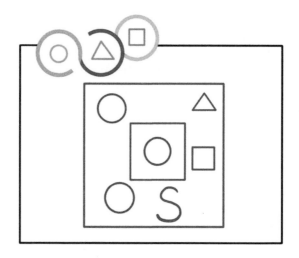

장점

- ○, △ 두 가지 성격은 가장 외향적 성향이다.
- 새로운 사람들과 잘 사귀고 열정적인 면이 있다.
- 동기부여가 되면 크게 성공할 수 있다.
- 사람들과 함께 하는 일을 좋아한다.
- 많이 벌고 많이 쓴다.
- 다양한 활동과 재미를 찾는다.

단점

- 습관적으로 말을 너무 많이 해서 자신의 약점을 노출시키기도 한다.
- 화를 많이 내고 자신의 고집을 내세운다.
- 독단적이고 진중하지 못한 모습을 보인다.
- 편견이 있다.

TIP

동그라미유형의 부주의한 면과 세모의 고집스러운 성격이 결합한 까닭에 도덕심이 부족할 수 있다. 자신의 행동을 정당화시키려는 경향이 있으므로 자신의 행동을 성찰할 필요가 있다.

2) △○-타고난 카리스마

추진력이 강하고 모험심이 강한 세모유형과 열정적인 동그라미유형의 조합의 타고난 카리스마로 다른 사람들을 리드 한다.

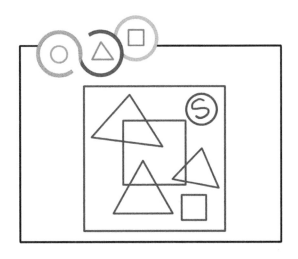

- 목표에 대한 계획수립을 잘하여 그것을 이루기 위해 노력한다.
- 쉽게 관계를 형성할 수 있을 만큼 매력적이다.
- 다른 사람을 잘 설득하여 사람들에게 동기부여를 잘 한다.
- 응원해주면 두려움 없이 무한한 힘을 발휘한다.
- 다른 사람들이 매력을 느끼게 할 만큼 모든 일에 열정적이고 진취적이다.

- 동그라미(○)유형의 성급함과 세모(△)유형의 분노가 혼합되어 버럭 한다.
- 자신의 생각과 뜻이 다른 사람과는 관계를 잘 맺지 않는다.
- 한 가지 일에 집중하지 못하고 여러 가지 일을 펼치기를 좋아한다.
- 자신의 성취를 위해 다른 사람을 교묘히 조정하기도 한다.
- 냉정하다.

TIP

이들은 주변사람들에게 자신을 활짝 열어젖히거나 아니면 닫아버리는 단 두 가지 형태의 삶의 방식을 고수하므로 관계에 선을 긋기보다 다른 사람의 다양한 성격의 형태를 이해하려고 노력하는 것이 필요하다. 가족보다 일을 우선순위에 두고 있어 가족문제가 생길 경향이 있기에 가족을 사랑하고 배려하는 모습으로 가족을 인정해주는 것이 필요하다.

3) □S-가장 친절하고 온유하며 성실한 후원자

안정적이면서 정확한 네모유형과 창조적인 에스유형의 조합으로 생각이 깊고 신중하며 정확하고 완벽한 일처리에 능하다.

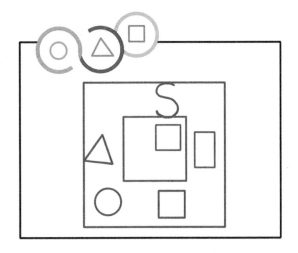

- 다른 사람에게 화를 잘 내지 않고 적대적이지 않고 온유하다.
- 말없이 행동으로 신뢰하게 한다.
- 합당하게 행동하고 신뢰를 주고 정확하다.
- 단정하고 조직적으로 일하는 것을 좋아한다.
- 베풀고 나누며 헌신하여 세상을 밝게 한다.

- 두려움과 이기심이 있다.
- 사람의 말보다는 지식을 신뢰하기에 어떠한 종류의 가입이나 협력 요청을 거부한다.
- 풍요로운 삶보다 구제를 더 좋아하여 가족으로부터 비판 받을 수 있다.

지나친 과묵함은 소극적인 사람으로 보일 수 있기 때문에 소통의 방법을 배울 필요가 있으며 자신의 삶을 먼저 챙길 필요가 있다.

4) S□-인도주의자, 탁월한 전문가

논리적 비판분석력이 뛰어난 S유형과 평화주의자적 네모유형의 조합으로 탁월한 전문가로서 일의 마무리를 잘한다.

장점

- 세계적으로 위대한 학자 중 이 유형에 해당하는 사람이 종종 있다.
- 끝없이 연구하고 탐구하기 위해 조용하고 혼자 있는 환경을 좋아한다.
- 보편적으로 글씨를 매우 잘 쓰고 훌륭한 수학자들이 많다.
- 천재성과 겸손함을 겸비하고 있다.

- 매사 부정적인 사고로 쉽게 낙심을 잘 한다.
- S□에게 한번 찍히면 복수 당할 가능성이 높다.
- 헌신 희생적 성향으로 다른 사람에게 에너지를 소모하는 경우가 있다.
- 자신을 잘 표현하지 않고 담아두기 때문에 속앓이를 많이 한다.

TIP

자신을 조절하는 방법을 배울 수 있도록 하고 연구와 학습에 지쳐있는 스스로를 위해 오락을 즐기도록 노력해야 한다. 부정적 사고와 낙심하는 것은 훈련을 통해 성숙해지도록 노력하면 인생관이 변화될 수 있다.

나. 보완적 결합

1) ○□-사람들이 가장 쉽게 좋아하는 사람

동그라미유형의 친절함과 안정적이고 신중한 네모유형의 조합으로 수동적인 경향이 있으며 현실적이고 세부적이며 실제적이다.

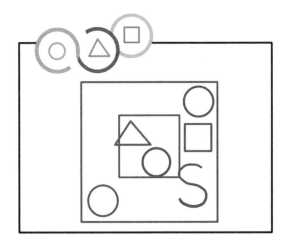

- 근심, 걱정 없는 마음으로 평온하며 유머감각 또한 지니고 있다.
- 다른 사람들을 기쁘고 즐겁게 만들 수 있다.
- 다양한 물건을 판매하는 일에 탁월하다.
- 사람들을 돕는 것이 생활화되어 있다.
- 순수하고 배타적인 성향으로 고의적으로 누군가에게 상처를 입히지 않는다.

단점

- 일하는 것보다 사람들과 어울려 즐기는 것을 좋아한다.
- 삶을 너무 안일하게 여긴다.
- 종종 진지함을 요구하는 것에 있어서도 진지하지 못하다.
- 목적의식이 없다.

TIP

어떤 일에 목표의식을 갖고 결단하는 일에 단호함과 추진력이 필요하다.

리] □○-가장 사이좋게 지낼 수 있는 사람

온유하고 인내심 강한 네모유형과 명랑하고 사려 깊은 동그라미유형의 조합으로 모든 사람들이 편안하게 느끼며 낙천적인 삶을 통해 삶의 굴곡이 없다.

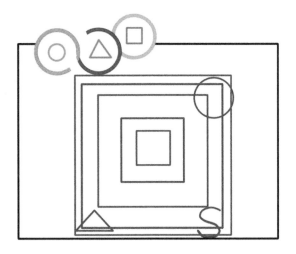

장점

- 명랑하고 항상 즐겁고 장난을 좋아하고 유머가 있다.

- 협조적이며 사려 깊은 사람이다.

- 사교적이고 신뢰감을 주어 모두가 좋아하는 성격을 가지고 있다.

- 모범적이고 가정적이여서 삶이 평온하다.

단점

- 동기부여와 의욕이 부족하다.

- 너무 순하다.

- 많은 노력이 들어가야 하는 일은 어떤 것이든 피한다.

TIP

이 유형의 사람들은 두려움을 종종 느낄 수 있기 때문에 담대함을 키우도록 노력해야 하며
힘든 일도 도전하려고 노력해야 한다.

3) △S-섬세하고 뛰어난 화술가

  도전적인 세모유형과 유연하고 창조적인 에스유형의 조합으로 다양한 영역에 호기심이 많고 흥미로운 일에 집중하며 새로운 아이디어를 창출한다. 언변에 능하고 지도력이 있으며 창조적이다.

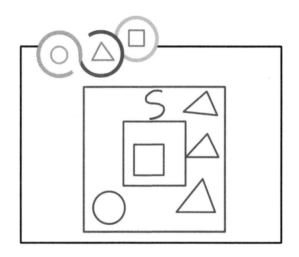

장점

- 목적의식이 분명하고 분석적이다.
- 영리하고 섬세하다.
- 고집스러운 탐구자로서 추구하는 일의 종류가 무엇이든지 성공 가능성이 높다.
- 지도자 성향이 강하여 특별한 일도 감당하는 지도자로 개발시키려고 노력한다.
- 칭찬과 꾸중을 동시에 할 수 있는 능력이 있다.

단점

- 명령형 독단적인 성향이 강하다.
- 빈정대는 말투로 가끔 다른 사람을 당황하게 한다.
- 일하는 습관이 불규칙적이다.
- 예민하고 날카롭다.

TIP

세모(△)유형의 변덕스러운 경향과 에스(S)유형의 완벽주의가 복합되어 있으므로 이 기질의 부모는 지나칠 정도로 엄격하게 자녀를 훈육할 수 있다. 자신의 독단적 엄격성을 내려놓을 필요가 있다.

4) S△-강력한 지도력을 가진 사람

신중하고 집중력이 강한 에스유형과 현실적이며 능력들을 조직화하고 주도하는 세모유형의 결합으로 강력한 지도력을 발휘한다.

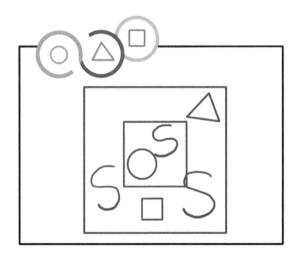

- 다양한 방면에서 강력한 지도력을 가지고 있다.
- 능률적이고 문제 상황을 만들지 않고 자신의 사업이나 일을 유지할 수 있다.
- 오케스트라와 합창단의 지휘자들 중에 우울담즙질이 많다.
- 직업적으로 어떠한 분야도 거뜬히 소화 한다.
- 안정적이며 준비를 철저히 한다.

단점

- 자신의 마음을 감정에 따라 거침없이 솔직하게 드러낸다.
- 사람들은 잘 만족시켜주지만 자신에 대해서는 만족하기 어려워한다.
- 세심한 분석력과 완벽성은 다른 사람을 어려움에 처하게 하는 경향이 있다.
- 때로는 분노와 증오가 폭발적이다.

TIP

자신의 감정에 오랫동안 머물러 있는 성향이기 때문에 에너지가 하강이 되면 정신적으로 힘든 것이 오래 지속될 수 있다. 기분에 따라 마음이 자주 변하므로 우울감이 찾아오면 우울한 감정으로 쉽게 빠져들기 때문에 자신의 생각을 컨트롤하는 훈련이 필요하다. 항상 건강한 에너지를 갖도록 노력해야한다.

다. 상극적 결합

1) ○S-섬세한 팔방미인

　감정의 변화가 많은 동그라미유형과 창의력과 비판 분석력이 뛰어난 에스유형의 조합으로 섬세하면서도 다재다능한 능력을 발휘한다.

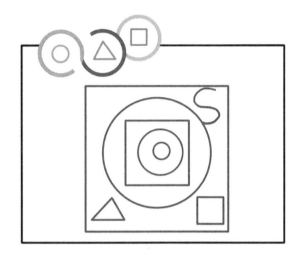

장점

- 다른 사람의 감정에 진심으로 공감 할 수 있다.
- 다른 사람을 잘 돕고 그들의 인생에 긍정적 영향을 준다.
- 이성에게 매우 매력적으로 비친다.
- 예술 문학적인 재능이 뛰어나 연주나 노래를 잘 할 수 있다.
- 타인에게 인정받을 때 에너지를 나타낸다.

- 자기도취에 빠져 이기심, 거만함으로 비춰질 수 있다.

- 다른 사람들보다 화를 더 잘 내고 두려워하는 경향이 있다.

- 감정변화가 심하다.

- 불안이나 고통을 스스로 생각한다.

TIP

동그라미(○)유형과 에스(S)유형중 에스(S)유형이 사고를 부정적으로 리드한다. 긍정적 생각과 감사의 마음을 가질 수 있도록 끊임없는 훈련이 필요하다. 다른 사람의 인정에 상관없이 자신의 노력을 설정할 필요가 있다.

2) S○-천부적 재능을 가진 사람

예술적 재능이 뛰어난 에스유형과 친절하며 사교성 있는 동그라미유형의 조합으로 타고난 재능이 많다.

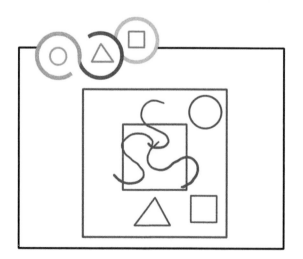

장점

- 음악가라면 청중의 마음을 빼앗을 수 있는 충분한 재능을 지녔다.
- 미술가라면 많은 사람에게 자신의 작품을 팔 수 있을 정도로 재능을 지녔다.
- 교사라면 모든 교사 중 최고일 것이다.
- 감정의 창조자이다.

단점

- 모든 것을 지나치게 심각하게 여겨 자기 연민에 빠진다.
- 타인에게 거절당하거나 일이 잘못 될 때 쉽게 눈물을 흘리고 어렵게 생각한다.
- 완고한 경향이 있어 자신의 방법대로 일이 진행되지 않으면 협조하지 않는다.
- 희생적이다.

TIP

에스(S)유형과 동그라미(○)유형이 에너지가 하강했을 경우 자신을 필요 없는 존재로 규정한다. 자기의 상황을 비관적으로 해석하여 자주 두려워하고 불안해 할 수 있으므로 자기 자신을 사랑하도록 노력해야 한다.

3) △□-성실의 최고봉

의지가 강하고 목표가 뚜렷한 세모유형과 조용히 책임감을 다하는 네모유형의 조합으로 최고의 성실성을 나타낸다.

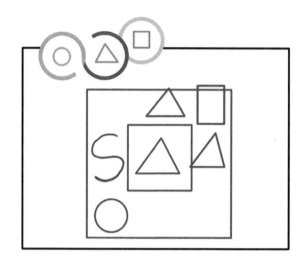

- 신중하고 차분하다.
- 유능하다.
- 복잡한 작업을 잘 조화시키는 조직적인 사람이다.
- 사람들이 자신의 능력을 충분히 발휘할 수 있도록 잘 조력해 준다.

- 성급히 화를 내지 않지만 분노와 냉철한 마음을 품고 있다.
- 말에 가시가 있다.
- △□가 농담을 하는지 비웃는지 애매모호 할 때가 있다.
- 가장 고집이 센 기질이다.
- 자신의 실수를 인정하지 않고 물질적 보상으로 합리화시킨다.

TIP

훌륭한 경영자가 될 수 있고 에너지가 상승되었을 때 좋은 남편과 아내가 될 수 있다. 말의 가시를 영리하게 유머 속에 말하는 성향을 탈피하고, 자신의 생각과 감정을 솔직하게 표현 하도록 노력하는 것이 필요하다.

4) □△-잠재력이 뛰어난 지도자

신중하면서 차분한 네모유형과 추진력이 뛰어난 세모유형의 조합으로 잠재 능력이 뛰어난 지도자의 유형이다.

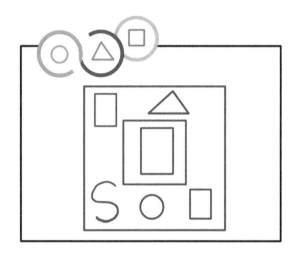

장점

• 행동이 모범적인 뛰어난 지도자가 될 수 있다.

• 좋은 상담자의 잠재성이 있다.

• 다른 사람들에게 진심으로 관심을 가지고 있다.

• 온유한 마음으로 사람들에게 위협을 느끼게 하지 않는다.

단점

- 매우 완고하고 고집이 세며 화를 침묵으로 표현한다.
- 나이가 들수록 이기적이며 삶에 안주하려 한다.
- 다른 사람에게 봉사하지 않는 면이 있다.

TIP

자신의 삶에 안주하기보다 자신이 능력을 개발하기 위해 노력할 필요가 있다. 감정과 느낌
을 말로 표현하려는 노력이 필요하다.

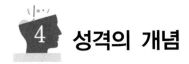

4 성격의 개념

개인이 가지고 있는 고유의 성질이나 품성으로서 특정한 행동 형태를 나타내고, 그것을 유지하고 발전시키는 개인의 독특한 심리적 체계라고 말 할 수 있다. 성격은 각 개인이 가진 남과 다른 자기만의 행동 양식으로서 선천적인 요인과 후천적인 영향인 교육과 환경에 의하여 형성된다. 학자들이 정의한 성격의 특성을 살펴보면 다음과 같다.

- 미국의 대표적인 성격이론가인 Allport(1936)는
  성격 심리학 영역의 초석이 되는 '성격: 심리학적 해석(Personality: A Psychological Interpretation)'이란 저서에서 성격은 주어진 환경에 유일하게 적용하는 심리학적, 물리학적 사람들의 동태적 체제라고 정의하였다. 이 정의는 성격이론에서 가장 널리 알려져 있으며 학계에서도 상당한 정도로 받아들여지고 있는 개념이다.

- Pervin & John(1997). 성격은 다양한 시간, 상황에 걸쳐 안정적이며, 타인과 구별되는 특징적인 감정, 사고, 행동양식이다.
- 유정화, 김형곤(2016). 성격은 개인의 내재적 특성 중 가장 일반적이고 강력한 요인 중 하나이다.
- 문영규(2004). 성격은 환경에 대한 독특한 개인의 반응이나 대응을 결정하는 심리적 체계들의 구성체이며 환경에 영향을 주고받는다.
- 임상곤(2004). 성격이란 생각하고, 느끼고, 행동하고, 주변 사람들과 관계를 맺고, 주어진 환경에 대처해 나가는 일관적이고 지속적인 패턴을 말한다. 즉, 사람들이 가지는 비교적 지속적이고 중요한 심리적 특징들을

성격이라고 할 수 있다.

이와 같이 성격에 대한 연구는 오래전부터 수많은 학자들에 의해 인간의 발달, 정서, 인지, 학습 및 사회적 관계 등의 인접 분야와 함께 다양하게 연구되고 정의가 이루어져 왔으나, 그 개념에 대해서 하나의 일치된 정의를 내리기는 어렵다.

본 서에서 성격이란 한 개인의 인생에 대한 여러 상황에 대하여 각 개인의 적응을 특징짓는 사고와 정서를 포함한 독특한 행동양식을 내포하고 있는 것으로, 도형의 6가지 기본 타입에 의해서 성격을 구분하고자 한다.

5 1차 기본도형 배열에 따른 성격

네 개의 도형 중에 맨 처음 선택하여 3번 그린 도형이 1차 기질이 된다. 1차기질의 도형을 3번 그리는 이유는 과거, 현재, 미래를 보기 위함이다. 사람은 4가지 기질을 모두 갖고 있으나 1차 기질을 주기질로 발휘하며 나머지 2,3,4차 도형 역시 부 기질로서 역할을 한다.

도형 유형의 검사에서 성격은 1차 기질 도형의 그려진 배열에 따라 6가지 형태의(분리형, 몰입형, 중복형, 밀착형, 일치형, 창의형) 성격으로 분리하며, 이 배열이 2가지로 이상으로 나타나는 배열을 혼합 형태(이분도형)라고 한다.

| 분리형 | 몰입형 | 중복형 | 밀착형 | 일치형 | 창의형 |

그림 11-1 ┆ 도형의 성격 형태

가. 분리형

분리형은 [그림 11-2]와 같이 처음 세 번 그린 도형을 떨어뜨려서 각각 그린 경우를 말한다.

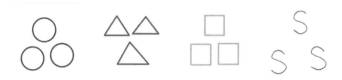

그림 11-2 각 도형의 분리형 형태

- 처음 3번 그린 도형을 각 각 서로 떨어뜨려 각각 그리는 경우 순수하다.
- 공동체에서 가장 순종적이며 자신의 역할을 잘 감당한다.
- 문제의 핵심을 보기보다 현상적이고 표면적인 형태를 보고 고민한다.
- 장점은 많으나 소극적인 성향으로 장점을 충분히 발휘하지 못하는 경우가 있다.
- 다른 사람의 말에 영향을 잘 받는다.
- 인간관계나 사물의 관계가 복잡한 것보다 단순한 것을 좋아한다.
- 학생의 경우 반복 학습이 필요하다.
- 분리형에게는 한 번에 말해서 달라지는 것을 기대하기보다 여러 차례 반복해서 말해주고 기다려주는 것이 필요하다.
- 자신의 장점을 효과적으로 개발하면 발전 가능성이 매우 크다.
- 적극적으로 결단하는 자세를 습관들이고 자신을 사랑하는 훈련이 필요하다. 사람들이 가장 많이 그리는 도형의 타입이다.

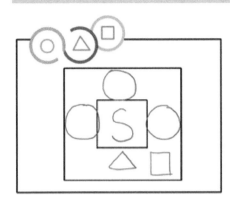

39세 여자 행정업무

학교에서 근무, 학교 내 직장 선 후배의 기분 등에 민감해 스스로 눈치를 보며 스트레스를 많이 받는다고 한다.

동그라미 분리형으로 인간미 있고 조직에 순응적이다. 어떤 자리에서건 독단적으로 나서기 보다는 주위 분위기와 사람들에게 맞추어 가는 센스가 있다. 갈등을 싫어하여 다 들어주다 보니 착하다는 평을 듣는다.

나. 몰입형

몰입형은 [그림 11-3]과 같이 처음 세 번 그린 도형을 몰입해서 그린 경우를 말한다.

그림 11-3 | 각 도형의 몰입형 형태

- 집중력이 좋다 – 박학다식하여 천재처럼 보일 수 있지만 노력형 천재이다.
- 끈기 있게 노력하며 인내심이 많다.
- 살아오면서 애씀과 수고가 많다.
- 때론 외로움을 깊이 느낀다.

- 자격증 취득을 좋아한다.
- 다방면에서 에너지를 발산시킨다.

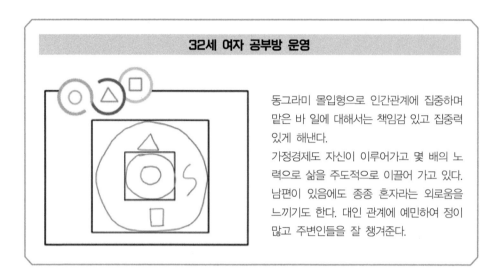

32세 여자 공부방 운영

동그라미 몰입형으로 인간관계에 집중하며 맡은 바 일에 대해서는 책임감 있고 집중력 있게 해낸다.
가정경제도 자신이 이루어가고 몇 배의 노력으로 삶을 주도적으로 이끌어 가고 있다. 남편이 있음에도 종종 혼자라는 외로움을 느끼기도 한다. 대인 관계에 예민하여 정이 많고 주변인들을 잘 챙겨준다.

다. 중복형

중복형은 [그림 11-4]와 같이 세 번 그린 각각의 도형을 겹쳐서 그린 경우를 말한다.

그림 11-4 │ 각 도형의 중복형 형태

- 자신 있는 일은 잘하고 자신 없는 일은 피하는 경향이 있다.
- 결단력이 남다르다.

• 어떤 분야에서 탁월한 능력을 발휘한다.

• 시작은 잘하는데 마무리가 약하다.

• 관계를 중요시하고 자신과 멀어지는 사람이 있으면 매우 힘들어 한다.

• 임기응변과 순발력이 뛰어나 순간 위기를 잘 극복한다.

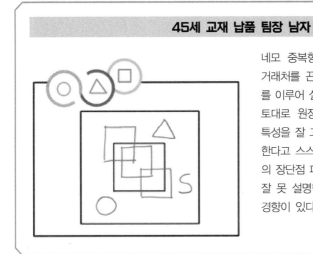

45세 교재 납품 팀장 남자

네모 중복형으로 회사의 영업이익을 위해 거래처를 끈기 있게 방문하여 자신의 목표를 이루어 실적이 높다. 오래 근무한 경험을 토대로 원장님들의 필요한 부분과 개인의 특성을 잘 고려하여 적절한 교재 안내를 잘 한다고 스스로 평가하고 있다. 하지만 교재의 장단점 파악이 정확하게 되지 않는 것은 잘 못 설명한다고 생각해 소개하지 못하는 경향이 있다고 한다.

라. 밀착형

밀착형은 [그림 11-5]와 같이 세 번 그린 각각의 도형을 서로 잇대어 그린 경우를 말한다.

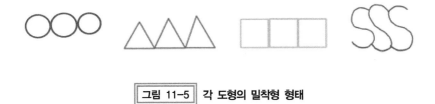

그림 11-5 | 각 도형의 밀착형 형태

• 두뇌가 총명하다.

─몸을 쓰기보다 머리로만 일하는 경향이 있다.

• 관찰력과 분석 능력이 높고 섬세하다.

• 논리적 분석 능력이 뛰어나며 지적 에너지가 많다.

• 판단을 내리기 전 신중하게 고민하고 결단한다.

• 실수하지 않으려는 성향이 있다.

• 결단력과 실천력이 부족하다.

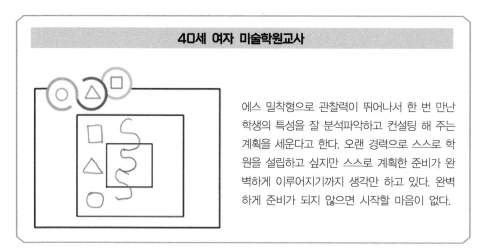

40세 여자 미술학원교사

에스 밀착형으로 관찰력이 뛰어나서 한 번 만난 학생의 특성을 잘 분석파악하고 컨설팅 해 주는 계획을 세운다고 한다. 오랜 경력으로 스스로 학원을 설립하고 싶지만 스스로 계획한 준비가 완벽하게 이루어지기까지 생각만 하고 있다. 완벽하게 준비가 되지 않으면 시작할 마음이 없다.

마. 일치형

일치형은 [그림 11-6]과 같이 세 번 그린 각각의 도형을 하나처럼 그린 경우를 말한다. 일치형의 경우 도형을 한 번 그린 후 3번이라고 표시하기도 한다.

그림 11-6 | 각 도형의 일치형 형태

- 지능지수가 높고 천재적인 재능을 갖고 있다.
- 1만 명 중에 1~2명의 비율로 나타난다.
- 기업을 이끌 수 있는 능력이 있다.

바. 창의형

창의형은 [그림 11-7]과 같이 세 번 그린 각각의 도형을 기존 바탕선을 이용하여 부분적으로만 그린 경우를 말한다.

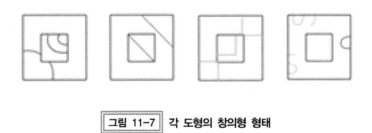

그림 11-7 | 각 도형의 창의형 형태

- 절제능력이 있다.
- 상상력이 깊고 넓다.
- 놀라운 아이디어를 발휘할 수 있다.
- 평범한 삶을 싫어한다.
- 감동적인 모습을 전하고자 한다.
- 시대를 뛰어넘는 능력이 있다. ―보통사람과 어울리지 못한다.
- 이상주의적인 성향을 보인다. ―현실적 감각은 떨어질 수 있다.

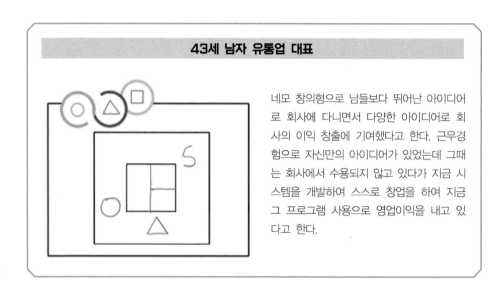

43세 남자 유통업 대표

네모 창의형으로 남들보다 뛰어난 아이디어로 회사에 다니면서 다양한 아이디어로 회사의 이익 창출에 기여했다고 한다. 근무경험으로 자신만의 아이디어가 있었는데 그때는 회사에서 수용되지 않고 있다가 지금 시스템을 개발하여 스스로 창업을 하여 지금 그 프로그램 사용으로 영업이익을 내고 있다고 한다.

사. 이분 도형

이분 도형은 [그림 11-8]과 같이 세 번 그린 도형의 배열 형태가 2가지 혼합 형태로 나타난 것을 말한다.

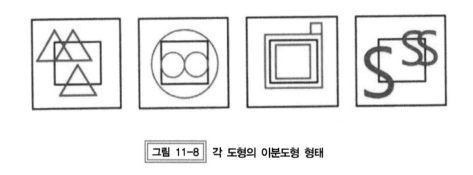

그림 11-8 각 도형의 이분도형 형태

이분 도형은 그릴 때 세 번, 그린 순서를 꼭 적어야만 구분할 수 있다. 먼저 그린 것이 선천성 성격, 나중에 그린 것이 후천성 성격이 된다.

1차 기질 모형에서 혼합이 나오는 경우는 살면서 큰 질병을 앓았다거나 삶에 굴곡진 변화가 있으면 혼합도형이 나온다. 예를 들어 먼저 그린 도형이 네모 몰입형이면 몰입형의 장점을 설명하고 나중에 그린 도형이 네모 밀착으로 그 렸다면 지금 현재는 밀착형의 성격으로 살아가기 때문에 밀착형의 장점을 설 명해주면 된다.

34세 주부

동그라미 몰입과 중복 이분도형: 전문 강사로서 강의가 늘어가고 있을 때 출산하고 아이 양육으로 경력이 단절되었다. 빠르게 강의를 하고 싶은데 아이의 양육 또한 함부로 할 수 없어 고민하고 있고, 이러한 고민과 갈등으로 인해 도형이 분리 되었다.

특이도형으로 보는 심리상태

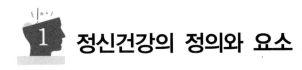

정신건강의 정의와 요소

가. 정신건강의 정의

정신이라는 것은 겉으로 드러나지 않는 내면적 사고의 작용과 정서작용으로 대인관계에서 나타난다. 이러한 정신이 건강하게 유지될 때 정신이 건강하다 고 표현한다.

국립어원의 표준국어대사전에서 제시한 정신의 정의를 살펴보면,
- 육체나 물질에 대립하는 영혼이나 마음
- 사물을 느끼고 생각하며 판단하는 능력 또는 그런 작용
- 마음의 자세나 태도
- 사물의 근본적 의의나 목적 또는 이념이나 사상
- [철학] 우주의 근원을 이루는 비물질적 실재, 만물의 이성적인 근원력이라 고 생각하는 헤겔의 절대적 정신이 대표적이다.

나. 정신건강의 요소

정신건강의 요소로는 자기 통제, 자기 성장, 자아 존중, 스트레스에 대한 대 처와 환경에 대한 대처 능력이라고 할 수 있으며 정신건강을 '적응', '건전한 성 격' 등으로 다르게 표현되기도 한다.

세계보건기구에서는 건강을 '단순히 질병에 걸리지 않았거나 허약한 상태가 아닌 심리적, 신체적 사회적으로 양호한 상태' 라고 선언하였다. 이러한 측면으

로 우리의 건강이 단순히 질병에 걸리지 않고 신체에 이상이 없는 상태를 개념적으로 신체적, 정서적, 정신적, 사회적, 윤리적, 가치적 측면까지 건강이라는 말이 포함될 수 있다.

몸이 아파 병원에 가면 체온, 혈압 체크 혹은 피검사의 기타 검사 등을 통해 병의 유무를 판단하지만, 정신적 문제의 경우 병의 원인이 불명확할 수도 있고 증상도 다양하게 나타난다.

일본의 정신과 의사인 나카이 히사오 교수는 '정신건강의 기준'을 다음과 같이 정의하였다고 한다.

- 싫은 일은 자연적으로 나중으로 미루는 능력
- 혼자서 있을 수 있거나 혹은 둘이서 있을 수 있는 능력
- 거짓말을 하는 능력
- 적당히 타협하는 능력, 고집을 부리지 않는 능력
- 하지 않으면 안 된다고 하는 기분에 대항할 수 있는 능력

이러한 능력을 갖춘 사람이 평범한 정상인 기준이라고 하였다. 간단하게 정의된 내용이지만 여러 가지 측면을 생각해 볼 수 있는 내용이다.

이러한 정신건강은 도형심리분석을 통해서도 현재의 심리 상태를 파악하여 이상심리를 파악할 수 있다. 그러나 도형 심리분석은 말 그대로 피 검사자의 정신에 어떠한 어려운 상황이 발생되고 있다는 것을 나타내지만 이 내용이 절대적인 것은 아니므로 정신에 문제가 있다고 단정해서는 안 된다.

2 ## 정신건강을 측정할 수 있는 도형 유형

가. 콤플렉스(Complex Type) 도형

콤플렉스란 정신분석학의 용어로서, 무의식 속에 잠겨 있는 억압된 관념을 말한다. 어떤 감정과 결부되어 매 순간 의식적인 행동을 방해하거나 촉진한다. 우리의 마음과 행동에 영향을 미칠 수 있는 복잡한 감정과 생각의 덩어리라고 표현할 수 있으며 흔히 열등감과 같은 뜻으로 쓰이기도 한다. 사전적 의미로는 자기가 다른 사람에 비하여 뒤떨어졌다거나 능력이 없다고 판단되는 만성적인 감성 또는 의식을 말한다. 대체로 콤플렉스가 있는 경우 남의 콤플렉스는 잘 파악하지만, 나의 콤플렉스는 자기방어를 하므로 자신의 콤플렉스를 정확하게 보지 못한다. 콤플렉스를 극복하기 위해 여러 가지 방법으로 노력할 필요가 있다.

특징

- 매사에 소극적이다
- 불안과 공포가 있다
- 현재 일이 불안하다, 부정적이다
- 지나치게 다른 사람의 비위를 맞춘다.
- 다른 사람과 비교를 잘한다.
- 죄책감, 의심, 두려움이 많다.
- 비판에 대해 민감하다
- 비교, 판단, 분석하기를 좋아한다.
- 자신의 약점을 감추기 위해 방어를 많이 하거나 가면을 쓴다.

- 신체적인 것 – 기형, 장애, 외모
- 정신적인 것 – 학교성적, 운동
- 사회적인 것 – 인종, 신분, 언어, 빈곤, 차별
- 권위적인 부모의 유교적인 가정교육
- 자존감이 낮거나 깨어진 경우
- 과거의 실패를 통한 자신에 대한 불만

[그림 12-1]은 각 도형 유형별 콤플렉스를 나타낸 것이다.

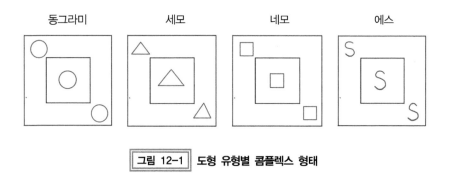

그림 12-1   도형 유형별 콤플렉스 형태

1) 동그라미(정감형)

자기 자신을 위장하거나 자존감이 낮아져 '나는 잘 못한다' 생각에 자신감이 결여 된다. 인간관계의 상실로 인해 우울증이 올 수도 있다.

2) 세모(기획형)

이 유형의 콤플렉스는 목표나 꿈에 대한 계획의 상실감으로 자기 자신의 내면에 갇혀지게 될 수 있다. 세모유형은 콤플렉스에서 흑백논리로 나의 의견에

동의 되지 않으면 적으로 간주하기도 하며 돈 계산을 현실적으로 한다.

3) 네모(정감형)

이 유형의 콤플렉스는 환경이나 사람으로부터 생겨나 자신의 탓으로 여겨 자책한다. 상대적 비교의식과 무엇이든지 객관적 지식으로 따져가며 타인을 곤경에 빠트리기도 한다.

4) 에스(사색형)

이 유형에서 콤플렉스가 나타나면 자기 옹호적 공격성이 발동된다. 자기 자신과 코드가 맞지 않는다고 여겨지면 어떤 것이든지 거절하며 근심과 걱정이 지나쳐 비행을 하거나 난폭해지기도 한다.

38세 어린이집 교사

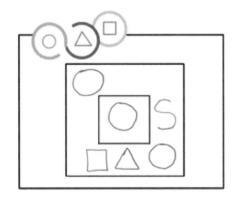

결혼 후 남편의 직업으로 인해 한 지역에 정착하지 못하고 이사를 다닌다고 했다. 결혼 전 유치원 근무를 조금 했지만 결혼 이후 근무하지 않아 새롭게 이사하고 입사 한 어린이집 생활에 대해 자신의 부족함을 많이 토로하였다.

무엇보다 문서 작성에서 컴퓨터 다룸이 부족하다고 느껴 자신이 부족한 교사라는 것을 드러내기가 싫고 그런 부분들이 교사로서 부족하게 평가 받을까봐 마음의 불안감을 가지고 있었다. 동료교사들 사이에서 괜히 위축된다고 한다. 원장님이 보육일지 검토 시 긴장하게 되는 것은 컴퓨터를 다루지 못하는 콤플렉스로 인해 위축되어지고 문서업무 시 부담감으로 인해 아침 출근 길 마음이 무겁다고 했다.

나. 역동성(Good Point Type) 도형

콤플렉스 도형과 반대되는 도형의 모양으로 점점 좋아지고 있는 에너지의 상승 상태에서 이런 도형의 모양이 나온다. 무언가 새롭게 시작하려는 의욕과 기대감으로 기분이 상승하는 중으로 과거보다 현재 많이 좋아지고 있다는 것이다.

[그림 12-2]는 각 도형 유형별 역동성을 나타낸 것이다.

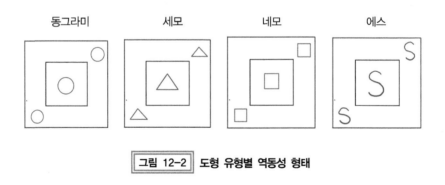

그림 12-2 도형 유형별 역동성 형태

1) 동그라미(정감형)

인간관계에 조화가 이루어져 기분이 점점 올라가고 있는 상태이다. 관계성에 민감하게 반응하여 나타나는 이 유형은 이럴 경우 남자친구 만들 가능성도 있으며 동기부여를 잘해 다른 사람들에게 좋은 영향을 주기도 한다.

2) 세모(기획형)

강한 승부욕이 발휘되며 자신감이 고취되고 있는 중이다. 독립적이고 성공 지향적으로 자신의 의지로 문제해결을 해 나가며 논리적으로 원리파악을 잘한다. 도움 받는 것을 아주 싫어하며 목표를 향해 돌진하고 있다.

3) 네모(실천형)

일이나 직장에서 책임감을 다하며 만족하고 있는 상태이다. 보수적 가치관으로 위계질서를 존중하며 의무와 성실을 통해 존재의 가치를 인정받고 있다고 느낄 때 역동성을 보인다.

4) 에스(사색형)

자신의 창의적 삶에 만족하는 상태로 낙관적으로 행동이 주저함 없이 자유로움이 잘 표출되고 있다.

36세 가정주부 S역동성 유형

위 내담자는 큰아이가 6세 . 4세의 남매를 둔 가정주부이다. 이때에 두 남매를 어린이집에 맡기며 손글씨를 배우기 시작했다고 했다. 그동안 아이들의 엄마로 아내로 가정에서 바쁘고 정신없이 지내며 아이들의 성장모습이 예쁘기도 하지만 문득문득 자기 자신이 뭐하고 있나 라는 생각이 들기도 하였다고 한다.

검사를 한 시기가 손 글씨를 배운지 3개월 정도 지나며 제법 예쁜 글씨로 작품을 만들어 선물까지 준비하였다. 요즘 손 글씨를 배우며 작은 아르바이트도 시작하게 기분좋아하는 모습이었고 그것으로 창출되는 이익이 앞으로 손글씨 강사와 손글씨 아트를 통해 가게를 내 볼까도 한다고 했다.

S기질의 창의적 아이디어와 손재주가 좋아 솜씨를 인정받은 것에 자신감이 상승하며 앞으로 이루어 갈 자신의 창조적 능력을 발휘 해 나갈 수 있는 기대감의 상승이 에너지로 발산되고 있었다.

역동성 유형 솔루션

현재의 당신은 무언가 새롭게 시작하려는 의욕을 보이고 기분이 상승하는 중입니다. 이런 때에는 당신 스스로의 역량을 파악하는 것이 중요합니다. 하나의 일을 하겠다고 다짐했을 때 그 일이 요구하는 역량이 내가 해낼 수 있는 역량을 넘어서지 않아야 합니다. 자신의 역량을 파악하고 노력한다면 자신이 하고자 하는 것을 이루실수 있으실 것입니다.

다. 탑형(Top Type) 도형

자기 주관이 매우 강한 성격으로 보수적인 성향이 강하고 전통적인 것을 좋아한다. 보수적 성향으로 일에 대한 우선순위를 두어 새로운 것을 받아들이는 것을 어려워한다. [그림 12-3]은 각 도형 유형별 탑형을 나타낸 것이다.

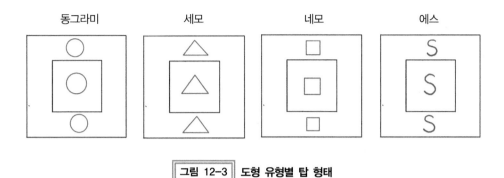

동그라미   세모   네모   에스

그림 12-3 | 도형 유형별 탑 형태

1) 동그라미(정감형)

사람에 대한 집착이나 편견을 가지고 있어 관계가 원만하게 이루어지지 못하고 있다.

음식과 기질도 자기 스타일을 벗어나기 힘들어하는 유형으로 들어주며 기다려주는 시간이 필요하다.

2) 세모(기획형)

일에 대한 강박이나 성취욕구가 강하며 개인적인 계획과 목표에 집중되어 다른 사람에게 손해를 끼치더라도 이루고야 마는 이기적인 생각도 있을 수 있다. 인생을 즐기기보다 일에 대한 생각으로 성공률은 높지만 인간관계가 어렵다.

3) 네모(실천형)

전통적 변화에 대한 거부감이 커 새로운 것을 받아들이고 자신을 변화 시켜가기가 어렵다. 옷을 입어도 한 가지 유형을 선호한다.

4) 에스(사색형)

거부에 대한 두려움이 오히려 자유분방함과의 약간의 조화를 이루기도 하지만, 감수성이 풍부하고 자기중심적 사고로 인해 가까운 사람에게 힘겨움을 주기도 한다.

44세 남 PC방 운영

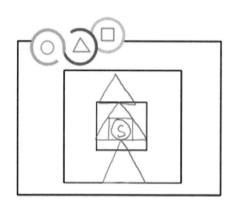

세모기획형의 탑형으로 내담자의 상담 시기는 6~7년 전 PC방이 무수히 많이 생겨나던 환경의 시기였다. 기대감을 가지고 PC방 운영을 시작했는데 주변 새로운 PC방이 더 좋은 환경으로 만들어지며 운영의 어려움이 있다고 했다. 하지만 그 어려움을 부인과 나누기 싫어 가정에 들어가면 아무런 말도 하지 않는다고 했다. 또한 생활비 부분도 들쭉날쭉 주기도 해 적게 줄 때 싫은 소리하는 부인의 한 마디가 자신을 무시하는 듯 느껴져 듣기 싫다고 하며 가정에서 부인과의 다툼이 잦아지는 상황을 부인의 탓을 하기도 했다.

부인에게 어려운 사정을 이야기하지 않는 이유에 대해 묻자, 바깥일에 대해 아내에게 시시콜콜 이야기 하고 싶지 않다고 했다. 세모의 권위주의적 성향에 이상심리에서의 탑형은 가장 보수적인 형태로써 전통과 질서를 존중하고 원칙 중심의 사고자로서 자신의 부인과도 소통하기 어려워하는 부분이 있었다.

탑 유형 솔루션

자기 주관이 매우 강한 성격으로 보수적인 성향이 강하고 전통적인 것을 좋아하며, 새로운 것을 받아들이는 것을 어려워하기도 합니다. 특히 사람이나 돈에 대한 집착이나 편견이 강한 사람도 있습니다. 타인과 비교하거나 완벽해지려하기보다 있는 그대로의 자신을 사랑하고 인정하려는 태도가 필요 해 보입니다. 그리고 삶을 변화시키고 싶다면 삶에 좋은 에너지와 활력이 넘치는 좋은 습관으로 삶을 디자인해보시기를 권합니다.

라. 상처(Life Shock) 도형

라이프쇼크란 과거의 좋지 않은 경험이 현재까지 남아서 계속 나쁜 영향을 끼치고 있는 심리적 병리 현상을 말한다. 어렸을 때 삶의 환경으로 인해 어려움을 겪거나 부모나 가족 혹은 주변 사람들에게 받은 심한 상처로 인해 나의 현재 의식 속에서도 영향을 미치고 있을 때 나타난다. 1차 도형 3개를 그릴 때 두 개는 크게 하나는 작게 그리거나, 두 개는 작고 하나는 크게 그린다. 이때 크게 2개, 작게 1개를 그렸다면 최근의 상처를, 작게 2개, 크게 1개를 그렸다면 과거 어린 시절 상처를 의미한다.

[그림 12-4]는 각 도형 유형별 상처도형을 나타낸 것이다.

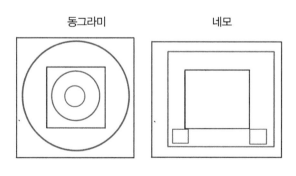

동그라미   네모

그림 12-4   도형 유형별 상처도형 형태

1) 동그라미(관계지향형)

사람들에게 관심이나 기대가 없으며 대인관계가 어렵다. 표면적으로 행복해 보이기도 하지만 내면적으로 사람관계에 예민하다.

2) 세모(목표성취형)

흑과 백으로 구분지어 어떤 사람을 격렬하게 칭찬하거나 비판한다. 소유욕이 매우 강하며 의처증이나 의부증으로 나타날 수 있다.

3) 네모(신중형)

사람들 만나기를 꺼려하며 조심하고 잘 믿으려고 하지 않는다. 내가 누군가에게 고통을 받았을 때에 일들을 잘 기억하며 신경성 위장장애 등이 나타날 수 있다.

4) 에스(창의형)

삶 속에서 일어나는 좋지 못한 일들은 언제나 누군가의 탓으로 돌리며 예민하고 까다로워 불면증이 나타나기도 한다.

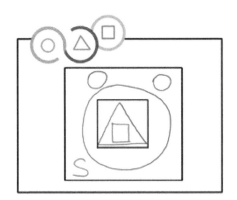

36세 여 언어치료사

동그라미 상처도형으로 결혼하고 아이를 낳았는데 언어가 늦어 언어치료에 대한 공부를 시작하였다고 한다.

발달이 늦은 아이를 돌보기 위해 아이에게 행한 치료경험을 토대로 언어치료사를 본격적으로 시작하였다. 언어 치료하는 내내 자신의 아이가 언어가 확실하지 않는 것에 혹여 다른 사람들이 자기 아이나 치료하라고 하는 듯한 마음의 스트레스가 조금씩 있었다고 한다.

그러던 와중 언어치료를 맡은 한 아이의 부모로부터 실력이 없다는 등 인신공격을 받으며 자신이 염려했던 자신의 아이까지 언급되며 큰 상처를 입었다고 한다.

상처도형 유형 솔루션

당신의 좋은 성격에도 불구하고 어떠한 사건(가족의 사망, 질병, 이사, 자신의 질병, 인간관계의 상처 등)에 의해 자신의 성격을 제대로 표출하지 못하고 다른 행동으로 표현하기도 하며 겉으로 행복한 척 포장하기도 합니다. 타인과 비교하거나 완벽해지려하기보다 있는 그대로의 자신을 사랑하고 인정하려는 태도가 필요합니다. 그리고 삶을 변화시키고 싶다면 삶에 좋은 에너지와 활력이 넘치는 좋은 습관으로 삶을 디자인해보시기를 권합니다.

마. 조인트 포인트 도형

조인트 포인트는 장기적 스트레스에 노출되어 있거나 자기방어 기제가 부정적으로 형성되어 있고 자존감이 낮은 경우이다. 마음 속 상처로 인해 장점이 개발되기보다 해당 기질에 대한 상당한 부담감으로 스트레스가 압박되면 부정적 논리로 스스로를 방어하기도 한다. 이렇게 도형을 그린 사람들은 다른 사람들에게 자신의 마음을 열지 않거나, 부정적 논리로 자신을 방어하거나 자기방어 기제가 강하다. 또한 자신의 단점만 보기 때문에 도전의식이 약하거나 기피 현상이 있으며, 자신의 약점을 건드리면 신경증적으로 대처하거나 심하게 화를 내는 특징이 있다. 전체 도형 중에 유독 하나가 크거나 작은 것이 있는지 살펴본다.

[그림 12-5]는 각 도형 유형별 조인트 포인트 도형을 나타낸 것이다.

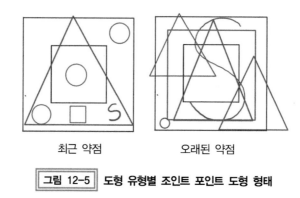

최근 약점   오래된 약점

그림 12-5 │ 도형 유형별 조인트 포인트 도형 형태

1) 동그라미(관계지향형)

인간관계에서 발생한 과거의 화나는 마음을 화해하고 포용하여 인간관계를 회복하는 훈련이 필요하다.

2) 세모(목표성취형)

꿈과 계획 일의 성공에 대한 실패의 상실을 성공에 대한 의지를 불어넣어 수동적 모습이 적극적 모습으로 변화되는 것이 필요하다.

3) 네모(신중형)

이전 경험의 약점이 현재 경솔함을 나타날 수 있어 신중함으로 성실성을 찾아가는 훈련이 필요하다.

4) 에스(창의형)

자신을 통제하고 있는 약점을 자율성을 갖도록 훈련하여 창조성과 재능을 개발하여 자신의 위기관리 능력을 갖는 것이 필요하다.

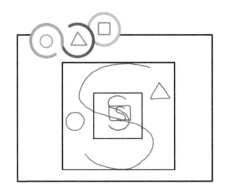

48세 여 강사

에스 조인트 포인트로 최근 강의 진행하면서 수강자의 지루해 하는 부분을 발견하며 자신감이 낮아진다고 했다. "다른 전문 강사들의 위트 있고 재미있는 강의를 보며 자기는 이 직업이 맞지 않는다고 생각하고 있으면서도 그만두지는 못할 상황이다" 고 했다. 함께 강의하는 아이디어 많은 강사를 보며 자기 자신은 저렇게 될 수 없다는 생각과 더불어 자신감이 결여되어 있었다.

조인트 포인트 도형 유형 솔루션

당신의 좋은 장점이 마음 속 상처로 인해 개발되지 못하고 약점으로 자리 잡고 있습니다. 자신의 단점을 보아 스트레스와 자신감이 낮아질 수 있습니다. 그로인해 모든 것을 부정적 논리로 자신을 방어 하려고 합니다. 내가 좋아하는 것이 무엇인지 잘 할 수 있는 것이 무엇인지 생각하여 실행 해 나가며 나도 할 수 있다는 자신감을 가지는 것이 중요합니다.

바. 우울적 성향의 도형

우울적 성향의 도형은 [그림 12-6]과 같이 모든 도형을 아주 작게 그리거나 일렬 혹은 두 줄로 나열하는 형태이다.

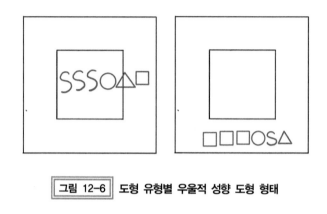

그림 12-6 | 도형 유형별 우울적 성향 도형 형태

■ **우울증이란**(출처: 질병관리청 국가건강정보포털)

우울증은 흔한 정신질환으로 마음의 감기라고도 부른다.

그러나 우울증은 성격 저하, 대인관계의 문제, 휴학 등 여러 가지 문제를 일으킬 수 있으며, 심한 경우 자살이라는 심각한 결과에 이를 수 있는 뇌 질환이다. 우울증은 초기 완쾌율이 2개월 이내에 70~80%에 이르는 의학적 질환이다.

우울증은 정신과 치료가 필수적이며, 중증 이상의 우울증은 항우울제 투여도 반드시 필요하다. 우울한 기분은 누구나 흔히 느낄 수 있다. 하지만 정신의학에서 말하는 우울증은 일시적으로 기분만 저하되는 상태를 말하는 것이 아니라 생각의 내용, 사고과정, 동기, 의욕, 관심, 행동, 수면, 신체 활동 등 전반적인 정신기능이 저하된 상태를 말하며, 이러한 증상이 매일, 거의 종일 나타나는 경우 우울증이라고 한다. 우울증은 단순히 기분 전환을 해서 나을 수 있는 것이 아니라 전문적 치료가 꼭 필요하다.

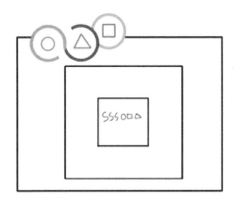

62세 남 뇌출혈로 왼쪽팔 다리가 불편한 상황

상담일정 예약이 되지 않은 어려움이 있다고 해도 막무가내로 기다리겠다고 하며 상담을 의뢰했다.

마주앉자 자신의 종교관부터 자신이 서울대 경영학과의 수재였으며 엄청난 부의 축적 등으로 무서울 것 없는데 뇌출혈로 1년 이상 의식불명으로 누워있다 일어나보니 부인이 아이들 데리고 미국으로 도망가 버렸다고 했다.

"마음의 아픔이 많고 누군가가 선생님의 이야기를 들어주기를 기다렸군요?" 라는 상담자의 말에 몇 번이나 목줄에 매달려 자살을 시도했다는 이야기하며 스스로도 잠을 못자고 우울증에 시달리고 있다고 하였다.

우울 도형 유형 솔루션

우울증 도형은 노인이나 유아기에 많이 나타날 수 있기에 위 내담자는 노인연령으로 무조건 우울로 단정하지 않았고 상담을 통해 스스로 우울을 나타내고 있었습니다.

우울은 마음의 감기로 그 원인에 대한 이야기를 들어주는 상담자의 역할 만으로도 안정감을 가지며 활력을 찾기를 시작합니다. 주변 사람들과 자주 대화 할 기회를 만들도록 하며 맛있는 것, 좋은 것들로 기분과 환경을 전환시켜 줄 필요가 있고, 반드시 병원의 진단을 받도록 하는 것이 좋습니다.

사. 조증적 성향의 도형

조증적 성향의 도형은 [그림 12-7]과 같이 기본 네모를 무시하고 그려진 것이

2개 이상이고, 주어진 양식의 틀을 벗어나서 과장되게 크게 그리거나 프로파일 위를 넘어서 그리기도 하고 혹은 뒷면에도 그린다.

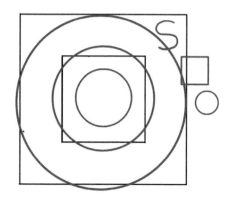

그림 12-7 도형 유형별 조증적 성향 도형 형태

■ **조증이란**(출처: 질병관리청 국가건강정보포털)

일반적으로 조증이란 평소와 달리 기분이 좋고 고양된 상태를 말한다. 잘 모르는 사람들이 처음 보면 매우 즐겁고, 자신감이 넘치는 상태로 보이지만, 잘 아는 사람들이 볼 때 이러한 기분 상태는 정상이 아니라는 것을 알 수 있다. 비록 의기양양한 기분이 특징적인 조증 증상이지만 때에 따라서는 지나치게 예민하고 흥분을 잘하는 상태로 나타날 수도 있다.

원인

현재까지 연구된 바로는 생물학적 원인, 유전적 원인, 심리·사회적 원인의 세 가지가 있는데, 이들 원인이 서로 복합적으로 작용하여 조울증이 생길 수 있다. 환자 개개인의 환경양상 적응 정도에 따라 다르고 중추신경계에서의 생화학 물질 변화가 원인이 될 수 있고, 호르몬 조절 기능의 변화로도 조울증과 관련될 수 있다. 일반인에게서 조울증이 나타날 가능성은 대개 1% 이내이고. 유전적 요인은 우울증보다 조금 더 연관이 있다. 정신분석적 관점에서는 우울증이 있을 때 이것을 인정하지 않으려는 심리에서 조울증이 생긴다고 하며 즉, 우울증을 부정하려는 반동에서 오히려 조증으로 되는 경우라고 본다.

증상

- 자신에 대해 과대평가를 하여 능력에 넘치는 일을 시도하기도 한다.
- 과대망상이 흔해서 신과 특별한 관계이거나 유명 인물과 특수한 관계라고 주장하기도 한다.
- 수면에 대한 욕구가 감소하여 잠을 자지 않고 며칠간 지내기도 하고 피로를 느끼지 않는 예도 있다.
- 수다스럽고 목소리가 크고 말이 빠르고 중단시키기 어려워 몇 시간동안 계속하여 말을 하기도 한다.
- 만약 기분 상태가 예민하고 흥분이나 화를 잘 내는 상태라면 불평이나 적대적인 비난 등이 뚜렷해진다.
- 이야기하거나 어떤 일을 하다가도 연관이 없는 자극에 금방 주의가 산만해지고 중요한 일을 지속해서 다룰 수 없다.
- 목표 지향적 활동이 증가하게 되고 과도한 계획수립이 특징적이다.
- 성욕의 증가나 성적 환상 및 성적 행위의 증가가 흔히 나타난다.
- 위험을 고려하지 않고 기존에 하던 일을 다 종결하지 않고 여러 가지 새로운 일들을 시작한다.
- 밤낮없이 친구들이나 낯선 사람들에게 전화를 건다.
- 무분별한 쇼핑, 무모한 운전, 어리석은 사업 투자 등에 경솔하게 뛰어든다.

치료

- 일반적 상담으로 치료하려고 하는 것은 무리가 있으며 약물과 정신과 치료를 꼭 받도록 하는 것이 중요하다.

44세 남 공무원

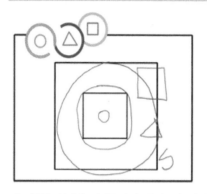

관공서에서 근무하는 남성 K씨(44). 원래 말이 적고 내성적이며 사람들 앞에 나서는 것을 꺼리는 성격이라고 했다. 그런데 2주 전부터 갑자기 말수가 많아져서 하루 종일 쉬지 않고 떠들기 시작했고, 낯선 사람들의 대화에 불쑥불쑥 끼어들기도 한다고 했다. 어느 날 창업 아이템이 떠올랐다며 자료를 정리하느라 거의 매일 동안 2~3시간만 잠을 잔다고 하였다. 그런데도 낮에 별로 피로하지 않고, 에너지가 넘친다고 했다. 아직 회사를 창업한 것도 아닌데 CEO라는 직함이 새겨진 명함을 인쇄해 사람들에게 나눠주기 시작했고, 자신의 아이디어에 대해 많은 사람들이 투자하려 한다는 망상을 사실처럼 얘기하고 다닌다고 한다. 사업을 위해 아파트를 담보로 은행 대출을 받겠다고 우기는 바람에 깜짝 놀란 부인이 K씨를 데리고 상담실을 방문했다고 하였다.

조증도형 유형 솔루션

조울증은 기분이 비정상적으로 매우 들뜨는 조증 삽화(에피소드)가 가장 특징적입니다. 조증 삽화는 비정상적으로 들뜨거나 의기양양하거나 에너지가 넘치는 상태가 일주일 이상 거의 매일, 하루 종일 지속될 때를 말합니다. 이 밖에 자신감이 넘치고 자신이 특별한 존재가 된 것 같은 느낌, 수면에 대한 욕구 감소, 평소보다 말이 많아지거나 말을 끊기 어려울 정도로 계속 말을 함, 머릿속의 생각이 질주하듯 빠르게 꼬리를 물고 떠오름, 주의산만, 사회적 활동이나 성(性)적 활동의 증가 또는 목적이나 목표 없이 부산하게 움직임, 과소비, 무분별한 성행위, 어리석은 투자에 지나치게 몰두하는 증상이 동반될 수 있습니다. 이런 경우에는 꾸준하고 전문적인 치료가 필요하니 신뢰할 수 있는 병원을 찾아가 치료 받으시기를 권합니다.

아. 편집적 성향의 도형

편집적 성향의 도형은 [그림 12-8]과 같이 2차에서 4차로 그린 S가 90도로 누워있는 형태를 띤다.

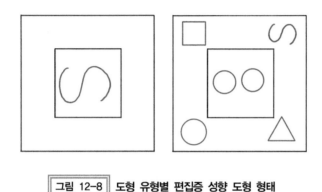

그림 12-8 | 도형 유형별 편집증 성향 도형 형태

■ **편집증이란**(출처: 질병 백과)

편집성은 인격 장애 중 하나이다. 인격 장애란 성격이나 행동이 보통사람들의 수준은 벗어나 편향된 상태를 보이는 것으로 현실 사회에서 자신에게나 사회적으로 부정적 영향을 끼치게 되는 성격 이상으로 정의할 수 있다. 편집성 인격 장애는 타인의 행동을 의심하고 의도를 불신하는 것으로서 적대적이고 완고한 태도와 방어적, 경직된 비타협적 특징을 보인다.

특징

• 상대방의 말에 근거 없이 상대를 의심하기도 하고 상대의 말을 그대로 믿지 못하고 숨겨진 의도가 있을 것 이라는 생각으로 가까이 하지 않는다.
• 상대방과 가까워지면 자신이 망가질 수 있다는 생각으로 질투나 불안감을 나타낸다.

- 자신의 권리를 빼앗기거나 자신이 거절당하는 것에 대한 두려움이 있다.
- 자기중심적 성향으로 의부증, 의처증 같은 증상으로 나타나기도 한다.

36세 여 회사원

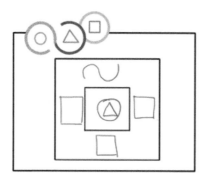

회사에서 성실하고 책임감 있는 업무로 주변 사람들에게 인정받고 주변에서 참 좋은 사람이라고 칭찬하는 바라보며 가식적이라도 느껴지며 그 사람들을 믿을 수 없다고 이야기 하였다. S의 편집을 보며 어렸을 때 가족이나 또는 환경에서 심한 충격이나 어려움을 겪은 일은 없었는지를 물었는데 초등학교 2학년 때 엄마가 친엄마가 아닌 사실을 알았고 그 이후 "자신에게 주어진 차별이 그 이유가 있었구나!"고 생각하며 많이 외롭고 힘들었지만 혹여 라도 혼자가 될까봐 그 사실을 자신만 알고 가슴에 묻고 지냈다고 한다.

성인이 되어 경제생활을 시작하며 관계회복은 조금씩 달라지고 있지만 아직도 마음속의 서운함 억울했던 환경들을 호소하며 울음을 터트렸다. 가정생활에서도 그들이 원하는 대로 돕고 싶은데 잘 안되고 남편과 아이들이 자신의 생각대로 뜻대로 되지 않으면 호통 치며 화를 내는 나쁜 엄마로 자책하기도 했다.

편집증 유형 솔루션

편집증적 도형은 자신과의 소통 부족으로 감정이 시시때때로 변화 합니다. 나와 소통하기 위해선 나의 감정을 관리해야 합니다. 변화하는 감정을 잘 관리하는 방법 중 행복하고 기쁨을 받을 수 있는 여러 문화생활을 추천합니다. 도형에서의 편집적 성향이 보일 때 이는 사람에 대한 편집도 있지만 취미나 물건에 대한 집착도 포함해서 나타나기도 합니다. 평상시 관찰을 잘 해보시고, 이런 경우에는 꾸준하고 전문적인 치료가 필요하니 신뢰할 수 있는 병원을 찾아가 치료 받으시기를 권합니다.

자. 일자형 배열 도형

[그림 12-9]와 같이 1차 기질의 도형을 일자로 늘어놓은 형태를 말한다. 머리를 비워두고 아무것도 하고 싶지 않은 상태로서 초기 건강문제, 꿈을 잃은 상태일 수 있다. 이런 도형을 그린 사람은 현재 주변과 대화가 단절되어 있거나 환경이나 상황에 끌려가고 있다는 심리적 상태가 표출된 것으로 볼 수 있다.

○△□일자 도형은 상, 중, 하 위치에 따라 해석하고 S 도형을 '상'의 위치에 그리면 '중' 위치로 해석하고 '중' 위치에 그리면 '하' 위치로 해석한다.

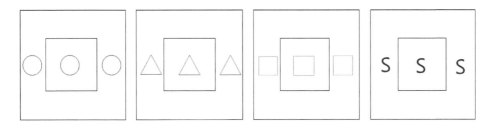

그림 12-9 도형 유형별 일자형 배열 도형 형태

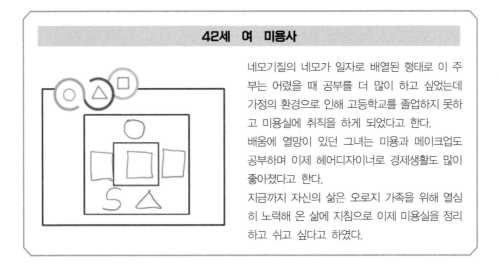

42세 여 미용사

네모기질의 네모가 일자로 배열된 형태로 이 주부는 어렸을 때 공부를 더 많이 하고 싶었는데 가정의 환경으로 인해 고등학교를 졸업하지 못하고 미용실에 취직을 하게 되었다고 한다.
배움에 열망이 있던 그녀는 미용과 메이크업도 공부하며 이제 헤어디자이너로 경제생활도 많이 좋아졌다고 한다.
지금까지 자신의 삶은 오로지 가족을 위해 열심히 노력해 온 삶에 지침으로 이제 미용실을 정리하고 쉬고 싶다고 하였다.

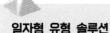

일자형 유형 솔루션

현재 공동체와 일 모두를 내려놓고 쉬고 싶은 심리적 상태의 표출로 볼 수 있습니다. 자신이 무엇을 하고자 하는지 꼼꼼하게 짚어보시는 시간을 가지시기 바랍니다.

차. 십자형 도형

십자도형은 [그림 12-10]과 같이 1차로 그려진 도형이 십자모형 형태를 띠고 있다. 1차 그려진 도형들이 십자모양일 경우에는 초기 건강상황의 문제를 살펴보아야 한다. 건강 문제 이유로는 긴장하거나 스트레스를 받을 때 머리가 아프거나, 화를 내거나 신경 쓰면 위장장애 등을 보일 수 있다. 십자형에서 수직일 경우는 수직관계 즉 부모-자녀, 상사-부하와 같이 수직관계 구조에서 어려움이 비롯되고 수평적으로 그려지는 도형은 친구나 동료 등의 관계에서 어려움을 느낄 수 있다.

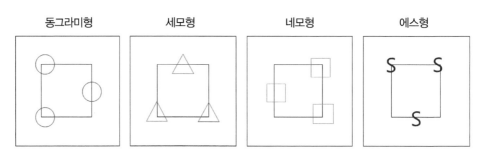

그림 12-10 도형 유형별 십자형 배열 도형 형태

29세 여 학생

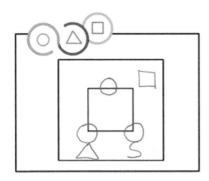

유아교육을 전공하고 아이들과 생활하다 퇴직하고 집에서 쉬며 석사학위 공부를 하며 임용공부를 병행하고 있다. 경제생활을 하지 않으며 언니가 베푸는 온정이 자기는 불편하다고 생각하고 아빠나 엄마도 임용을 멈추고 다시 취업하기를 바라시는 마음이 있는 것 같다고 했다.

임용에 한 번에 붙을 수 있을까라는 조바심과 가족모두에게 이기적으로 보이지는 않을지 걱정이 있었다.

공부하며 부담감과 신경성으로 소화가 잘 안된다고 했다.

십자형 유형 솔루션

현재 머리를 비워두고 아무것도하기 싫은 상태로서 스트레스 상태이거나, 초기 건강문제, 꿈을 잃은 상태일 수 있습니다. 자신이 무엇을 하고자 하는지 꼼꼼하게 짚어보시는 시간을 가지시기 바랍니다.

부모-자녀 관계 분석사례

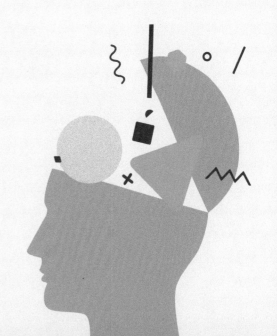

목표성취형 부모 vs 관계지향형 자녀

■ 행동력 있는 부모 VS 권위적인 부모
■ 권위적-통제적 양육태도

	부 모		자 녀	
기본정보	성 명 / 나 이	김○○, 39세	성 명 / 나 이	이○○, 7세(만5세)
	직 업	주부	성 별	남
	기 질 성 격	목표성취형 분리순수형	기 질	관계지향형
검사자료	<td colspan="2"></td>	<td colspan="2"></td>	
기질및성격	• 삶의 목표가 분명하고 부지런하며 자신이 세운 목표를 이루기 위한 도전의식이 강한편입니다. • 자녀에게 자율성과 독립심을 키워주고자 하는 욕구와 책임감이 남다른 편입니다. • 자신과 의견이 맞지 않는 사람의 의견에 무시하는 경향이 있고 자기중심적인 모습을 보입니다.		• 쉽게 친구를 잘 사귀며 친구를 좋아합니다. • 새로운 환경에도 적응이 빠릅니다. • 상대방의 감정과 생각에 관심을 가지며 감정에 공감을 잘합니다. • 호기심이 많아 하고자 하는 열정은 높으나 끈기는 낮은 편입니다.	
부모자녀관계	<td colspan="4">• 다른 부모에 비해 자녀에 대한 성취목표가 높고 성취를 위해 계획부터 관여하는 편입니다. • 부모는 자녀의 규칙적인 학습을 계획하고 한계를 정해주기도 합니다. • 부모는 자녀의 자율성을 제한하고 통제하는 양육태도를 보입니다. • 자녀 입장에서는 정해진 체계와 부모의 압력 등이 부담스러울 수 있습니다.</td>
지원방법	<td colspan="4">• 부모가 큰소리나 명령적인 태도를 자주 보인다면 자녀는 밖으로 돌거나 눈치를 많이 보고, 변명으로 상황을 모면하려는 태도가 많아지게 됩니다. • 칭찬이 섞인 다정한 언4어를 좋아하는 자녀에게 지시적 상호작용보다 반응적 상호작용하여주시기 바랍니다. • 자녀가 좌절감이나 실패감을 느낄 때, 자녀 스스로 문제를 해결하도록 온정적으로 지지하고 그 마음을 이해해주어야 합니다.</td>

2 목표성취형 부모 VS 신중형 자녀

◼ 행동력 있는 부모 VS 권위적인 부모

◼ 권위적-통제적 양육태도

<table>
<tr><th rowspan="4">기
본
정
보</th><th colspan="2">부　모</th><th colspan="2">자　녀</th></tr>
<tr><td>성 명 / 나 이</td><td>신○○, 38세</td><td>성 명 / 나 이</td><td>김○○, 7세(만5세)</td></tr>
<tr><td>직 업</td><td>음식점 운영</td><td>성 별</td><td>여</td></tr>
<tr><td>기 질
성 격</td><td>목표성취형
창의형</td><td>기 질</td><td>신중형</td></tr>
<tr><td>검
사
자
료</td><td colspan="2"></td><td colspan="2"></td></tr>
<tr><td>기
질
및
성
격</td><td colspan="2">• 성취 가능한 도전에 매력을 느끼고 열정을 아끼지 않습니다.
• 자신이 유익하다고 생각하는 모든 일에서 자신의 능력을 적극 발휘 합니다.
• 자신과 의견이 맞지 않는 사람에 대해서는 무시하는 경향이 있고 자기중심적인 모습을 보입니다.</td><td colspan="2">• 순하며 자기절제가 잘 됩니다.
• 순종적이고 예의가 바릅니다.
• 낯가림이 많아 또래나 다른 사람과의 관계 시 사회성이 부족할 수 있습니다.
• 조용하고 은근한 고집이 있습니다.</td></tr>
<tr><td>부
모
자
녀
관
계</td><td colspan="4">• 다른 사람에게 인정받는 자녀로 키우고자 하는 기대가 큰 유형입니다.
• 자녀에 대한 성취목표가 높고 성취를 위해 계획부터 관여하며, 채근하는 편입니다.
• 정확한 데이터나 자신의 경험을 통한 사실적인 것이 아니면 수동적으로 행동을 하는 자녀를 볼 때 부모 입장에서는 답답하기도 합니다.
• 자녀 입장에서는 정확한 지침 없이 급하게 채근하는 부모가 부담스러울 수 있습니다.</td></tr>
<tr><td>지
원
방
법</td><td colspan="4">• 부모가 자녀와 계획을 세우거나 대화를 할 때, 자녀를 재촉 하지 말고 충분히 생각할 수 있는 여유시간을 주시는 것이 좋습니다.
• 부모가 큰소리나 명령적인 태도를 자주 보인다면 자녀는 행동이 더욱 느려지고 완고하며 방어적인 태도를 취할 수 있습니다.
• 자녀의 의견을 수용한다면 자녀는 부모의 신뢰를 바탕으로 더욱 성장 할 것입니다.</td></tr>
</table>

332

3 관계지향형 부모 VS 창의형 자녀

☑ 친구 같은 부모 VS 작심 3일 부모

☑ 자율적-애정적 양육태도

기본정보	부 모		자 녀	
	성 명 / 나 이	이○○, 40대	성 명 / 나 이	오○○, 만 5세
	직 업	–	성 별	여
	기 질 성 격	관계지향형 이분적 도형	기 질	창의형
검사자료				
기질및성격	• 사람들과 만남을 좋아하고 사랑과 이해심, 포용력이 있으며 주위 사람을 진정으로 아끼고 보살핍니다. • 어려운 이웃이나 친구가 있다면 도와주려는 마음이 강하고 상냥하게 다가서려고 노력합니다. • 복잡함 보다는 단순한 것을 좋아하고 특히 사람과의 갈등을 싫어합니다.		• 자기주장이 강한편 입니다. • 쉽게 의기소침해지며 잘 할 수 없는 일은 피하는 편입니다. • 행동하기 전에 생각을 많이 합니다. • 감정이 예민하고 재능이 많습니다. • 예술적 감각이 남다르게 발달되어 있습니다.	
부모자녀관계	• 자녀에 대한 관심과 감정표현이 많아 자녀가 원하는 방향에 주의를 기울이고 환경제공과 더불어 자녀의 의견을 적극 지지를 할 것입니다. • 부모는 자녀가 다른 사람과 긍정적인 관계를 형성하고 밝게 행동하기를 원합니다. 그러나 자녀는 다소 무표정하기도 하며 친구나 이웃사람들에게 예민하게 반응하는 편으로 부모의 마음이 다소 불편할 수 있습니다.			
지원방법	• 부모가 일관성 없는 사랑과 환경을 제공한다면 자녀는 실천력과 행동이 느려지고 이기심과 자기보호경향이 심해질 수 있으니 자녀와의 긍정적 상호작용을 하여주시기 바랍니다. • 또한 자녀의 올바르고 잘못 된 행동에 대해서 규범을 정하여 약속으로 제한을 주는 단호한 태도도 필요합니다.			

4 신중형 부모 VS 창의형 자녀

◼ 책임감 있는 부모 VS 보수적인 부모

◼ 애정적-자율적 양육태도

기본정보	부 모		자 녀	
	성 명 / 나이	장○○, 41세	성 명 / 나 이	조○○, 6세(만 4세)
	직 업	음식점 운영	성 별	여
	기 질, 성 격	신중형, 몰입형	기 질	창의형

검사자료		
	(손으로 그린 도형: 원, 삼각형, 사각형 안에 S가 적힌 그림)	5 5 2 0 △△ (손으로 그린 사각형 그림)

기질 및 성격	• 자녀를 바르게 키워야한다는 책임감이 높고 윤리와 도덕성을 중요시 여깁니다. • 일상생활에 질서가 있고 정리정돈이 잘되어 있어 편안하고 따뜻한 분위기를 조성합니다. • 주변 사람들에게 친절하고 특히 가족에게 모범적인 모습을 보이며 따뜻한 가정을 이끌어가려고 노력하는 유형입니다.	• 자기주장이 강한편 입니다. • 쉽게 의기소침해지며 잘 할 수 없는 일은 피하는 편입니다. • 행동하기 전에 생각을 많이 합니다. • 감정이 예민하고 재능이 많습니다. • 예술적 감각이 남다르게 발달되어 있기도 합니다.

부모자녀관계	• 끈기와 인내심이 많은 부모는 다양한 재능을 지닌 자녀를 섬세하게 살피며 지도하고, 자녀가 지닌 능력이 계발될 수 있 있도록 다양한 방법으로 지원합니다. • 부모는 예의범절을 중요하게 여기며 자녀를 훈육하지만, 자녀는 자유분방한 성격으로 서로의 기질과 성격이 대립하게 되어 긍정적인 관계 형성 및 상호작용의 어려움을 겪기도 합니다. • 자녀는 조용히 자신을 살펴주고 보호 해주는 부모의 양육태도에 안정감을 보이며 자신이 지닌 재능을 유능감 있게 키워 갈 수 있습니다.

지원방법	• 부모가 우유부단한 자세를 보인다면 자녀는 부모에게 부정적 사고로 대하며 신뢰하지 않는 태도를 보일 수 있습니다. • 부모는 자녀에 대한 규범과 규칙을 정하고 따르도록 압력을 가한다면 자녀는 적응하고 실천하는데 어려움을 느끼고 힘들어 할 수 있습니다. 자녀가 혼자 자신의 상황을 정리하여 나아가도록 지지하여 주시기 바랍니다.

5 신중형 부모 VS 창의형 자녀

▣ 책임감 있는 부모 VS 보수적인 부모

▣ 애정적-자율적 양육태도

기 본 정 보	부 모		자 녀	
	성 명, 나이	장○○, 33세	성 명 / 나 이	김○○, 7세(만 5세)
	직 업	주 부	성 별	여
	기 질, 성 격	신중형, 중복형	기 질	목표성취형

검 사 자 료	![부모 검사자료]	![자녀 검사자료]

| 기 질 및 성 격 | • 지나치게 근심 걱정이 많고, 작은 것에도 다른 사람에 비해 에너지 소모를 많이 하는 편입니다.
• 주변 사람들에게 친절하고 특히 가족에게 모범적인 모습을 보이며 따뜻한 가정을 이끌어가려고 노력하는 유형입니다. | • 자신감과 모험심이 강합니다.
• 잔소리와 충고를 싫어하는 편입니다.
• 경쟁심이 강해 무슨 일을 하든 이기려고 하는 승부근성이 강합니다.
• 반장이나 대표 등 앞장서는 경향이 높습니다.
• 인정과 상을 받기 원합니다. |

부 모 자 녀 관 계	• 자녀는 생각이나 의사, 경험 등에 집중하며 자신 있게 표현합니다. 부모는 자녀가 호기심이나 문제를 해결하기까지 필요한 내용을 설명하거나 함께 탐색하는 데에 적극적인 태도를 보입니다. • 자신이 시작한 일을 포기하지 않고 끝까지 해내는 자녀를 보며 부모는 뿌듯합니다. • 부모 입장에서는 동적 에너지가 크고 무책임하게 보이는 자녀가, 자녀 입장에서는 부모의 간섭과 잔소리 등이 부담스러울 수 있습니다.
지 원 방 법	• 일이나 학습에서 계획적이며, 완벽한 도덕적 행동을 요구한다면 자녀는 지나치게 성취 지향적, 지배, 통제성향이 강해져 다른 사람을 무시하는 경시 현상이 높아집니다. • 이 유형의 자녀는 성취감을 느끼기 위해 상황 변화에 따라 유연성 있게 대처하는 것을 자연스러워한다는 것을 염두에 두고, 자녀가 계획대로 잘 진행하고 있는지 점검해주는 것이 효과적입니다.

6 **관계지향형 부모 VS 목표성취형 자녀**

▣ 친구 같은 부모 VS 작심 3일 부모

▣ 자율적-애정적 양육태도

기본정보	부모		자녀	
	성 명 / 나 이	김○○, 42세	성 명 / 나 이	송○○, 만 5세
	직 업	–	성 별	여
	기 질 성 격	목표성취형, 몰입형	기 질	목표성취형
검사자료				
기질및성격	• 사람들과 만남을 좋아하고 사랑과 이해심, 포용력이 있으며 주위 사람을 진정으로 아끼고 보살핍니다. • 활동적이고 열정적이며 다른 사람을 배려하는 성격으로 모임이나 단체 활동에서도 늘 분주하게 움직입니다. • 다양한 분야에 관심을 가지며 자기개발을 위해 무엇이든 배우러 다니느라 분주합니다.		• 자신감과 모험심이 강합니다. • 잔소리와 충고를 싫어하는 편입니다. • 경쟁심이 강해 무슨 일을 하든 이기려고 하는 승부근성이 강합니다. • 반장이나 대표 등 앞장서는 경향이 높습니다. • 인정과 상을 받기 원합니다.	
부모자녀관계	• 자녀는 부모에게 의지하기보다는 스스로 선택하고 탐색하는 능력을 발휘하며, 부모는 자녀의 능력 발휘를 긍정적으로 바라보고 진심으로 인정하며 격려하는 태도를 보입니다. • 부모는 호기심이 많고 감정표현이 풍부해서 사랑과 고마움의 표현을 풍부하게 하지만 그에 반해 자녀는 계획적이고 감정표현이 적은 경우가 많습니다.			
지원방법	• 자녀와 대화를 할 때, 감정적인 대화보다는 간결하면서 객관적인 대화를 하는 것이 좋습니다. • 또한 말로 하는 사랑표현보다는 직접적인 행동표현을 해주시면 더욱 효과적입니다. • 어떤 일을 계획하거나 약속한 뒤에 일정을 변경할 경우가 생기면 반드시 이에 대해 자녀에게 먼저 알려주어야 합니다.			

7 창의형 부모 VS 관계지향성 자녀

■ 감각 있는 부모 VS 완고한 부모

■ 애정-통제적 양육태도

기본정보	부 모		자 녀	
	성 명 / 나 이	장○○, 35세	성 명 / 나 이	박○○, 6세(만 4세)
	직 업	프리랜서	성 별	여
	기질, 성격	창의형, 밀착형	기 질	관계지향형

검사자료		

기질 및 성격	• 머리가 총평한 편이어서 머리 쓰는 일을 선호하는 편입니다. 감정이 섬세하고 관찰력과 분석능력이 뛰어나며 지적에너지가 높은 유형입니다. • 예민하고 섬세한 감정과 직설적이며 비판적인 말투를 사용하여 다른 사람들의 감정을 다치게 하는 경우가 종종 있습니다.	• 성격이 활발하고 낙천적입니다. • 친구를 잘 사귀며 친구를 좋아합니다. • 상대의 감정에 잘 이입되고 관심을 가지며 이해심이 많습니다. • 새로운 환경에도 적응을 잘합니다. • 하고자하는 의욕이 높지만 싫증을 빨리 내는 편입니다.

부모자녀관계	• 부모는 호기심이 많고 새로운 현상에 관심을 보이는 자녀에게 공감하고, 창의적이고 논리적인 사고를 할 수 있도록 자녀를 지지하고 응원합니다. • 부모는 논리적이며 모든 일에 대해 완벽하게 처리하는 것을 선호하지만 자녀는 호기심이 많고 활발하며 작심삼일인 경우가 많습니다. 이로 인해 부모가 스트레스를 받을 수 있습니다. • 부모 입장에서는 다소 산만하고 무책임하게 보이는 자녀가, 자녀입장에서는 부모의 완고함과 인색한 칭찬 등이 서운할 수 있습니다.

지원방법	• 활발하고 움직임이 많은 자녀의 특성상 부모가 함께 놀이하지 못할 경우에는 에너지를 사용할 자극이나 활동을 만들어 주시기 바랍니다. • 부모가 격려, 지지, 수용하는 태도를 보인다면 자녀는 부모의 요구에 부응하려 노력하며 긍정적 동기유발을 하게 되니 자녀에게 긍정적 상호작용을 하여주시기 바랍니다.

8 창의형 부모 VS 목표성취형 자녀

▣ 감각 있는 부모 VS 완고한 부모

▣ 애정-통제적 양육태도

기본정보	부 모		자 녀	
	성 명 / 나 이	김○○, 35세	성 명 / 나 이	박○○, 7세(만 5세)
	직 업	택배사업	성 별	남
	기 질, 성 격	창의형, 분리순수형	기 질	목표지향형

검사자료		

| 기질및성격 | • 규칙이나 반복되는 일상생활을 좋아하지 않기에 자녀들 또한 가장 자연스러운 방식으로 성장하고 배우기를 원하는 편입니다.
• 자극과 아이디어가 풍부한 환경을 제공하는 양육태도를 보입니다. | • 성격이 급하며 행동이 민첩합니다.
• 매사에 자신감이 넘칩니다.
• 경쟁심이 강해 무슨 일을 하든 이기려고 하는 승부근성이 강합니다.
• 반장이나 대표 등 앞장서는 경향이 높습니다.
• 인정과 상을 받기 원합니다. |

| 부모자녀관계 | • 서로 보완적인 관계 유형으로 자녀가 목표가 세워 달성하고자 노력 할 때 부모는 자녀를 지지하며 사고를 북돋아 줍니다.
• 자녀는 자신이 잘 하는 것에 대해 자부심을 가지고 앞서나가며, 부모는 자녀가 완벽하게 해 내는 모습을 흐뭇하게 바라보기도 합니다.
• 자녀는 어떤 일이든 계획을 세워 체계적으로 진행하는 것을 좋아하지만, 부모는 번뜩이는 아이디어가 생각나면 수시로 제안하며, 제안한 내용의 활용을 기대하기 때문에 자녀와 갈등이 야기될 수 있습니다 |

| 지원방법 | • 자녀와 대화를 할 때, 간결하면서 결론을 이끄는 대화를 하는 것이 좋습니다.
• 말보다는 행동으로 사랑표현을 해주시면 좋습니다.
• 사람이 누구나 완벽할 수 는 없습니다. 자녀가 이룬 결과가 다소 부모님 마음에 들지 않더라도 자녀의 결과에 대해 칭찬과 격려를 해주시기를 바랍니다.
• 자녀를 양육할 때 친구나 다른 사람의 말을 잘 들어주고 사람들과의 긍정적 관계 형성이 되도록 도와주다면 탁월한 리더십을 지닌 자녀가 될 것입니다. |

9 관계지향형 부모 VS 관계지향형 자녀

- ■ 친구 같은 부모 VS 작심 3일 부모
- ■ 자율적-애정적 양육태도

기본정보	부 모		자 녀	
	성 명 / 나 이	차○○, 38세	성 명 / 나 이	나○○, 만 5세
	직 업	–	성 별	남
	기질, 성격	관계지향형, 밀착형	기 질	관계지향형

검사자료		

기질및성격	• 활동적이고 열정적이며 다른 사람을 배려하는 성격으로 모임이나 단체 활동에서도 늘 분주하게 움직입니다. • 감정이 섬세하고 관찰력과 분석능력이 뛰어나며 지적에너지가 높은 유형입니다. • 어떤 결정이나 판단을 내리기전 많은 고민을 하는 편으로 결단력과 실천력이 약간 부족한 경향을 보입니다.	• 쉽게 친구를 잘 사귀며 친구를 좋아합니다. • 새로운 환경에도 적응이 빠릅니다. • 상대방의 감정과 생각에 관심을 가지며 감정에 공감을 잘합니다. • 호기심이 많아 하고자 하는 열정은 높으나 끈기는 낮은 편입니다.

부모자녀관계	• 매사에 긍정적이고 이해심이 많습니다. 수용과 사랑이 많은 유형으로 자녀에게 사랑한다는 감정표현을 잘하는 편입니다. • 부모-자녀 모두 활동적이고 사교성이 많아 이웃에게 인기가 많습니다. • 어떤 행동을 할 때 생각보다 행동이 앞서 경솔하거나 맡은 일을 집중하여 끝까지 완수하지 못하는 자녀의 태도에 때론 실망을 합니다.

지원방법	• 부모가 자녀와 계획을 세울 때, 자녀가 이룰 수 있는 목표를 세워 주시는 것이 무엇보다 필요합니다. • 활발하고 움직임이 많은 자녀의 특성상 부모가 함께 놀이하지 못할 경우에는 에너지를 사용할 자극이나 활동을 만들어 주시기 바랍니다.

10 관계지향형 부모 VS 신중형 자녀

◼ 친구 같은 부모 VS 작심 3일 부모

◼ 자율적-애정적 양육태도

기 본 정 보	부 모		자 녀	
	성 명 / 나 이	박○○, 36세	성 명 / 나 이	서○○, 만 5세
	직 업	–	성 별	남
	기 질 성 격	관계지향형 순수분리형	기 질	신중형
검 사 자 료				
기 질 및 성 격	• 활동적이고 열정적이며 다른 사람을 배려하는 성격으로 모임이나 단체 활동에서도 늘 분주하게 움직입니다. • 사람들과 만남을 좋아하고 사랑과 이해심, 포용력이 있으며 주위 사람을 진정으로 아끼고 보살핍니다. • 호기심이 많아 이것저것 일을 벌이지만, 싫증을 잘 느껴 시작한 일을 끝까지 마무리하지 못합니다.		• 순하며 자기절제가 잘 됩니다. • 순종적이고 예의가 바릅니다. • 낯가림이 많아 또래나 다른 사람과의 관계 시 사회성이 부족할 수 있습니다. • 조용하고 은근한 고집이 있습니다.	
부 모 자 녀 관 계	• 부모는 사교적인 유형으로 사람들에게 친절하며, 감정표현이 풍부해서 사랑과 고마움의 표현을 풍부하게 하는 유형입니다. 자녀 또한 다른 사람에게 친절하고 감사함을 잘 표현합니다. • 자녀는 예의바르고 다른 사람의 이야기를 잘 들어주며 부모와도 일상적 대화를 즐깁니다. • 부모입장에서는 조용하고 진지한 자녀의 속마음이 궁금할 수 있고 자녀입장에서는 활동적이고 표현이 적극적인 부모가 약간 부담스러울 수 있습니다.			
지 원 방 법	• 부모가 자녀와 계획을 세우거나 대화를 할 때, 자녀를 재촉 하지 말고 충분히 생각할 수 있는 여유시간을 주시는 것이 좋습니다. • 또한 약속이나 책임감을 매우 중요하게 여기는 자녀이므로, 어떤 일을 계획하거나 약속한 뒤에 일정을 변경할 경우가 생기면 반드시 이에 대해 자녀에게 먼저 알려주어야 합니다.			

 **분석 실습**

○△□S를 통한 기질과 성격알기

이름:　　　　　　성별:　　　　　　나이:　　　　　　직업:

연락처:　　　　　　　　　그린손: 오른손 / 왼손　　　검사일:　　　.　　.　　.

1. 위에 있는 4개의 도형 중에서 마음에 드는 도형 1개를 골라 크기나 위치에 관계없이 3번 그려주세요.
2. 나머지 도형도 크기 위치에 관계없이 각각 1번씩 자유롭게 그려주세요.

□ 분 석:

○△□S를 통한 기질과 성격알기

이름:　　　　　　　성별:　　　　　　　나이:　　　　　　　직업:

연락처:　　　　　　　　　　　그린손: 오른손 / 왼손　　　검사일:　　　　．　　　．　　　．

1. 위에 있는 4개의 도형 중에서 마음에 드는 도형 1개를 골라 크기나 위치에 관계없이 3번 그려주세요.
2. 나머지 도형도 크기 위치에 관계없이 각각 1번씩 자유롭게 그려주세요.

□ 분석:

○△□S를 통한 기질과 성격알기

이름: 성별: 나이: 직업:

연락처: 그린손: 오른손 / 왼손   검사일: .   .   .

1. 위에 있는 4개의 도형 중에서 마음에 드는 도형 1개를 골라 크기나 위치에 관계없이 3번 그려주세요.
2. 나머지 도형도 크기 위치에 관계없이 각각 1번씩 자유롭게 그려주세요.

□ 분 석:

○△□S를 통한 기질과 성격알기

이름: 성별: 나이: 직업:

연락처: 그린손: 오른손 / 왼손   검사일: .   .   .

1. 위에 있는 4개의 도형 중에서 마음에 드는 도형 1개를 골라 크기나 위치에 관계없이 3번 그려주세요.
2. 나머지 도형도 크기 위치에 관계없이 각각 1번씩 자유롭게 그려주세요.

□ 분 석:

○△□S를 통한 기질과 성격알기

이름: 성별: 나이: 직업:

연락처: 그린손: 오른손 / 왼손   검사일: .   .   .

1. 위에 있는 4개의 도형 중에서 마음에 드는 도형 1개를 골라 크기나 위치에 관계없이 3번 그려주세요.
2. 나머지 도형도 크기 위치에 관계없이 각각 1번씩 자유롭게 그려주세요.

□ 분 석:

○△□S를 통한 기질과 성격알기

이름: 성별: 나이: 직업:

연락처: 그린손: 오른손 / 왼손   검사일: .   .   .

1. 위에 있는 4개의 도형 중에서 마음에 드는 도형 1개를 골라 크기나 위치에 관계없이 3번 그려주세요.
2. 나머지 도형도 크기 위치에 관계없이 각각 1번씩 자유롭게 그려주세요.

□ 분 석:

346

○△□S를 통한 기질과 성격알기

이름: 성별: 나이: 직업:

연락처: 그린손: 오른손 / 왼손   검사일: .   .   .

1. 위에 있는 4개의 도형 중에서 마음에 드는 도형 1개를 골라 크기나 위치에 관계없이 3번 그려주세요.
2. 나머지 도형도 크기 위치에 관계없이 각각 1번씩 자유롭게 그려주세요.

□ 분 석:

참고
문헌

강문희(2007). **현대사회와 아동**. 서울: 시그마프레스

강민주(2010). 어머니의 부모역할지능과 유아의 공감능력 및 자기조절능력과의 관계. 인재대학교 대학원 석사학위논문.

강봉규(1999). **심리검사의 이론과 기법**. 서울: 동문사.

강차연(2006). 미술치료에서의 심리평가: 미술치료평가와 투사적 그림검사를 중심으로. 서울여자대학교 특수치료전문대학원 석사학위논문.

강란혜(1990). 아버지의 양육행동과 아동의 성역할 특성 간의 관계분석. 이화여자대학교 대학원 석사학위논문

구미향, 이양희(2000). 영아기 애착관련 변인과 모성행동 특성 분석. **아동학회지**. 21(4), 81-103.

구진선(2007). 인물화검사와 표준화성격검사와의 관계성 연구: DAP와 PAI-A를 중심으로. 한양대학교 교육대학원 석사학위논문.

권수현, 이수현(2013). 예비어머니의 산전애착과 배우자 지지, 부모효능감 간의 관계. **한국가정관리학회지**, 31(5), 65-77.

권순남(2013). 아버지의 놀이성과 유아의 리더십관의 관계. **유아교육·보육복지연구**, 17(2), 54-71.

김명수(1985). 유아기 자녀를 둔 아버지의 자녀교육관과 양육태도에 대한 조사연구. 이화여자대학교 교육대학원 석사학위논문.

김성민(2001). **분석심리학과 기독교**. 서울: 학지사.

김수정, 곽금주(2013). 3세부터 7세까지 어머니의 애정/ 온정적 양육태도의 변화가 아동의 학교적응에 주는 영향. **한국심리학회지 : 발달**, 26(2), 1-19.

김옥희(2008). 어머니의 부모역할과 유아의 감성지능과의 관계. 공주대학교 대학원 석사학위논문.

김우룡(2004). **비언어적 커뮤니케이션론**. 서울: 나남.

김재은(1974). **부모교육**. 서울 : 동문사.

김재은(2004). **(아동화의 심층분석을 통한) 심리진단과 치료**. 파주: 교육과학사.

김지원(2011). 아버지의 원가족 부모와의 애착, 아버지의 양육참여 및 유아의 사회적 능력 간의 관계. 이화여자대학교 석사학위논문.

김현경(2007). 비행청소년과 일반청소년의 HTP, K-HTP의 반응특성 비교. 전주대학교 상담대학원 석사학위논문.

김혜숙, 최동옥(2013). **교사를 위한 학부모 상담 길잡이**. 서울: 학지사.

남서원(2016). 태교운동 프로그램이 임신부의 스트레스, 불안 및 태아애착에 미치는 효과. 명지대학교 대학원 박사학위논문.

노성향(2014). 아버지의 자기효능감이 어머니의 양육스트레스에 미치는 영향. **한국보육학회, 14**(30, 45-59.

노안영, 강영신(2003). **성격심리학**. 서울: 학지사.

노안영(2005). **상담실습자를 위한 상담의 원리와 기술**. 서울 : 학지사.

도형분석심리상담연구소(2020). **도형분석상담 이론**. 도형분석상담연구소.

류현강(2015). 어머니의 애정적 양육태도와 인성지향적 언어통제유형이 유아공감능력에 미치는 영향. 전남대학교 대학원 박사학위논문.

문수경, 이무영, 박상희(2007). 부모의 아동기 애착, 유아의 기질이 유아의 사회적 유능감에 미치는 영향. **한국영유아보육학, (-)**49, 251-268.

마송희(1979). 부모의 양육태도와 동료의 유혹에 대한 아동의 저항과의 상관 연구. 이화여자대학교 대학원 석사학위논문.

문인숙(1985). 어머니의 결혼만족도가 자녀의 인성 및 양육태도에 미치는 영향. 고려대학교 대학원 석사학위논문.

박은미, 이석순(2015). 유아기 자녀를 둔 아버지의 양육스트레스와 행복감에 관한 연구. 유아교육·보육복지연구, 19(2), 271-294.

박재학(2016). 부모 양육태도가 영아의 사회적 적응에 미치는 영향- 또래 상호작용의 매개효과를 중심으로. 대한신학대학원 대학교 박사학위논문.

박현주(2009). **미술치료 진단기법의 이해**. 서울: 양서원.

박혜림(2014). 어머니의 양육역할수행과 유아의 자기조절역 및 유아의 또래갈등 해결 간의 관계. 이화여자대학교 대학원 석사학위논문.

백승철(2016). **도형상담 입문서**. 서울: 도서출판 심상코.

서강훈(2013). **사회복지 용어사전**. 서울: 아담북스.

수잔델린저(2013. **도형심리학**. 김세정 옮김. 서울: W미디어

수잔델린저(2019). **도형심리학으로 대화하기**. 김세정 옮김. 서울: W미디어

신숙재(1997). 신숙재(1997). 어머니의 양육 스트레스, 사회적 지원과 부모효능감이 양육행동에 미치는 영향. 연세대학교 대학원 박사학위 논문

양문현(1984). 도시주부의 결혼만족도에 따른 자녀양육 태도에 관한 연구. 경희대학교

대학원 석사학위논문.

양은호 (2012). 어머니의 심리적 안녕감이 양육행동과 유아의 사회적 능력에 미치는 영향. 경원대학교 대학원 박사학위논문.

양정우(2018). 결혼이주여성의 양육효능감이 부모역할만족도에 미치는 영향. 동국대학교 대학원 석사학위논문.

여성가족부(2016). **청소년 대상 예비부모교육프로그램.** 여성가족부.

오미경(2014). **놀이지도.** 경기: 공동체.

오영희, 박창옥, 강영식, 김현정(2008). **부모와 자녀관계 이론과 실제.** 서울 : 동문사.

용명선, 이연승(2011). 어머니의 양육태도가 유아 탄력성에 미치는 영향. **열린유아교육연구, 16**(6), 141-159.

우수정(2010). 유아기 자녀를 둔 부부의 성인애착과 결혼만족도의 관계: 양육협력의 매개효과 검증. **대한가정학회지, 48**(7), 89-97.

우재현(2007). **교류분석(TA)프로그램.** 대구 : 정암서원.

유계숙, 정현숙(2002). 부모됨의 의미와 동기에 대한 청년의 인식. **한국가정관리학회지, 20**(3), 39-47.

윤천성, 김재진, 김수자(2015). **한국형도형심리 초급과정 워크북.** 한국도형심리교육연구소.

육아정책개발센터(2012). **KICCE 영유아 통합적 육아지원 모형 및 프로그램 활용.** 육아정책연구소.

이규민(2009). **기독교교육에 생기를 불어넣는 일곱 주제.** 장로회신학대학교 기독교 교육연구원.

이미현(2008). 어머니의 부모역할지능, 양육태도 및 유아의 자기통제력이 유아의 친사회적 행동에 미치는 영향. 동국대학교 대학원 석사학위논문.

이남원(2014). **실용적 관점에서 본 인간학(칸트, 역).** 서울: UUP.

이수하(2005). 부모애착 및 또래애착과 청소년의 학교생활적응간의 관계. 이화여자대학교 교육대학원 석사학위논문.

이영미 (2009). 어머니의 양육스트레스와 애정 및 거부적 양육행동에 따른 남녀 유아의 자기조절. **가족과 문화, 21**(4), 41-61.

이은수(1985). 어머니의 인성과 양육태도에 관련연구. 중앙대학교 대학원 석사학위논문.

이원영(1983). 어머니의 자녀양육관 및 양육태도와 유아발달과의 관련성 연구. 이화여자대학교 대학원 박사학위논문.

이자희(2010). 태교발레에 대한 인식도 조사. 공주대학교 교육대학원 석사학위논문.

이장호(1995). **상담심리학**. 서울: 박영사.

이현순(1983). 부모의 양육태도가 아동의 공격성에 미치는 영향. 숙명여자대학교 대학원 석사학위논문.

장해성(2016). **도형상담 마스터 Key**. 서울: 도서출판 심상코.

장해성, 이향자, 백승철(2016). **도형심리로 마음읽기**. 서울: 도서출판 심상코.

정귀연, 이지현(2012). 대학생의 성인애착과 HTP 반응특성에 관한 연구. **미술치료 연구**, **19**(1), 89-1.

조윤진, 임인혜(2016). 한국판 어머니, 아버지 역할 신념 척도 개발 및 타당화 연구. **유아교육·보육복지연구**, **20**(3), 69-100.

최소은(2009). 유아기 부모의 아버지 역할에 대한 인식과 실제. 경남대학교 대학원 석사학위논문.

천희영(1992). 한국 아동의 기질 유형화와 어머니의 양육태도. 연세대학교 교육대학원 석사학위논문.

최영희, 김영희, 심희옥, 심미경(2016). **아동상담의 이론과 실제**. 서울: 창지사.

최은아(2005). 유아의 기질 및 어머니의 모-자 상호작용 행동과 유아의 놀이성과의 관계 연구. 부산대학교 석사학위논문.

최정윤(2001). **심리검사의 이해**. 서울: 시그마프레스

최정윤(2010). **심리검사의 이해**. 서울: 시그마프레스

하순련, 서현아 (2013). 부모의 양육신념, 양육태도 및 양육행동이 유아의 다중지능에 미치는 영향. **한국보육지원학회지**, **9**(5), 131-156

한국보육진흥원(2013). **부모교육자료_ 부모와 아이의 애착**. 서울:(재) 한국보육진흥원.

한국미술치료학회(1994). **미술치료의 이론과 실제**. 대구: 동아문화사.

한국심리학회(2014). **심리학 용어사전**. 서울: 한국심리학회.

한종혜(1980). 부모의 인성 및 양육태도와 학동기 자녀의 인성과 관계 연구. 서울대학교 대학원 석사학위논문.

허나원(2001). 아동의 우울과 애착 및 양육태도와의 관계. 대구가톨릭대학교 대학원 석사학위논문.

홍경자(2005). **상담의 과정**. 서울: 학지사.

홍경민(2013). 어머니의 양육태도와 유아의 기질이 또래 유능성에 미치는 영향. 중앙대학교 사회개발대학원 석사학위논문.

홍예진(2014). 어머니의 양육역할 수행과 유아의 자아개념 및 유치원 적응. 이화여자대학교 대학원 석사학위논문.

홍종락(2011). 성령과 기질(Tim LaHaye, 1971). 서울: 생명의 말씀사.

Ainsworth M. D. S.(1963). The development of infant-mother interaction among the Ganda. In B. M. Foss(Ed.), *Determinants of infant behavior*(p.67-104). New York: Wiley.

Allport, G. W. (1961) *Pattern and Growth in Personality*. New York: Holt, Rinehart & Winston.

Allport. G. W. & Odbert. H. S(1936). Trait Names, A Psychological Study. *Psychological Monographics*. 47.

Arlene, S. R., Robert, B. B., Keith, A. C., Mark, T. G., & Nancy, M. R.(1982). Effect of maternal age on parenting role. *Developmental Psychology*, 18, 627-634.

Arrien, Angeles. (1988). Signs of Life: The Five Universal Shapes and.

Baumrind, D.(1971). Current patterns of parental authority. *Developmental Psychology Monograph*, 4(1), 103.

Bowlby, J. (1958). The nature of the child's tie to his mother. *International Journal of Psychoanalysis*, 3, 1-23.

Bornstein. P. F., & O'Neill. R. M.(1992). Parental Perception and Paychopathology, *Journal of Nervous and Mental Disease*, 180, 262-307.

Brody, G. F.(1968). Socioeconomic differences in stated maternal child rearing practice and inobserved maternal behavior. *Journal of Marriage and the Family*, 30, 656-660.

Buck, J. N. (1948). The HTP technique: A qualitative and quantitative scoring manual. *Journal of Clinical Psychology, 4*(4), 317-396.11

Buber(1965). *Between man and man*. New York: Macmillan

Derryberry, D., & Rothbart, K. M. (1981). Development of individual difference in temperament. In E. M. Lamb & A. L. Brown(Eds.), Advance in development psychology(pp.334-335). Hillsdale, New Jersey: Erlbaum.

Droppleman, L. F., & Schaefer, E. S.(1963). Boys and Girls report of maternal and parental behavior. *Journal of Abnormal and Social Psychology*,

67, 648-654.

Erikson, E. H.(1963). *Childhood and Society*. New York.

Gallinsky, E.(1992). *The six stages of parenthood*. 김세희 외 편역. 서울 : 양서원 (원출판년도 1987).

Galvin, K. M. and Brommel, B. J. (1986). *Family Communication: Cohesion Change*: Addison Wesley School.

Gibaud-Wallston, J., & Wandersman, L. P. (1978). Development and utility of the parenting Sense of Competence Scale. Paper presented at the meeting of the American Psychological Association, Toronto

Golay, K. (1982). Learning patterns and temperament styles. Manas Systems.

Hammer, E. F. (1958). *The Clinical application on projective drawing. Spring* Field, IL: Charles C. Thomas.

Hanzan,C.,& Shaver,P.(1987).Romantic love conceptualized as an attachment process. *Journal of Personality and Social Psychology*, 52, 511-524.

Hurlock, E. B.(1981). *Child development*. New York : McGrawhill Company.

Ingrid Riedel(2013). 신지영(역). 도형, 그림의 심리학: 원·십자·삼각형·사각형·나선·만다라 나의 삶을 힐링하는 6가지 도형 이야기. 서울: 파피에.

Jones, S. L., & Butman, R. E. (1991). *Modern Psychotherapies: A Comprehensive Christian Appraisal*. Downers Grove, IL: Inter Varsity Press.

Knezevich, S. J. (1975). *Administration of Public Education(3rded)*. NY: Harper & Row.

Lamb(2010). How do fathers influence children s development? Let me count the ways. IN M. E. Lamb(Ed.) *The Role of the Father in Children Development*(pp.1-26). New York: Wiley.

Lamb, M. E.(1981). *The role of the father in child development*. New York : Wiley & Sons.

Mussen, p., Conger, J., & Kagan, j.(1969). *Child Development and Personality.* NY : Harper & Row.

Mussen, p., Conger, J., & Kagan, j.(1979). *Child Development and Personality(3rd ed).* NY : Harper & Row.

Miller, G. A. (1951). *Language and Communication.* New York, NY: McGraw-Hill.

Miller, D. L. (2001). Reexamining Teamwork KSAs and Team Performance. *Small Group Research. 32*(6), 745-766.

Pervin, L. A., & John, O. P. (1997). *Personality: Theory & Research*(7th ed), NY: Wiley.

Rabin, A.(1965). Motivation for parenthood. *Journal of projective techniques,* 29, 405-411.

Relier(1996). Sarafino, E. P., Armstrong, E. P., & Armstrong, J. W.(1980). *Child and adolescent development.* New York : Longman Higher Education.

Schaefer, E, S, A.(1959). Circumpix madel for maternal behavior. *Journal of Abonoma land social Psychology.*

Schaefer, E. S., & Bayley, N.(1960). Consistency of maternal behavior from infancy to preadolescence. *Journal of Abnormal and Social Psychology,* 61(1), 1-6.

Satir, V. (1983). *Satir step by step: A guide to creating change in families.* Palo Alto, CA: Science and Behavior Books.

Symonds, P. M.(1949). *The dynamics of parent-child relationships.* New York : Bureau of publications, Teachers College, Columbia, Columbia University.

Steven, M. J., & Campion, M. A. (1994). The Knowledge, Skill, and Ability Requirements for Teamwork: Implications for Human Resource Management. *Journal of Management,* 20, 503-530

Thomas, A., & Chess, S. (1977). *Temperament and Development.* NY: Brunner/Mazel.

Veevers(1973)Veevers, J. E.(1973). The Social Meanings of Parenthood.

Psychiatry, 36, 291-310.

Walters, J., & Stinnett, N.(1971). Parent-child relationships : A decade review of research. *Journal of Marriage and the Family*, 33, 70-111.

〈사이트〉

네이버 지식백과. https://terms.naver.com/ 조하리 창 [Johari Window], 2021년 3월23일 인출

https://www.nzine.co.kr/local/detail?idx=6867 양미정, 헬로스마일 심리칼럼 나의 양육태도 적정한 걸까?

위키백과. https://ko.wikipedia.org

전라남도 나주교육지원청. http://www.najued.go.kr/?c=2/33/97/105&uid=99863

한국카운슬러 협회. http://www.hanka.or.kr/sub_01_06.php.

■ 오경숙

　교육학 박사, 국제대학교 유아교육과 교수

■ 강영식

　교육학 박사, 충남대학교 교육대학원 교수, 더 숲어린이집 이사장

■ 김영숙

　두뇌영재교육학 박사, 리더스 브레인 심리센터연구소/ 소장, 예자람 어린이집 원장, 국제대학교 유아교육과 출강

■ 권자연

　심리상담학사, 자연명상심리상담센터/센터장, (사) 한국심리상담전문학회 교수

■ 문미선

　자연명상심리상담센터 직원

　삽화/디자인

　원재희(홍익대학교 미술대학)

부모상담 이론과 도형심리 분석실제

1판 1쇄 인쇄　2022년 02월 24일
1판 1쇄 발행　2022년 03월 02일
저　　　자　오경숙 외
발 행 인　이범만
발 행 처　**21세기사** (제406-00015호)
　　　　　경기도 파주시 산남로 72-16 (10882)
　　　　　Tel. 031-942-7861　　Fax. 031-942-7864
　　　　　E-mail : 21cbook@naver.com
　　　　　Home-page : www.21cbook.co.kr
　　　　　ISBN 979-11-6833-018-4

　정가 22,000원